아르케
북스

205

민속원 아르케북스 **205** minsokwon archebooks

요괴학의 기초지식
妖怪學の基礎知識

| 고마쓰 가즈히코 편저 |
| 천혜숙 · 이정희 옮김 |

민 속 원

머리말

이 책은 일본의 요괴문화에 관한 기초적 지식을 개괄하기 위해 편찬된다. 만화나 애니메이션, 게임과 같은 현대 일본의 오락 콘텐츠물에는 실로 많은 요괴들이 등장한다. 미즈키 시게루水木しげる[1]의 『게게게의 기타로ゲゲゲの鬼太郎』[2]나 미야자키 하야오宮崎駿의[3] 『이웃집 토토로となりのトトロ』[4] 만화를 보면서 자란 사람들에게 요괴는 특히 친근한 존재일 것이다. 그 배경에는 일본 요괴문화의 오랜 역사가 자리잡고 있다.

오랫동안 그러한 오락 콘텐츠물들은 학문적 연구 대상으로 거의 다루어지지 않았다. 더욱이 그 속에 등장하는 요괴적 존재에 관한 연구는 지금까지 전무하다고 해도 지나치지 않다. '고상함'을 추구하는 종래의 학문적 견지에서 볼 때 이들은 '저속'·'미신'·'오락'에 속한 문화적 대상에 지나지 않아서 제대로 논의할 가치가 없다고 여겨왔기 때문이다.

그러나 저속이든 미신이든 오락이든, 그것이 수많은 사람들의 마음을 사로잡고 소비되어 왔다면, 그 문화적 역사적 의미에 대해서도 논의할 필요가 있다. 일본인의 문화사나 정신사의 한 부분을 차지하고 있기 때문이다. 그것은 또한 오늘을 사는 우리

---

1 미즈키 시게루(1922~2015)는 1958년 만화가로 데뷔하여, 대표작 『게게게의 기타로(ゲゲゲの鬼太郎)』, 『갓파 삼평(河童の三平)』, 『악마군(悪魔くん)』 등을 발표하면서 요괴 만화계의 거두가 된 인물이다.
2 정의감이 강한 요괴족 기타로가 요괴와 인간이 공존 가능한 평화로운 세상을 만들기 위해 나쁜 요괴들과 싸우는 내용의 만화이다. 특히 TV애니메이션으로 만들어지면서 일본 전국에 요괴 붐을 일으켰다.
3 미야자키 하야오(1941~)는 일본 애니메이션 감독 겸 제작자이다. 1970년대 말 『미래소년 코난(コナン)』으로 유명해졌으며, 대표작으로 『이웃집 토토로(となりのトトロ)』, 『원령공주(もののけ姫)』, 『센과 치히로의 행방불명(千と千尋の神隠し)』 등이 있다.
4 쇼와(昭和) 30년대의 일본을 무대로 한 판타지 애니메이션이다. 시골에 이사 온 구사베 일가의 사쓰키와 메이 자매가 '모노노케'로 불리는, 어린이에게만 보인다는 불가사의한 생물체인 토토로와 교류한 이야기를 담은 작품이다.

들 문화의 일부이기도 하다. 따라서 이를 통해 일본의 문화와 역사를 이해하는 것은 그것이 고상한가 어떤가의 문제와는 별개로 일본의 민중 또는 대중을 이해하는 길이며, 나아가 우리들 자신을 이해하는 길이기도 한 것이다. 그렇다면 중요하게 연구하지 않으면 안 되는 것이다.

유감스럽게도 상술한 것과 같은 사정 때문인지 요괴문화에 관한 연구는 그다지 축적되지 못했다. 그러나 근년의 요괴 붐에 자극을 받은 바도 있어서 - 요괴 연구가 진전되면서 역으로 요괴 붐이 촉발된 측면도 없지 않다. - 최근 30여 년 동안은 요괴 연구가 괄목할 정도로 급속하게 전개되었고 그 수준도 심화되었다. 대형서점을 가보면, 요괴관련 도서들을 모아놓은 코너가 있고, 그 속에는 요괴 연구서도 몇 권인가는 꽂혀 있다.

그러나 그 서가들을 바라보면서 나는 불만스러운 생각이 들곤 했다. 최신의 연구성과를 반영한 요괴문화 또는 요괴학에 관한 적절한 개론서를 찾아볼 수 없었기 때문이다. 요괴문화, 나아가 요괴문화 연구로 이끌어줄 지침이 될 만한 책이 아직까지 쓰여지지 않은 것이다.

그래서 요괴문화를 조감하기 위한 길라잡이로서 이 책을 기획하게 되었다. 우여곡절은 있었지만 다행히도 젊은 연구자들의 도움을 얻어서 아마도 현재 시점에서는 가장 최선이라고 생각될 만큼 충실한 내용을 갖춘 한 권의 책을 세상에 내놓을 수 있게 되었다.

물론 제한된 지면이어서 소개하지 못한 부분도 많지만, 그것은 다음 기회에 『속 요괴학의 기초지식』에서 개설하고자 한다. 우선 이 책을 안내로 하여 일본 요괴문화의 폭과 깊이, 그리고 즐거움을 충분히 음미하기를 바란다.

편저자 고마쓰 가즈히코小松和彦

요괴표상 연구의 의의

    일본에서 요괴학은 철학자인 이노우에 엔료에 의해 미신으로서의 요괴를 박멸하기 위한 학문으로 시작되었습니다. 일본에서는 19세기 중반 무렵 개항한 이래로 서구 문물을 수용하여, 과학적이고 합리적인 사고방식으로 국가 근대화를 진척시키는 과정에서 많은 일본문화가 근대화를 저해하는 악습으로 폐기되었고, 그 일환으로서 요괴도 박멸과 폐기의 대상이 되었습니다.

    요괴의 정의는 어렵지만, 여기서는 인지人智의 범위를 초월한 차원, 곧 초자연적이고 신비적인 영역에 관련된 존재나 현상이라는 정도로 설명해둡시다.

    근대 이후, 분명히 이러한 '미신=잘못된 설명'으로서 요괴는 지속적으로 박멸되어왔고, 그 결과 요괴를 믿었던 시대는 많은 사람들에게 먼 옛날이 되었습니다. 예를 들면, '저주'와 같은 신비적인 방법으로 사람을 죽일 수 있다든가, 사람으로 둔갑해서 위해를 가하는 능력을 가진 여우가 있다든가, 머리에 뿔이 달렸고 기골이 장대한, 인간을 닮은 오니가 산에 살고 있다고 믿고 있는 일본인은 더 이상 없습니다.

    그렇지만 요괴는 그 시대 시대 사람들의 생활에서 경계심이나 공포심을 일으키고 그 사람들이 불가사의하다고 생각한 사건으로, 당시로서는 그것에 대해 납득이 되면서도 편리한 '설명 장치'가 있었다는 측면도 잊어서는 안 되겠지요. 또한 그러한 요괴들을 둘러싸고 생겨난 문화는 내용이 매우 풍부하며 신앙 이외의 생활문화 영역에도 다양한 형태로 영향을 끼쳐왔습니다. 특히 현대에는 만화나 애니메이션, 게임 등의 픽션 영역에서 요괴의 활약은 눈부신 점이 있습니다. 이러한 현대의 요괴들은 선조들의 요괴문화를 자양분으로 생겨난 것이라고 말할 수 있겠지요.

    이러한 점을 고려하여 이 책의 저자들이 추구한 '새로운 요괴학'에서는, 요괴란 초자연적이고 신비적인 것이 아니라 인간의 상상력이 만들어낸 문화이며, 그 '문화표상'의 차원에서 초자연적이고 신비적인 혹은 기묘한 현상이나 존재로서 이야기되거나 묘사되어온 것으로 재인식하고, 새로운 요괴학은 그러한 문화로서의 요괴표상을 고찰하는 학문이 되어야 한다고 제창해왔습니다.

그렇다면 그러한 요괴표상을 연구하는 의의는 어디에 있을까요. 여기서는 그 주된 의의를 세 가지 정도 들어보겠습니다.

첫 번째 의의는, 종래 요괴문화사의 결락된 부분을 보충하여 한층 더 깊이 있는 기술을 할 수 있다는 점입니다. 그동안 요괴는 미신=박멸의 대상이 되어온 탓에 그다지 연구되지 못했습니다. 요괴를 연구하더라도 현재나 미래에 공헌하는 바가 거의 없을 것으로 간주되었기 때문입니다.

그러나 문화로서의 요괴는 종교·신앙과 연관된 한편으로, 문학이나 미술, 예능, 유희 등의 예술·오락 분야와도 관련되어왔습니다. 그 세계를 깊이 이해하기 위해서도 요괴는 불가결한 표상인 것입니다.

두 번째 의의는 문화자원으로서의 요괴문화입니다. 일본의 요괴문화는 긴 역사를 가지고 있는 만큼 관련된 문물을 많이 축적해왔습니다. 그 가운데는 단순한 과거의 유물이 아니라 현대에도 그 자체로서 즐길 수 있는 것이 많이 있으며, 더욱이 소설이나 영화, 애니메이션, 만화, 게임 등과 같은 현대의 대중·오락문화를 창출해내는 소재나 자원이 되기도 합니다. 요괴 연구는 현대인에게 도움이 되는 점이 적은 것으로 평가되어왔습니다만, 실은 선조가 남긴 방대한 요괴문화 유산을 발굴하여 분석·연구하는 일은 현대문화 창작자들의 상상력을 자극하여 새로운 일본문화, 나아가서는 글

로벌한 대중・오락문화의 창조에 크게 공헌할 수 있습니다.

세 번째 의의는 요괴가 일본인뿐만 아니라 인간을 깊은 곳에서부터 이해하는 데 도움이 된다는 점입니다. 분명히 요괴는 현실세계에서 쫓겨난 존재입니다. 그러나 픽션(창작) 속에서 요괴는 융성을 자랑하고 있습니다. 인간은 상상하는 동물입니다. 현실에는 존재하지 않는, 또한 있을 수 없는 일이 일어나는 세계를 상상하는 것이 가능하며, 현실에는 존재하지 않는 기묘한 모습을 한 생물이나 신비적인 능력을 가진 인간을 상상하는 것이 가능합니다. 그리고 그러한 세계를 묘사한 이야기를 많이 만들어내어 왔습니다. 그것은 전기傳奇라든가 환상이라든가 판타지로 불리고 있습니다.

이러한 또 하나의 세계, 곧 이계異界 혹은 이세계異世界에 대한 기호는 오늘날에는 세계적인 경향처럼 생각됩니다. 그것은 다양한 형태로 규제를 받고 있는 현실세계를 상대화相對化하고 거기에서 빠져나오고 싶다는 꿈이 실현되는 세계이기 때문인지도 모르겠습니다.

생각해보면 국내외에서 높은 평가를 받았던 지브리 스튜디오의 애니메이션 영화『이웃집 토토로となりのトトロ』나『센과 치히로의 행방불명千と千尋の神隠し』,『헤세 폼포코 너구리 대작전平成狸合戦ぽんぽこ』등은 이계나 요괴가 등장하는 판타지이며, 최근 사회현상이라고 할 정도로 평판이 있었던 애니메이션 영화『귀멸의 칼날鬼滅の刃』도 요괴(오니) 퇴치 판타지입니다.

만화나 에니메이션도 오랜 기간 동안 학술의 세계에서는 예술성이 결핍된 유치하고 저속한 문화로 평가되어 연구 대상이 되지 않았습니다만, 새로운 요괴문화 연구는 과거의 문화론인 동시에 현대의 문화론이며, 나아가 새로운 문화를 창출해내기 위한 자양이 될 수 있는 연구이어야 한다고 생각하고 있습니다. 그러기 위해서 다양한 곳에 존재하고 있는 요괴표상에 대한 연구는 기성 학문의 틀을 넘어선 학제적이고 종합학적인 연구가 되지 않을 수 없겠지요.

본서는 이러한 새로운 요괴학의 입문 및 개설서로 편찬된 것으로서, 지금까지와는 달리 특히 요괴라는 측면에서 일본문화를 발굴하는 것에 주안점이 있습니다. 이 책을 바탕으로 한국의 요괴문화나 세계의 요괴문화에도 관심을 가지고 그 현대적 가치를 찾아내는 단초가 될 수 있기를 바랍니다.

끝으로 복잡하고 다양한 일본의 요괴문화를 다룬 본서를 과감히 번역하여 한국에 소개해주신 천혜숙 교수와 이정희 선생께도 감사드립니다.

2021.5.

편저자 고마쓰 가즈히코小松和彦

요괴, 어둠의 세계에 대한 상상력

　요괴는 신神이 아니라 귓것鬼의 범주에 속하는 이계·이형적 존재이다. 일본의 근세기에는 이러한 귓것들, 또는 그들이 일으키는 것으로 믿어진 괴이怪異 현상들이 모두 요괴라는 명명으로 통합되는 경향을 보인다. 더러는 사후死後의 인간에서 기인된 유령을 오니나 요괴와 구분하기도 했지만, 점차 그 경계도 불명해진다. 그래서 요괴는 이전의 오니鬼나 바케모노化け物 등은 물론이고 인간의 원령인 유령까지도 포괄하는 광의의 범주가 되었다. '요괴'를 표방한 이 책이 고대의 오니부터 현대의 유령까지 다루고 있는 것도 그런 이유이다.

　일본의 요괴는 한국의 귀신 또는 도깨비와 비견될 만하다. 한국에서도 이러한 존재들에 관한 신앙 및 설화 전승이 풍부한 편이고, 그 내용 또한 일본의 요괴와 홍미로운 동이同異를 보여주고 있다. 그러나 한국에서는 특이한 귓것으로는 도깨비가, 그리고 귀신 가운데는 원귀冤鬼나 원혼冤魂이 분별되었을 뿐, 대부분 귀신이라는 범칭으로 불리었다. 요괴, 유령, 원령 등의 용어가 익숙하게 된 것은 일제강점기 이후이며, 근래에 와서는 일본의 애니메이션이나 학교괴담과 같은 현대적 콘텐츠물의 영향도 적지 않았을 것으로 짐작된다.

　이런 시점에서 이 책은 일본의 요괴학을 한국 독자들에게 소개하는 가이드북이 될 만하다. 가도카와선서角川選書 창간 50주년 선정한 스테디 베스트셀러steady bestseller 15권에 든 책이기도 하다. 이 책은 요괴학의 기초지식을 표방하고 있지만 단순히 기초적 입문서나 개론서로만 볼 수 없는 폭과 깊이를 갖추었다. 우선 역사학, 문학, 인류학, 문화지리학, 박물학, 민속학, 예술사학 등과 같은 인문학의 여러 인접학문 분야에 속한 학자들이 나름의 학문적 관점과 방법으로 일본 요괴의 역사와 문화를 다루고

있기 때문이다. 또한 오래된 기록들에 보이는 괴이·요괴로부터 중세-근대기에 형성된 다양한 요괴 캐릭터들, 나아가 미즈키 시게루水木しげる에서 비롯된 현대의 창작 요괴들까지 포괄한다. 따라서 이 책에서는 사서史書나 개인적 호기好奇의 기록에서부터, 전설·민담·세간화世間話와 같은 구승문예, 구사조시草雙紙나 라쿠고落語와 같은 전문 이야기예능물, 에마키繪卷나 니시키에錦繪와 같은 회화 조형물, 미세모노見世物나 마술 등의 대중오락, 애니메이션과 만화 등의 현대 콘텐츠물에 이르기까지, 실로 다양한 장르들에서 형상화되어온 흥미진진한 요괴표상들을 만날 수 있다. 과연 요괴를 테마로 한 일본의 문화사이자, 일본인의 '어둠'의 정신사라고 할 만하다.

오랫동안 학계에서 소외되어온 요괴를 재조명하여 종합학으로서 '새로운 요괴학'을 제창하는 선두에 섰던, 책의 편저자 고마쓰 가즈히코小松和彦 교수는 요괴학이 일본인과 일본문화, 나아가서는 인간을 이해하기 위한 것이라고 했다. 다른 의미있는 주제도 많을 텐데 굳이 요괴로써 일본인과 일본문화에 대한 심도있는 이해가 가능할까 궁금했는데, 책을 거듭 읽으면서 그 의문이 풀릴 수 있었다. 동시에 요괴학이란 학문의 성립이 충분히 가능하고 또 유용한 것이란 생각도 하게 되었다. 다음과 같은 점에서 그러하다.

우선 일본에는 다종다양의 요괴가 넘쳐난다는 점이다. '만물이 다 부처가 될 수 있다'는 불교사상을 '만물이 다 요괴가 될 수 있다'는 민속사상으로 바꾸어놓은 것이 일본의 요괴사라고 말해도 지나치지 않다. 일본인들은 이계·이형의 존재나 미확인 생물뿐 아니라 인간과 동식물 또는 도구에 이르기까지, 곧 인간과 비인간, 또는 유정물과 비정물을 막론하고 지상의 모든 존재가 요괴가 될 수 있다는 인식과 상상으로 무수히 많은 요괴들을 만들어냈다. 백귀야행百鬼夜行이나 백기야행百器夜行의 형상화 또는 조형화야말로 그러한 상상력의 극치를 보여준다. 집과 마을 안팎의 생활 속에서, 또는 산과 들과 바다의 일터에서 다종다양의 요괴들과 함께 살아온 사람들이 일본인이라고 해도 틀리지 않을 것이다.

또한 그러한 요괴표상의 창출이 오랜 시대에 걸쳐서 다양하고도 폭넓게 이루어졌을 뿐 아니라, 그 문화적 의미 또한 신앙, 문학, 예술, 오락의 범주를 오가며 흥미로운 변천을 보여주고 있다는 사실이다. 이러한 변천은 어디까지나 고대와 중세의 요괴문화와 연계선상에서 이루어진 것이다. 민속학에서 주목했던 요괴는 원래 민간신앙적 의미를 지닌 것이었다. 신이었다가 영락한 존재, 초월적 능력이 있음에도 신이 되지 못한 존재, 그래서 제사를 받지 못하는 존재인 요괴는 유명幽冥의 세계에 속할 수 밖에 없었다. 여기서 이계, 곧 어둠의 세계에 대한 일본인 특유의 외포畏怖와 상상력이 유감없이 발휘된다. 그러던 것이 에도시대에 이르러서는 요괴가 웃음을 주는 골계적 존재로 변환되면서 인간과 유희하는 요괴표상이 나타나고 있다. 이른바 에도기의 요괴혁명이다. 특히 요괴의 회화화나 조형화가 밝은 요괴표상의 창출과 함께 요괴 캐릭터의 무한 증식에 큰 역할을 한다. 어디까지나 인간의 삶을 윤택하게 만드는 요괴문화의 창출이다. 이렇게 다양한 요괴들과 더불어 웃고, 싸우고, 놀았던 일본인과 그 문화에 대해서는 심성사적 접근이 더 요구되는 부분이다.

다음으로 주목되는 것은 창작 요괴의 존재이다. 물론 요괴 창작이 요괴문화 전통과의 결별에서 시작되는 것은 아니다. 이를테면 미즈키 시게루가 창조한 '미끌미끌 보즈ぬるぬる坊主'의 이름과 형상은 일본의 전통 요괴인 '우미보즈海坊主'를 참고하여 이루어진 것이다. 새로운 요괴의 창출은 전통의 힘에 대한 강한 긍정이 없이는 불가능하다. 무엇보다 일본은 오랜 요괴문화 전통을 담지한 문헌기록과 민간전승, 회화 및 도상 자료들이 넘쳐나는 나라이다. 오늘날 세계 문화콘텐츠 시장에서 확인된 일본의 저력을 담보해주는 문화적 자산인 셈이다. 이렇듯 풍부한 전통을 자양으로 한 새로운 요괴의 창출은 자료의 기근을 자주 통감해야 하는 한국 민속학자에게는 실로 부러운 국면이 아닐 수 없다.

마지막으로 이 책에서는 요괴라는 주제를 중심으로, 자료학, 연구사, 연구방법론의 측면에서 폭과 깊이를 갖춘 연구들을 만날 수 있다. 종합학으로서 요괴학, 또는 학제 간 학문으로서의 요괴학의 면모가 여실하게 드러난다. 2장은 중세 이후의 요괴 연구 사를 사상사의 관점에서 정리한 논문이다. '목 잘린 말' 요괴의 출현장소가 지닌 문화 적 의미를 규명한 6장의 연구는 역사지리학적 방법의 정교한 적용을 보여주고 있어 서, 문화연구를 추구하는 한국의 구비문학자나 민속학자들에게 특히 유익할 것이다. 그리고 골계적 요괴 캐릭터들, 요괴의 조형화 및 회화화 사례들도 여러 논문들에서 흥미롭게 조명되고 있는데, 오늘날 문화콘텐츠 산업에 종사하는 이들에게 중요한 참 고가 될 것으로 기대한다. 연구사의 관점에서 요괴에 관한 의미있는 연구서들을 엄선 하여 소개하고 있는 11장도 관련 연구자들이 길라잡이로 삼을 만하다.

책을 공역한 이정희 박사와는 2009년부터 일본문화론 공부를 위한 독서회를 꾸려 왔다. 더러는 셋인 적도 있었으나, 대개는 나와 이 박사 둘이서, 시바 료타로司馬遼太郎 의 대담집인 『일본인과 일본문화日本人と日本文化』(주오분코中央文庫, 1998(1984초판)), 나카 네 지에中根千枝의 『종적 사회의 인간관계タテ社會の人間關係』(고단샤講談社, 1967) 등과 같 은 일본문화에 관한 책들을 꾸준히 읽어왔다. 마지막으로 읽은 이 책의 한국어판 출 간을 결정한 후에도, 우리는 번역과 편집과 교정에서 조화롭게 협업했다. 그런데 정 작 책의 판권과 도판 사용 허가를 얻는 데 거의 1년이 넘는 기간이 소요되는 바람에 지루한 기다림의 시간을 보내야 했다. 거의 포기하고 있던 즈음 일본의 출판사로부터 연락이 왔고, 마침내 이렇게 한국어판이 빛을 보게 되었다.

기꺼이 한국어판의 서문을 써주신 고마쓰 가즈히코 교수께 존경과 감사의 마음을 전한다. 고마쓰 교수 외 가도카와출판사 실무담당자와 연결이 닿도록 도와준 일본불 교대학의 신예숙 교수와 부군 미타니 노리마사三谷憲正 교수에 대한 고마움도 잊지 않 을 것이다. 그리고 학술서 번역을 그다지 반기지 않는 출판계의 현실에서 이 책의 출 간을 선뜻 허락하고 배려해주신 민속원의 홍종화 대표, 편집을 맡아서 수고해주신 편 집부 담당자님께도 깊은 감사를 드린다.

2021년 여름
천혜숙

제5장 오토기조시お伽草子와 요괴
114

요괴학의 기초지식

1. 일본의 고유명사(인명・지명・신명・요괴명 등), 출판사명의 한자는 일본어 읽기에 따라 표기하되, 필요한 경우 한자 또는
   일본어를 병기한다.
   보기: (인명)야나기타 구니오柳田國男

          (지명)고노에국近江国, 이부키산伊吹山

          (신명 또는 요괴명)오니鬼, 갓파河童, 이나리신稲荷神

          (출판사명)헤본샤平凡社, 고단샤講談社

2. 일본 특유의 장르나 학술용어의 한자는 일본어 읽기에 따라 표기하되, 필요한 경우 한자 또는 일본어 표기를 병기한다.
   다만 한국과 겹치는 경우에는 한국의 용례와 용어를 따른다.
   보기: 에마키繪卷, 우키요에浮世繪, 오토기조시お伽草子, 나라에혼奈良繪本

         요쿄쿠謠曲, 벤와쿠모노辨惑物

         민담昔話, 이야기物語,草紙,草子

3. 한자문화권 한중일 삼국이 공유하는 명사의 한자는 한국 한자음에 따라 표기하고, 필요한 경우 한자를 병기한다.
   보기: 요괴담의妖怪談義, 일본영이기日本靈異記, 대덕사大德寺, 도성사道成寺

4. 한국 한자음이나 일본어 읽기만으로 이해하기 어려운 경우는 적극적으로 번역하되, 한자 또는 일본어를 병기한다.
   보기: 술꾼동자酒呑童子, 너구리 장단소리狸囃子 이야기주머니耳袋

5. 인증의 각주 부분에서 '원저자 주'는 앞에다 *를 붙여서, '역자 주'와 구분하였다.

6. 그 밖에는 국립국어원의 〈인명 지명 표기세칙〉에 준한다.

7. 역자 각주는 아래 문헌과 인터넷 사이트를 참고로 역자가 정리하여 기술하였다.
   미즈키 시게루水木しげる 화, 무라카미 겐지村上健司 편저, 『일본요괴대사전日本妖怪大事典』, 가도카와분코角川文庫, 2005.
   미즈키 시게루水木しげる, 『일본요괴대전日本妖怪大全』, 고단샤분코講談社文庫, 2014.
   한국사이트: 다음 사전 https://dic.daum.net
   일본사이트: 위키피디아 https://ja.wikipedia.org
   브리태니카 국제 대백과사전 https://kotobank.jp/word
   Weblio사전https://www.weblio.jp/content

요괴란 무엇인가
고마쓰 가즈히코小松和彦

요괴의 정의

　'요괴'란 무엇인가? 솔직히 요괴를 정의하기란 쉽지 않다. 문자적 의미로 요괴는 '불가사의한', '신비로운', '기묘한', '어쩐지 기분 나쁜' 등과 같은 형용사가 붙을 수 있는 현상이나 존재를 뜻한다. 그러나 그 자체만으로는 요괴가 아니다. 굳이 말하자면 그것은 '요괴의 원인種'이다. 그러한 사건이나 현상을 '초자연적인 존재'의 개입에 의해 생긴 것으로 간주할 때, 그것이 요괴가 되는 것이다. 이것이 요괴에 대한 가장 포괄적인 정의이다.

　이와 같은 정의에 해당되는 사항들은 어느 사회에나 있으므로 특별한 것이라고 할 수 없다. 따라서 이러한 차원의 요괴는 어느 사회든지 존재하고 있다. 그러나 일본의 요괴를 다른 나라 또는 다른 문화의 요괴와 비교하려면, 위의 정의에서 출발하면서 더 하위이자 협의의 요괴개념으로 나아갈 필요가 있다.

　이러한 괴이·요괴 현상에 대해 인간은 대체로 대별되는 두 가지 태도로 임해왔다. 곧 그것을 인간에게 바람직한 현상으로 설명하거나 아니면 인간에게 바람직하지 않은 현상으로 설명하는 두 경우이다.

　이를테면 밤중에 커다란 광채가 나타나 어딘가로 떨어진 것 같다라고 하는 현상이 있었다고 해보자. 그 현상을 사람들은 불가사의하게 생각한다. 그 불가사의를 길조로 보는가 흉조로 보는가는 해당 사회가 판단할 일이지만, 흉조로 간주했을 때 우리가 말하는 요괴 현상이 된다.

'아미타의 영접'이라는 신비 현상을 예로 들 수 있다. 이것은 극락왕생을 위해 열심히 수행을 쌓은 자가 임종에 이르게 되면 서쪽 하늘이 밝아지고 마침내 묘한 소리와 함께 자줏빛 구름 속에서 부처들이 그를 극락정토로 영접하기 위해 나타나는 현상으로, 그 자체로는 불가사의하고 신비하고 기묘한 현상이므로 그 점에서는 분명 괴이·요괴 현상이다.

그러나 이 괴이하고 신비한 현상은 불교수행자들이 믿고 있는 불교신들 또는 불력에 의해 생겨난 것으로 해석되었다. 따라서 이 경우는 바람직하지 않은 현상으로서의 괴이·요괴 현상과는 구별되는 것이다.

만약 이 현상이 인간을 속이려고 하는 덴구天狗[1]나 너구리에 의해서 만들어진 가짜 '아미타의 영접'이라고 판단되었다면, 한순간에 그것은 수행자들에게 바람직하지 않은 괴이·요괴 현상으로 변모하게 된다.

곧 눈앞에 나타나고 있는 괴이·요괴 현상은 그 자체로는 신비적인 존재의 관여로 생각되면서도, 아직은 그 현상과 존재의 선악이나 길흉 등에 대한 판단이 이루어지기 전의 애매한 현상이어서, 이것을 인간에게 바람직한 신비한 일로 파악하는가, 아니면 바람직하지 않은 신비한 일로 파악하는가에 따라 그 의미는 크게 달라지게 된다.

같은 현상을 두고 이런 대립적인 해석이 나타나게 된 배경에는 신비적인 것에 대해서 바람직하다고 판단하거나 혹은 바람직하지 않다고 판단하는 쌍방적 해석장치가 존재하고 있기 때문이다. 인간들의 신앙세계 또는 코스몰로지cosmology는 이러한 두 가지의 해석장치 또는 체계가 하나의 세트로 구축되어 있다.

---

1   덴구는 민간에 전승되는 전설상의 요괴로, 붉은 얼굴에 큰 코를 하고 있고, 날개가 있어 공중을 날 수 있다고 한다. 다양한 술법을 쓰고 사람에게 들러붙는 능력이 있으며, 주로 불법수호를 방해하는 마물로 간주된다.

여기서는 이러한 길과 흉 또는 선과 악을 판단하는 해석장치 가운데, 전자는 제사를 지내는 신들(제어된 신령)에 의한 해석장치, 후자는 제사를 지내지 않는 신들(제어되지 않은 신령)에 의한 해석장치라는 정도로 이해해두기로 한다. 그리고 협의의 괴이·요괴 현상 또는 존재란 후자의 제사를 받지 않는 신들에 의해 야기된, 바람직하지 않은 괴이·요괴 현상을 말한다. 요괴 연구자들은 이러한 쌍방의 해석체계에 관해 고려하지 않으면 안 된다.

〈표 1〉요괴의 원인과 그 해석

우선 요괴문화의 영역을 상술한 것처럼 바람직하지 않은 현상으로 설정한 다음, 그 내용을 ①사건(현상)으로서의 요괴(요괴·현상), ②존재로서의 요괴(요괴·존재), ③조형으로서의 요괴(요괴·조형)와 같이 세 영역으로 나눔으로써 요괴라는 말이 의미하는 범위를 확정해가도록 하자.

〈표 2〉요괴문화의 세 영역

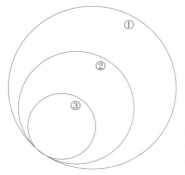

① 사건·현상으로서의 요괴
② 존재로서의 요괴
③ 조형으로서의 요괴

사건·현상으로서의 요괴

요괴의 제1영역은 '사건' 혹은 '현상'으로서의 요괴이다. 이것은 오감을 통해서 파악되는, 불가사의하고 기묘하고 신비스럽고 왠지 불길한 느낌을 갖게 하는 사건과 현상을 의미한다. 그리고 그러한 사건 및 현상이 생기는 원인으로서 '바람직하지 않은 초자연적인 것'의 개입을 상기하게 되면, 그것은 요괴가 된다.

이론적으로 말하면, 사건 및 현상으로서의 요괴는 불가사의한 모습을 한 생물의 목격(시각에 의해 파악된 요괴 현상), 불가사의한 소리(청각에 의해 파악된 요괴 현상), 어쩐지 기분 나쁜 냄새(후각에 의해 파악된 요괴 현상), 불가사의한 것과의 접촉(촉각에 의해 파악된 요괴 현상), 기묘한 맛이 나는 것(미각에 의해 파악된 요괴 현상)의 다섯 가지 범주로 나누어질 수 있다. 문화로서 요괴 현상의 발현형태는 시각이나 청각에 의해 파악되는 경우가 지배적이며, 그 경우도 복합적인 발현을 취할 때가 많다.

이를테면 어쩐지 기분 나쁜 모습을 한 존재가 기분 나쁜 소리를 내고 기분 나쁜 냄새(악취)를 풍기면서 출현했을 때, 그 현상에 대해 '바람직하지 않은 초자연적인 것'의 개입을 인정하게 된다면 그것은 요괴가 되는 것이다.

또 다른 예를 들면, 산에 일하러 갔다가 작은 오두막에 머무르게 되었는데, 산 속 깊은 곳에서 '쿵쿵' 하고 나무를 자르는 소리가 났다. 얼마 후 나무 넘어가는 소리가 들렸다. 다음 날 아침, 소리 난 주변을 가서 살펴보았지만 나무가 잘린 흔적이 없었다. 이상의 상황을 불가사의한 현상으로 간주하고, 또한 이같은 소리를 '후루소마古杣'라는 괴이 현상이라고 이야기해온 오랜 전승을 받아들인다면, 그 '괴음'은 '후루소마'라는 괴이·요괴 현상이 된다. 하지만 그것을 초자연적인 것의 개입에 의한 현상으로 간주하지 않고 합리적으로 해석 가능한 현상으로 인식한다면, 그것은 비신비적 현상, 또는 비요괴 현상이 되는 것이다.

사건 및 현상으로서의 요괴에는 그것을 요괴 현상으로 인식하게 하는, 그 사회나 문화가 나름대로 만들어온 독자적인 설명의 메커니즘이 작동하고 있다. 그 기본적 메커니즘이 상술한 쌍방의 해석장치 또는 체계이다. 그리고 그러한 해석장치에 따라서 그 현상이 왜 생겼는가를 설명하는 크고 작은 여러 가지 이야기들이 만들어져온 것이다. 곧 괴이·요괴와의 조우遭遇 체험담은 그러한 내용을 담고 있는 이야기들이다.

그 이야기들은 "이러이러한 괴이·요괴 현상은 이러이러한 괴이·요괴 존재에 의해 야기된 것이다"라는 식으로 이해되고 설명된다. 예를 들면, '후루소마'라고 불리는 괴이·요괴 현상은 후루소마라는 '존재'에 의해서 일어난 현상이며, 이 후루소마라는 괴이·요괴 존재는 산 속에서 죽은 '나무꾼의 원령'이라는 식으로 이야기된다. 또는 '너구리 장단소리狸囃子'[2]라고 불리는 괴이·요괴 현상은 신비한 능력을 가진 너구리에 의해 야기된 것이다. 너구리에는 신비한 능력을 가진 너구리와 그렇지 못한 너구리의 두 종류가 있다. 괴이·요괴 현상을 일으킬 수 있는 너구리는 전자이며, 이 너구리가 나이가 들어가면서 신비한 힘을 얻게 되었다는 식으로 설명된다.

역사적으로 보면, 시대를 거슬러 올라갈수록 과학적이고 합리적인 사고가 발달되지 않았기 때문에 여러 가지 기묘하고 불가사의한 현상을 '요괴 현상'으로 간주할 기회가 많았으리라 상상된다.

유의할 점은 그러한 괴이·요괴 현상을 경험한 사람이 그 경험을 말로 전하는 과정을 거치면서 그 현상은 지역의 공동체험이 되고, 나아가 그것에 대해 '후루소마'라든가 '덴구다오시天狗倒し'[3]라는 등의 '명명命名'이 행해지게 된다는 사실이다. 괴이·요괴체험의 공동화共同化 또는 공동환상화이다. 요괴문화는 그러한 공동환상화의 집적으로서 형성되어 온 것이다.

존재로서의 요괴

요괴의 제2의 의미 영역은 '존재'로서의 요괴이다. 인간을 둘러싼 환경에는 다양한 존재들이 있다. 그 가운데는 초자연적인 것이나 신비적인 것이 관여하고 있는 존재도

---

2   너구리 장단소리는 심야에 어디선가 북 치는 소리가 들려오는 듯한 요괴 현상이다.
3   지역에 따라서 후루소마 현상을 덴구의 소행으로 간주하고 '덴구다오시'로 표현한 것이다.

있는 것으로 인식되어왔다. 앞서 언급한 덴구나 너구리도 그런 종류의 신비적 존재이자 생물이다. 요괴에 대해 생각하면서 전제해두어야 할 것은 만물에 '영혼'이 깃들어 있다고 하는 애니미즘 관념이다. 일본인의 마음에는 이러한 애니미즘 관념이 깊이 스며들어 있다.

영혼[영적 존재]은 '영靈'·'혼魂'·'모노노케物の氣'⁴ 등으로도 표현되어왔다. 일본인들은 동물은 물론이고 산이나 강, 나무나 바위 등에도 영혼이 깃들어 있으며, 인간이 발화하는 언어에조차도 언혼言魂이⁵ 깃들어 있다고 여겼다.

그 영혼은 또한 인격화되어 인간과 마찬가지로 희로애락의 감정을 가지는 것으로 여겨졌다. 영혼도 이를테면 기뻐하거나 화내거나 한다는 것이다. 이렇듯 영혼의 다양한 감정적 움직임은 신비한 모습으로 주변에 있는 것들에 영향을 끼친다고 생각했다. 영혼의 분노는 인간에게 천변지이나 역병 등과 같은 갖가지 재액을 가져다 주고, 영혼의 기쁨은 인간에게 풍작이나 풍어를 가져다 준다는 것이다.

고대 일본인들은 이러한 영혼의 상태를 '난폭하다'거나, '온화하다'라는 식으로 표현했다. 곧, 영혼의 힘이 활발해서 불이 활활 타오르는 것과 같은 상태는 '난폭한 혼'(아라타마荒魂)이며, 이러한 상태의 영혼은 두려움의 대상이 되었다. 한편 영혼의 움직임이 약해져서 불이 조용히 타고 있는 듯한 상태는 '온화한 혼'(니기타마和魂)이며, 이 영혼은 인간에게 부나 행복을 가져다 주는 것으로 여겨졌다. 난폭한 혼을 온화한 혼으로 바꾸는 방법이 '제사'였다. 그러한 제사를 '다마시즈메魂鎭め' 혹은 '진혼鎭魂'이라고 불렀다. 이에 비해 난폭해져버린 혼⁶은 제사를 받지 않는, 혹은 제사를 지낼 수 없는 영혼이며, 제어에서 벗어난 혼이다. 이것은 인간에게 바람직한 상태가 아니며, 따라서 이

4 　모노노케는 사람에게 들러붙어 괴롭히거나 병을 일으키고 때로 죽음에까지 이르게 하는 원령, 사령, 생령 등의 영혼을 의미한다.
5 　한국에서는 언령(言靈)이라는 표현이 더 익숙하다.
6 　고마쓰 가즈히코는 『요괴문화입문』(角川ソフィア文庫, 2012, 10~11頁)에서, 상대적이기는 하나 '난폭한 혼(荒れる神)'은 인간에게 바람직하지 않은 활동을 할 가능성이 있으며 제어와 비제어의 경계를 오가는 것인 데 비해서, '난폭해져버린 혼(荒れている神)'은 제어되지 않고 제사를 받지 않는 차이가 있다고 설명하고 있다.

것이 일으키는 다양한 신비적 현상은 바람직하지 않은 괴이·요괴 현상이 된다는 것이다.

바람직하지 않은 상태에 있는 영적 존재, 곧 난폭해져버린 영적 존재를 고대에는 흔히 '오니鬼'라고 불렀다. 그리고 이 오니에게는 인간에게 바람직하지 않은 모든 속성이 부여되었다. 오니는 인간을 뒤집어놓은 듯한 이미지인 동시에, 바람직한 영적 존재에 대한 반의어이기도 했다. 역병을 퍼뜨리는 것도 오니, 천상에서 격렬한 소리(천둥소리)를 내는 것도 오니, 지옥에 떨어진 자를 괴롭히는 옥졸도 오니, 인간 또는 동물의 사령이나 원령도 오니였다. 바꾸어 말하면 오니란 여러 가지 혼들의 '아라타마' 상태의 총칭이며, 바람직하지 않은 영적 존재의 대명사였던 것이다. 따라서 제사로 제어할 수 있는 오니는, 설령 오니라는 호칭으로 여전히 불리고 있다 하더라도 제어되지 않은 오니와는 분명히 구별되지 않으면 안 된다. 마찬가지로 제사를 지내는 상태의 '갓파河童'[7]와 제사를 지내지 않는 '갓파', 제사를 지내는 '덴구'와 제사를 지내지 않는 '덴구'도 구별해서 생각하지 않으면 안 된다.

오니와 더불어, 어떤 의미에서는 오니를 보완하는 역할을 맡고 있었던 것이 '오로치大蛇'였다. 오로치는 실재하는 뱀으로부터 상상된 신비적인 생물로, 이것 역시 제사 대상이 된 상태와 제사 대상이 되지 않은 상태의 두 종류가 있었다. 오로치가 일으킨 것으로 간주되는 신비현상에 대해서도 그것이 제사를 받는 오로치에 의한 것인가, 아니면 제사를 받지 않은 오로치에 의한 것인가에 따라 설명이 달라지게 되는 것은 물론이다. 더욱이 오로치는 중국에서 들어온 용신과도 혼합되어, 오로치라고 불리면서도 뿔이 있다고 말해지게 된다.

고대신화에 보이는 여덟 개의 머리와 꼬리를 가진 '야마타노오로치'는 스사노오[8]가

---

7 갓파는 물에 사는 상상의 동물로, 어린아이 정도의 체격에 녹색 또는 적색의 몸을 하고 있다. 입이 뾰족하고 등은 거북처럼 생겼으며, 손과 발에는 물갈퀴가 달렸다. 정수리에 움푹 들어간 홈이 있어 마치 접시를 엎어놓은 듯한 모습이다.

8 스사노오노미코토는 일본 고대신화에 등장하는 신으로, 일본 창세신화의 주역인 이자나기와 이자나미의 아들이며 아마데라스오미카미(天照大神)의 동생이다. 흉폭한 짓을 하여 다카마노하라(高天原)에서 추방된 후, 이즈모국(出雲國)으로 가서 그곳을 어지럽히던 야마타노오로치를 퇴치한 것으로 전해진다.

나타날 때까지는 제사(산 희생제물을 바치는)를 통해 제어되고 있었던 영적 존재였지만, 스사노오는 그것을 제사를 지내서는 안 되는, 이른바 요괴로 판단해서 퇴치해버리는 것이다.

그러나 중세의 한 이야기에서는 이때 퇴치된 야마타노오로치의 혼백이 고노에국近江國의 이부키산伊吹山으로 도망가서, 그 산의 신이 되어 마을사람들로부터 제사를 받고 있었다고도 하고 있다. 일찍이 야나기타 구니오柳田國男[9]는 신이 영락하여 요괴가 된 것이라고 했지만, 신과 요괴는 인간과의 관계에 따라 변환 가능한 것이었다. 요괴 연구자들은 이러한 점을 충분히 유의하여 고찰할 필요가 있다. 농경에 필요한 물을 가져다 주는 신을 오로치로 여기고 제사하는 습속 한편으로 산사태나 홍수를 초래하는 것도 오로치라고 여기는 관념에는, 양의적인 동시에 바람직한 상태에서 바람직하지 않은 상태로 변환 가능한 영적 존재로서의 오로치의 특징이 잘 나타난다.

고대에는 '여우'도 신비적인 존재여서, 오로치와 마찬가지로 양의적인 의미가 부여되어 있었다. 여우는 사람에게 달라붙어 바람직하지 않은 괴이 현상을 만들어내거나 사람으로 둔갑하는 능력을 가졌으며, 더욱이 인간과 사귀는 것을 좋아했다. 중세의 아베노 세메安倍晴明[淸明][10] 전설이 그 전형이다. 또한 제사를 받는 여우는 이나리신稲荷神[11]의 권속이 되어서 제사를 지내는 사람들에게 부귀를 가져다준다고도 여겨졌다.

불교 승려들 사이에서는 '덴구[魔]'라는 신비적인 존재에 관한 이야기도 회자되어 왔다. 덴구는 구소토비鳶鳶(매의 일종)와 악승을 혼합하여 환상화한 것으로, 불교신이나 승려들에게는 적대적인 존재이다. 오니에게 신이나 인간을 뒤집은 이미지가 부여된

---

9   야나기타 구니오(1875~1962)는 도쿄제국대학 졸업 후 농상무성의 고위관료를 지냈으며, 민속에 관심을 가지게 되면서 현지조사를 통해 민속학 방법론을 정립한 일본 민속학의 선구자이다. 저서로 이와테현(岩手縣) 도노(遠野)지역의 민속을 정리한 『도노 이야기(遠野物語)』가 유명하다. 그 외에도 요괴 연구의 출발점이 된 『요괴담의(妖怪談義)』, 방언 연구서인 『가규코(蝸牛考)』, 설화 연구서인 『모모타로(桃太郞)의 탄생』 등을 들 수 있다.

10 아베노 세메는 음양도(陰陽道)에 탁월한 지식을 가진 헤안(平安)시대 최고의 음양사이다. 조정과 귀족들로부터 큰 신뢰를 받았던 그의 생애와 업적이 신비화되어 많은 일화와 전설을 낳았다. 음양도란 헤안시대 최첨단 학문이었던 천문도나 점복 등을 체계적으로 정리한 사상을 말한다.

11 이나리신은 본래 곡물과 농업의 신이었지만, 현재는 산업 전반의 신으로 숭앙되고 있다.

것처럼, 덴구에게는 부처나 승려를 뒤집은 이미지가 부여되어 있다. 이 덴구도 구라마鞍馬의 '마오미코토魔王尊'처럼 제사 대상이 된 곳이 있는데, 이 경우는 제사 대상이 되지 않는 덴구와 구별하지 않으면 안 된다.

그 밖에 고대 말기에는 너구리나 지네에게서도 신비한 능력을 발견한 이야기가 나타나지만, 그 사례가 많지는 않다. 고대에는 괴이·요괴 현상의 대부분이 오니나 오로치, 여우, 덴구와 같은 제한된 존재의 소행으로 간주되었던 것이다.

그런데 후대로 내려올수록 괴이·요괴 현상이나 괴이·요괴 존재의 세분화 및 개별화가 나타나게 된다. 예를 들면 오에산大江山 전설[12](『오에산 에마키繪卷』[13])에 등장하는 오니들의 수령은 '술꾼동자酒呑童子'라는 호칭으로 불렸으며, 그 직속 부하 오니에게는 '이바라키동자茨城童子'라는 호칭이 주어졌다. 또한 중국에서 건너온 덴구가 히에산比叡山의 고승을 속이는 이야기(『제가이보 에마키是害坊繪卷』)에 등장하는 덴구들에게는 제가이보라든가 히라이보日羅坊처럼 승려의 이름을 모방한 이름들이 붙어 있다. 사람들의 상상력이 오니나 덴구의 세계 내부에까지 미치고 있었음을 말해주는 부분이다.

그러나 후대에 이르면 지네나 땅거미, 야마우바山姥[14]와 같이 요괴로 간주될 수 있는 다른 신비적 존재들도 나타나는데, 다양한 이야기와 사건 속에 등장하는 요괴 존재로서 압도적으로 많은 것은 역시 인간, 오니, 덴구, 오로치, 여우, 너구리 등이었다. 요괴 존재는 한정되어 있었고, 그 한정된 요괴 존재들로써 다양한 괴이·요괴 현상을 설명하려고 했던 것이다.

물론 이론적으로는 동물이든 식물이든, 또는 강이든 바위이든 존재하는 것은 무엇이나 잠재적으로 요괴화될 가능성을 지니고 있다. 그러나 고대에는 그 현현이 극단적으로 억제되어 있었다. 요괴화되어도 이상할 것 없는 도마뱀, 바퀴벌레, 모기, 박쥐 등

---

12 교토(京都) 북서쪽의 오에산에 살던 오니 무리가 자주 교토를 어지럽혀서, 천황이 무장을 파견하여 퇴치하였다는 내용의 전설이다.
13 에마키는 일본 회화형식의 하나로 두루마리 그림을 말한다. 종이나 비단을 가로로 이어붙여 만든 긴 화폭에다 그림과 이야기를 연속적으로 담아서 보여주는 형태이다.
14 깊은 산에 살면서 사람을 잡아먹는다고 전해지는 노파 요괴이다.

을 요괴로 묘사한 이야기는 만들어지지 않았던 것이다. 이는 요괴학의 기초지식으로 중요하게 새겨두어야 할 사실이다.

조형화된 요괴

요괴의 제3 영역은 조형화된 요괴이다. 요괴 존재가 일으킨 사건을 다룬 이야기들 전부가 아니라 그 일부만 회화화되었다는 의미에서 이 영역은 지극히 한정적이다. 그러나 일본에서는 요괴 존재의 회화화가 일찍부터 진행되어, 이미 오랜 전통의 축적이 이루어진 단계이다. 요괴화의 계보에 대해서는 장을 달리하여 상세히 소개할 것이므로 여기서는 간단하게 서술하기로 한다.

『고사기古事記』, 『일본서기日本書記』, 『풍토기風土記』에 이미 오니나 오로치 등에 관한 기술이 나타나는 것으로 보아, 요괴적 존재에 대해서는 일본인 선조들이 문자를 사용하기 훨씬 이전부터 이야기되고 있었던 것 같다. 그러나 기록상에서 보면, 요괴적 존재들이 어떤 모습을 하고 있었는지 말로는 이야기되고 있으나, 그 모습들을 묘사한 회화나 도상이 붙어 있는 것은 아니다. 따라서 단편적인 설명을 통해서 희미하게나마 우리 나름대로 이미지를 그려볼 수밖에 없다. 게다가 그 이미지가 당시 사람들이 상상한 이미지와 일치한다는 보장은 어디에도 없다. 크게 달라질 가능성도 충분히 예상되는 것이다.

그렇다면 왜 고대에는 이러한 요괴 존재들을 조형화하지 않았던 것일까? 일본에서는 예로부터 제사 대상으로 신사에 좌정해 있는 영적 존재인 신神들에 대해서도, 그 신상을 조각하거나 회화로 그리는 관습이 없었다. 신사의 신들에 대한 회화화 및 조형화가 생겨나게 된 것은 불교가 가져온 불상이나 불화의 영향을 받은 이후였다. 따라서 신들을 조형화하지 않은 것처럼, 오니와 같은 요괴적 존재의 조형화도 이루어지지 않았다고 할 수 있을 것이다.

그런데, 중세에 이르러 귀족이나 무사, 승려, 상인들이 많이 사는 교토에서는 그림에 화기畵記를 덧붙여서 이야기를 묘사하는 에마키繪卷[두루마리그림]라는 표현방법이 개발된다. 그래서 유명한 이야기나 정치적인 사건의 전말, 사찰이나 신사의 영험담 등이 에마키로 제작되었는데, 그 속에 보조 역할이긴 하지만 신비적 존재인 요괴도 함께 그려지게 되었던 것이다. 예를 들면 『시기산 연기에마키信貴山緣起繪卷』[15]에는 시기산에 사는 묘렌命蓮이라는 승려가 부리는 '호법동자護法童子'(칼의 호법)가 묘사되어 있으며, 『기타노천신 연기에마키北野天神緣起繪卷』[16]에는 오니의 모습을 한 뇌신이나 지옥옥졸의 모습이 그려져 있다. 또한 『부동이익 연기에마키不動利益緣起繪卷』[17]에는 아베노 세메安倍晴明가 병인 기도(수명을 치환하는 기도)를 하는 장면에서 세메가 부리는 '시키가미式神'[18]와 더불어 다양한 모습을 한 역병신[백귀야행]의 모습도 그려져 있다. 이 시기부터 문자에 의해 이야기되어오던 요괴가 회화화 또는 조형화되어 등장하게 된 것이다.

더욱이 중세 후반의 무로마치室町시대가 되면서, 두루마리그림繪卷이나 그림책繪本과 같은 형식을 취한 그림이야기의 향유층이 귀족과 승려에서 서민층으로 확대되었고, 그 과정에서 민간에 유포되어 있던 많은 전설이나 이야기들도 그림이야기로 만들어지게 된다. 그 가운데는 오니나 다른 요괴들의 '퇴치'를 테마로 한 이야기들도 많이 포함되어 있었다. 예를 들면 이미 언급한 『오에산 에마키大江山繪卷』도 오에산에 본거지를 둔 술꾼동자를 수령으로 하는 오니 무리를 퇴치하는 내용의 두루마리그림이며, 『땅거미 이야기土蜘蛛草紙』도 교토 변두리의 폐옥에 출현한 땅거미 요괴들을 퇴치하는

---

15 시기산에서 수행하고 이 산의 중흥조가 된 묘렌에 관한 설화를 그린 에마키이다. 인물의 표정이나 약동감을 가벼운 필치로 그린 두루마리그림의 일대 걸작으로 알려졌다. 헤안(平安)시대 말기 작품으로 추정되며, 작가는 미상이다.
16 스가와라 미치자네(菅原道眞)를 모신 기타노텐만궁(北野天滿宮)의 유래와 영험담을 그린 에마키이다. 가마쿠라(鎌倉)시대 작품이다.
17 부동명왕의 영험을 그린 에마키이다. 미이사(三井寺)의 승려인 지코(智興)가 중병에 걸리자, 그 제자 쇼쿠(証空)가 아베노 세메의 병인기도에 힘입어 스승의 병을 대신 받게 된다. 그러나 부동명왕이 이를 가여이 여겨 스스로 쇼쿠를 대신해서 병을 받음으로써, 사제가 모두 구제를 받는다. 또한 대신 병을 받고 명부에 끌려간 부동명왕도 염라대왕으로부터 경배를 받고 마침내 흰구름을 타고 귀환하게 되는 내용이다.
18 음양사가 부리는 귀신으로, 사람의 마음에서 생기는 선악을 구분하는 역할을 한다.

내용을 담은 두루마리그림이다. 여기에는 땅거미 외에도 다양한 요괴들의 모습이 여러 장면들에 걸쳐 그려져 있다.

요괴의 도상 및 조형화는 일본의 요괴문화사에서 획기적인 사건이었다. 요괴 두루마리그림의 작자나 그 향유층인 귀족과 서민들은 밤의 어둠 속에 숨어 있거나 이계로부터 오는 요괴들을 여전히 두려워했을 것이다. 그러나 요괴 두루마리그림의 대부분은 신앙 대상이 아니라 오락물로 제작되었기 때문에, 요괴 존재들도 서서히 오락의 대상이 되기 시작했다. 어쩌면 요괴 퇴치 이야기는 요괴에 대한 인간세계의 우위를 이야기할 뿐 아니라, 요괴의 조형화 그 자체에도 요괴에 대한 인간 우위의 의미가 부여되어 있었던 것이다.

요괴의 그림이야기는 당시 꽤나 인기가 있었던 것 같다. 요괴적 존재가 등장하는 전설이 잇달아 그림이야기로 만들어지고, 새로운 요괴에 관한 그림이야기도 나타났다. 나아가 목판기술이 발달하면서 요괴 그림이 들어간 인쇄 그림책으로도 제작이 되어 도시 서민층을 중심으로 널리 유포되어 갔다.

조형화된 요괴는 사람들의 호기심을 크게 자극하고 충족감을 주었을 것이다. 그런 한편으로 요괴의 조형화는 그 모습을 나름대로 자유롭게 구상해내는 이야기 단계의 상상력을 오히려 위축시켜버리는 측면도 지니고 있었다. 화가繪師가 조형화를 하면, 그 조형은 사람들에게 공유되게 되고, 그 결과 요괴 이미지는 고정화되는 경향을 가지고 있기 때문이다. 그러한 경향은 비교적 일찍부터 조형화된 오니가 처음에는 '백귀야행百鬼夜行'으로 불리며 다양한 모습을 하고 있었지만, 결국은 호랑이가죽으로 만든 훈도시褌[19]를 입고 뿔을 가진 건장한 근육질의 모습으로 고정화되어버린 것에서도 볼 수 있다. 이것은 요괴의 종류[요괴 종목]가 많지 않을 경우, 조형화된 요괴들은 결국 신선함을 잃고 쇠락해가는 운명에 처하게 됨을 의미한다.

그런데 참으로 흥미롭게도 요괴 화가들은 다음 장에서 서술하는 두 단계를 거쳐 요

---

19   일본의 전통적인 남자 하의 속옷이다. 끈 형태의 긴 천으로 신체 부위를 감아, 뒤에서 매듭짓는 방식
     으로 입는다.

괴의 종류를 비약적으로 증가시키는 데 성공했다. 이를 통해 요괴 존재는 한편으로는 그 이미지가 고정되면서도, 다른 한편으로는 무한으로 증식해가게 되었던 것이다.

도구의 요괴

그렇다면 요괴 종목의 증식은 어떻게 이루어진 것일까? 그 최초의 단계는 중세에 일어났다. 고대에는 애니미즘 신앙을 기반으로 하면서도, 요괴적 존재는 오니나 덴구, 오로치, 여우 등에 한정되어 있었다. 그 가운데서도 가장 넓고 깊게 침투했던 것은 '오니'였다. 오니는 인간에게 바람직하지 않은 영적 존재의 총칭으로, 처음에는 '악령' 혹은 '요괴'와 거의 동일한 의미로 통용되었다.

이러한 오니 관념을 바탕으로 해서 새롭게 생겨난 것이 '쓰쿠모신付喪神'으로 총칭되는 도구의 요괴들이다. 도구의 요괴화에 대한 사고방식을 단적으로 말해주는 것이 『쓰쿠모신 에마키付喪神繪卷』이다. 거기에는 다음과 같이 묘사되고 있다.

도구의 영혼[정령]은 백 년이 지나면 신비한 능력을 획득한다고 한다. 그래서 오래된 도구는 백 년이 지나기 전에 버려졌다. 길가에 버려진 도구들은 자신들이 아무런 감사도 받지 못하고 버려지게 된 것에 화가 나서 서로 힘을 합해 인간들에게 복수하기로 모의한다. 그리고 아직 백 년이 지나지 않았지만, '고문서' 영혼[20]의 도움을 받아서 신비한 능력을 획득하여 오니가 되는 데 성공한다. 그러나 오니들이 설쳐대는 것을 알게 된 천황이 영험이 있는 고승들에게 오니 퇴치를 부탁한다. 고승이 파견한 호법동자에 의해 그 오니들은 제압되어버린다. 항복한 오니들=도구의 원령은 마음을 바꾸어 불교수행을 쌓아서 결국 성불했다는 것이다.

---

[20] 고문서는 백 년이 지나도 버려지지 않고 소중히 취급되므로 영험이 있다고 여겨, 도구들이 이의 도움을 받아 오니가 되고자 한 것으로 이해된다.

흥미로운 것은 오래된 도구의 원령이 오니가 되어 원한을 풀려고 한다는 사실이다. 고대로부터 있어온 오니 관념이 여전히 지속되고 있는 것을 볼 수 있다. 그러나 도구가 바로 오니로 변신하는 것은 아니다. 도구에 눈코와 손발이 붙으면서 도구의 성격을 점차 상실해가다가 마침내 완전한 오니가 되는 식으로 묘사되고 있다.

완전한 오니가 되면 그 모습에서 더 이상 원래의 모습을 추량할 수 없다. 도구에서 생겨난 오니의 경우만 그런 것이 아니다. 오니란 원래 그런 것이어서, 하나하나에 대해서 오니가 되기까지의 내력을 물어보지 않으면 그것이 원래 인간의 사령이었는지, 생령이었는지, 동물의 원령이었는지 등을 알 수가 없다. 사후 신격화된 스가와라 미치자네菅原道眞[21]의 원령도, 또는 살아 있으면서 오니가 되었다는 하시히메橋姬[22]의 원령도, 일단 오니로서 형상을 얻게 되면 외견상으로는 원래의 내력을 판단할 수 없게 되는 것이다.

그런데 그 후로는 오니로 변모해 가는 중간 단계로, 도구의 속성을 몸의 일부로 남겨둔 오니가 많이 그려지게 된다. 완전한 오니가 되어버리면 비슷한 모습을 한 오니 집단에 속하게 되어버려서 재미가 반감되지만, 도구의 속성을 유지하고 있으면 '이것은 화병이 둔갑한 것', '이것은 부채 괴물' 등으로 그 내력을 알 수가 있다. 이렇게 개체 식별이 가능하다는 점이 오히려 주목을 끌었던 것이다.

이것은 다양한 도구들이 그 도구의 속성을 유지하면서 고정화된 요괴로 등장하는 것이므로 일거에 요괴 종목의 증가를 재촉하게 된다. 예를 들면 백 가지 종류의 도구를 요괴화할 때, 완전한 오니로 만들어버리면 그 모습이 비슷비슷한 백귀에 지나지

---

21 스가와라 미치자네는 헤안(平安)시대의 귀족 출신으로, 학자이자 시인이며 정치가이다. 우다천황(宇多天皇)에게 중용되어 우대신까지 올랐으나, 좌대신인 후지와라 도키히라(藤原時平)에게 참소 당하여 다자이후(太宰府)로 좌천되었다. 그의 사후에 천재지변이 자주 발생하자, 조정에서는 그 원한이 미칠 것을 경계하여 그를 텐만천신(天滿天神)으로 모시고 신앙 대상으로 삼았다. 현재는 학문의 신으로 숭앙되고 있다.

22 하시히메는 일본에서 전승되어온 다리와 관련된 여신이다. 외적의 침입을 막기 위해 주로 큰 다리 아래에 모셔졌던 다리의 수호신이다. 질투심이 많아서, 이 신이 모셔진 다리에서 다른 다리를 칭찬하는 사람은 반드시 곤경에 처해진다고 한다.

않지만, 몸의 일부에 도구의 속성을 남겨둔 오니를 그리면 백 종류의 도구 요괴를 만들어낼 수 있는 것이다. 유명한 진주암본 『백귀야행 에마키百鬼夜行繪卷』(「백귀야행도百鬼夜行圖」)[23]는 이러한 도구의 요괴들이 즐겁게 행진하는 모습을 그린 것이다.

명명命名에 의한 요괴 종목의 증식

요괴 종목이 증가하게 된 또 다른 요인은 괴이·요괴 현상에 대한 '명명命名' 작업의 확산이다. 사람들이 체험한 괴이·요괴 현상 하나하나는 개인적 체험에 지나지 않는다. 그러나 동일한 체험을 한 사람이 증가하게 되면 그 체험은 공동의 것이 되고, 나아가 그 동일한 괴이·요괴 현상에 대한 명명이 이루어지게 되면서, 그 현상은 서로 이해할 수 있는 공동의 환상이 되는 것이다.

예를 들면, 산이나 계곡에서 소리가 울리는 현상을 메아리라고 한다. 지금은 이것을 괴이·요괴 현상으로 생각하는 사람이 없지만 예전에는 산에 사는 영적 존재에 의해 야기된 괴이·요괴 현상으로 여겼다. 메아리는 '야마비코山彦'라는 이름으로 불리며, 분명 인격화된 존재로 인식되었다. 앞서 서술한 '후루소마', '덴구다오시', '너구리장단'도 모두 이런 명명을 통해서 체험이 공동화된 것들이다.

야나기타 구니오가 편찬한 「요괴명휘妖怪名彙」[24]를 읽어보면, 전국의 많은 지역에서 명명을 통해 공동화된 실로 많은 괴이·요괴 현상과 요괴 존재들이 있었음을 알 수 있다. 그 중에는 '아즈키토기小豆とぎ', '아즈키아라이小豆あらい', '아즈키사라사라小豆さらさら'와 같이, 팥을 씻는다는 동일한 괴이·요괴현상으로 생각되는 것에 대해서 지

23　『백귀야행 에마키』는 요괴[백귀]들이 행렬을 이루어 야행(夜行)하는 모습을 그린 두루마리그림의 총칭이다. 무로마치(室町)시대부터 메지(明治)시대에 이르기까지 제작된 여러 종류의 에마키 이본들이 있다. 그것이 모사 또는 전사되는 과정에서 다양한 패턴으로 재구성되어 전해지고 있다. 진주암본 『백귀야행 에마키』가 가장 대표적인 작품으로, 교토의 대덕사(大德寺) 진주암(眞珠庵)에 소장되어 있다.

24　*柳田國男, 「妖怪名彙」, 『妖怪談義』, 講談社, 1977.

역에 따라 약간씩 다른 명명을 하고 있는 경우도 있는데, 오히려 그 사실을 통해 민간에서는 괴이·요괴 현상이나 존재에 대해 적극적인 명명이 행해졌음을 알 수 있다. 곧 이러한 명명작업의 의해서 요괴 종목이 증가해온 것이다.

그러나 민간에서는 명명된 괴이·요괴 현상이나 존재가 구전의 형태로 전승되고 공유되는 데 머물렀을 뿐, 조형화되거나 회화화되는 일은 거의 없었다. 회화화나 조형화의 필요를 그다지 느끼지 않았기 때문일 것이다. 그것이 아니라면, 원래 그런 현상이나 존재와의 조우遭遇는 주로 밤의 어둠 속에서 있었던 일이어서 쉽게 회화화하거나 조형화할 수 있는 것이 아니었기 때문이다. '이상한 소리만이 들렸다'든가, '어둠 속에서 눈만 반짝반짝 빛나는 덩치 큰 사람이었다'든가, '돌풍이 불었을 뿐이었다' 등에서 보듯이, 그 체험에 관한 정보는 애매하고 단편적인 것에 지나지 않았다.

그런데 이렇듯 구승의 차원에서 존재하던 괴이·요괴 현상이나 존재가 도시로 유입되면서 마침내 화공들에 의해 점차 회화로 거듭나게 된다. 화공들은 상상력에 의해, 단편적인 정보를 바탕으로 그 모습들을 자기 나름으로 상상해서 그림으로 그렸던 것이다. 이를테면 '메아리'는 현상에 지나지 않지만, 그런 현상을 일으키는 존재로서 '야마비코'가 상정되고 거기에 구체적인 형상이 부여되었던 것이다.

그렇다면 왜 도시의 화공들은 현상이나 존재에 지나지 않았던 구전 속의 요괴에 관심을 가지게 되었을까. 그것은 안에安永 연간(1772~1781)에 걸쳐 우키요에浮世繪 화가로 활동했던 도리야마 세키엔鳥山石燕[25]이 그린 일종의 요괴도감 『화도백귀야행畫圖百鬼夜行』 시리즈가 널리 호평을 받은 후로, 그것과 유사한 도감적 내용의 두루마리그림이나 그림책 제작이 이어졌기 때문이다. 화공들은 이미 회화화되어 유통되고 있는 요괴 그림을 계승하는 동시에, 아직 회화화되지 않고 조형화되지 않은 요괴들에 대해서도 그 형상들을 창조해갔다.

---

25 에도(江戶)시대 후기의 우키요에 화가로, 요괴화를 다수 그린 것으로 알려졌다. 우키요에란 에도시대에 발달한 풍속화의 한 양식이다. 주로 유곽과 같은 도시의 환락적 풍정을 제재로 하였으며 서민층을 기반으로 흥성했다. 대량생산이 가능한 판화형식을 사용한 것이 특징이다.

명명을 통해 증식된 요괴 종목들 가운데 일부는 이렇게 도시에서 그 형상을 부여받고, 나아가서는 완전히 새로운 종목으로까지 만들어진 것들이다. 일본의 풍부한 요괴문화는 이렇듯 다양하고 풍부한 요괴 종목과 함께 그것들을 점차 회화화하고 조형화해온 데서 기인된 것이다.

요괴와 유령

　　요괴와 유령은 어디가 어떻게 다른가라는 질문을 자주 받는다. 유령은 요괴의 동류이자 하위개념이다. 그 관계는 동물과 인간의 관계에 비유될 수도 있을 것이다. 인간은 동물임에도 불구하고, 문화를 가진 동물로서 다른 동물과 구별되고 특별한 존재로 취급된다. 마찬가지로 유령은 요괴에 포함되지만 인간 혼백의 특수한 발현 형태이며, 또한 다수의 유령담이 풍부하게 전승되어왔다는 점에서 특별하게 다루어져왔다.

　　유령에는 두 가지 유형이 있다. 하나는 인간세계에 어떤 미련이 남아서 사자의 세계로 떠나지 못하고 생전의 모습으로 세상을 떠도는 유형이다. 현실세계에 나타나는 대부분의 유령은 이 유형에 속한다. 미련이라는 것도 이 세상에 살고 있는 특정인물에 대한 원한이 대부분이다. 깊은 우정이나 애정을 품고 있었던 경우도 유령이 될 수 있다. 또는 낙하물에 깔리거나 교통사고 등으로 희생된 사람이 스스로는 죽는다는 생각을 전혀 할 겨를이 없이 죽어버린 탓에, 그 혼백이 자신은 아직 살아 있다고 여겨서 사고현장이나 자택, 혹은 직장에 나타나는 일도 있다고 한다. 이런 유형의 유령과 만난 사람들 가운데는 그가 이미 죽었다는 사실을 아는 경우는 그 모습이 바로 그 사람의 유령이라는 것을 알아차리지만, 그가 죽은 것을 모르는 경우에는 그 사실을 알 때까지는 그 유령을 살아 있는 그 사람으로 여기고 접하게 된다.

　　또 다른 유형은 회화나 연극 등에 등장하는 유령이다. 이 유형의 유령은 다리가 없거나 입관될 당시의 수의를 몸에 두르고 있는 등, 제3자가 그 모습을 보고 바로 유령임을 알아차릴 수 있게 묘사되고 있다. 그러나 현실세계에서 이야기되는 유령조우담에서는 유령이 이런 모습으로 출현하는 일은 거의 없다.

유령의 중요한 특징은 조우자가 그 모습에서 유령의 개체 식별이 가능하다는 점, 곧 그것이 아무개의 유령이라는 것을 보고 알 수 있다는 점이다. 이것은 유령이 생전에 자신과 어떤 사회적 관계를 가지고 있던 사람을 지목해서 나타남을 의미한다. 그 사람을 좋아해서, 그 사람이 그리워서, 그 사람이 원망스러워서 등등의 이유로 출현하는 것이다. 그러나 '유령택시'처럼, 생전에 유령과 어떤 관계도 갖지 않았던 사람이 유령을 목격한다든가 유령과 접촉하게 되는 일도 있다.

망자가 생전의 모습으로 출현하는 이야기는 『일본영이기日本靈異記』[26]에도 기록되어 있어서 일찍부터 널리 이야기되어 온 것을 알 수 있지만, 이 경우도 원한을 풀기보다는 보은을 하거나 불만을 털어놓기 위한 것이 대부분이다. 한풀이의 목적은 그다지 높은 비중을 차지하고 있지 않다. 원령은 시각에 호소하는 형태로 출현하는 것이 아니라, 빙의憑依현상, 곧 지목된 상대나 신령이 잘 내리는 사람에게 실려서 말로 풀어내거나, 그것이 아니면 '오니'로 모습을 바꾸어서 출현하는 것이 오래전부터 내려온 신앙전통이었기 때문이다. 곧 원령 계통의 유령은 빙의현상이나 오니신앙의 변형으로서 근세에 이르러 빈번하게 나타나게 된다. 이러한 변화는 원령의 원한 대상이 국가나 공동체와 같은 큰 집단에서부터 개인이나 특정 가족의 범위로 좁혀진 것을 의미하고 있는 듯하다. 그리고 그 모습이 오니에서 생전의 모습으로 출현하는 것으로 바뀌게 되면서 유령담은 개인의 이야기로서, 이를테면 오이와お巖 유령 이야기,[27] 오키쿠お菊 유령 이야기,[28] 누구누구 유령 이야기 등과 같이 엄청나게 증식해 갔던 것이다.

---

26 약사사(藥師寺)의 승려인 게카이(景戒)가 편찬한 헤안시대의 불교설화집이다. 일본에서 가장 오래된 불교설화집으로, 주로 선악의 행실이 불력에 의해 현실에서 보상받는다는 내용의 설화들을 집대성한 것이다.

27 겐록쿠(元祿)시대에 실제 있었던 사건을 기반으로 창작된 괴담으로, 정녀(貞女) 오이와가 남편인 이에몬(伊右衛門)에게 억울하게 참살된 후, 유령이 되어 남편에게 복수한다는 이야기이다.

28 오키쿠가 집안에서 소중하게 여기는 10개로 된 묶음접시 중 하나를 깨뜨렸다는 누명을 쓰고 참살되어 우물에 버려진 후로, 밤마다 우물에서 오키쿠의 유령이 나타나 접시를 아홉 개까지만 헤아리고는 하나가 부족하다고 억울해한다는 내용의 괴담이다.

요괴는 어떻게 생겨나는가

　지금까지 '요괴란 무엇인가'라는 문제를 두고, 일본인의 신 관념을 고려하면서 일본 요괴의 특징인 다양성과 그 조형화의 배경을 검토했다. 이를 바탕으로, 이 절에서는 요괴는 어떻게 해서 발생하는가라는 문제를 검토하고자 한다. 이것은 사실상 요괴를 어떻게 창조할 수 있는가라는 문제이다. 동시에 혹시라도 당신이 새로운 요괴이야기를 창조하려고 한다면 다음과 같은 점을 고려하면 어떨까라고 하는 방향 제시이기도 하다.

　이미 서술한 바와 같이 요괴는 영혼 전반의 '난폭한 상태'로 파악될 수 있다. 그렇다면 영혼은 왜 난폭해지는 것인가. 그 영혼이 화가 나 있기 때문이다. 분노로 활성화된 에너지가 재액으로 발현되는 것이다. 따라서 요괴를 만들어내고 싶다면 요괴화하고 싶은 '것'을 화나게 하면 된다. 인간이든 동물이든 식물이든, 심지어 도구조차도, 화가 나 있는 영혼은 모두 '원령'으로 불려졌다. 그리고 이 원령의 모습들을, 고대에서 중세에 이르기까지는 '오니'라고 했다. 그러나 근세가 되면서 인간의 원령에 한해서는 '유령'이라고 일컫는 경우가 많아졌다.

　요괴화의 또 다른 하나의 원리는 '거대화'이다. 요괴는 대체로 인간보다 훨씬 큰 모습을 하고 있다. 요괴가 아니더라도 인간은 자신보다 큰 존재에 대해서는 공포를 느낀다. 공격을 당할 경우 승산이 없기 때문이다. 따라서 요괴를 만들어내는 상상력도 그렇듯 큰 것에 대한 공포심에 의거해서 요괴를 거대화하여 묘사하는 것이다. 물론 인간보다 작은 요괴가 없는 것은 아니다. 그러나 그런 요괴는 인간에게 강렬한 공포를 주지는 못한다.

　나이 들게 하는 것도 또한 요괴화의 원리 가운데 하나이다. '오래된 여우', '늙은 여우'라든가 '오래된 너구리', '늙은 너구리' 등의 표현이 있듯이, 그것을 '늙은', '오래된'과 같은 식으로 표현했다. 그 가운데는 물론 인간도 포함되어 있다. 나이가 들어감에 따라 서서히 신비적인 능력을 얻을 수 있다고 여겼던 것이다.

　그렇다면 얼마나 나이를 먹으면 신비한 능력을 획득할 수 있을까. 이에 대해서는

'100세', '300세', '800세'로 표현되는 등으로 다양하다. 요괴가 된 노모가 자식을 잡아먹으려고 하는 이야기가 있는 것을 보면, 인간의 경우는 적어도 60세 환갑은 지난 무렵부터일까.

마지막으로 요괴가 가지고 있는 신비한 능력에 대해서 생각해보자. 가장 중요한 것은 '변신'의 능력이다. 요괴를 '바케모노化け物'라든가 '헨게모노變化の物'로 부르고 있는 것에서도 단적으로 드러난다.

변신의 능력에는 두 가지 의미가 부여되고 있다. 하나는 본래의 모습과는 다른 물상物狀으로 그 모습을 바꿀 수 있는 능력이다. 여우가 인간으로 둔갑한다든지, 너구리가 차솥茶釜으로 변한다든지 하는 것이다. 요괴는 변신을 통해 정체를 숨기고 쉽게 인간에게 접근할 수 있다. 다른 하나는 이미 언급한 '거대화' 또는 '변형'이다. 본래의 모습보다 자신의 모습을 크게 만들거나 변형시키는 것을 통해 상대를 위협하고 상대의 전의를 잃게 할 수 있는 것이다. 역으로 말하면, 요괴를 인간과 같은 크기로 그리거나 인간보다 작게 그리면 공포심이 감소하고 귀엽거나 우스꽝스러운 느낌이 생기게된다. 곧 오늘날 말하는 바의 '캐릭터'에 가까워지는 것이다.

그 외의 능력으로는 자신의 모습을 숨길 수 있고, 인간보다 빨리 달릴 수 있고, 공중을 날 수 있고, 인간보다 오래 살 수 있다는 등을 열거할 수 있다. 말하자면 인간에게는 불가능한 특별한 능력을 가지게 함으로써 요괴화가 가능하다는 것이다.

나아가서는 도구의 요괴[쓰쿠모신]에서 그 전형을 볼 수 있듯이, 두 가지 혹은 그 이상의 생물이나 도구를 합성하는 것이다. 동물의 신체에 인간의 옷을 입히거나, 도구에다 오나나 인간의 신체, 눈코, 손발 등을 붙여 생물화함으로써 요괴를 만들어낼 수 있다.

이러한 원리까지 요해해둔다면, 일본 요괴의 변천사에 등장하지 않은 동물이나 어패류 등을 소재로 한 새로운 요괴 이야기를 만들어낼 수도 있을 것이다. 그때는 아마도 이 책 『요괴학의 기초지식』이 분명 도움이 될 것이다. 그러나 그 이야기가 인기를 얻을 것인가의 여부는 작가의 그림 솜씨나 글 솜씨에 달려 있다.

요괴의 사상사

가가와 마사노부香川雅信

요괴 연구의 역사를 돌아보다

이 장에서는 지금까지 이루어진 요괴에 관한 연구의 역사를 살펴보려고 한다. 현대 일본인들 사이에 침투해 있는 요괴 관념은 실은 요괴에 관한 학술적 연구성과가 대중 화되는 과정에서 형성된 것이다. 그런 이유로 요괴 연구의 역사는 지금 우리들이 알고 있는 요괴가 형성되기까지의 역사라고도 말할 수 있다. 그래서 여기서는 단순한 학설사의 형식이 아니라, 개별적인 요괴 연구에 대해서, 그것이 이루어진 배경이나 주고받은 영향 등과 같은 당시의 콘텍스트까지도 포함하여 기술해가기로 한다.

에도시대의 귀신론

중세까지 여러 가지 괴이 현상은 신불神佛로부터 온 메시지로 인식되었고, 그것이 어떤 사태의 예조인가를 해석하는 것이 그 괴이에 대한 지적인 대응이었다. 신기관神 祇官[1]이나 음양료陰陽寮[2]와 같은 공적 기관에서 행해진 점복은 그러한 해석의 기법을 체계화한 것이라고 할 수 있다. 이러한 세계인식의 바탕에서는 요괴는 당연히 실재하는 것으로 간주되었고, 다양한 역사기록물들에도 그것의 출현이 일말의 의심도 없이 기록되었다. 그러나 근세에 이르러, 에도 막부는 괴이에 대한 공적인 해석 시스템을 방기해버렸다. 곧 괴이나 요괴는 공식적으로는 존재하지 않는 것이 된 것이다. 이제 비로소 '그 실재는 인정할 수 없지만 사회적 현상으로는 존재하는' 요괴에 대해, 새삼스럽게 지식인의 입장에서 지적인 논의가 필요하게 된 것이다. 여기서 요괴 연구 또는 요괴 사상의 출발점을 찾아볼 수 있다.

근세를 대표하는 지식인으로 말하자면, 막번幕藩체제의 사상적 기반이자 막부가 공인한 학문이었던 유학주자학자 집단을 들 수 있다. '괴력난신怪力亂神은 말하지 않는다'라는 『논어』의 구절에서도 보듯이, 유학자는 요괴나 괴이와 같은 부류에 대해 말하고 싶어하지 않는다는 것이 일반적인 이미지이지만, 실제로는 많은 유학자들이 민간에 전해지는 속신이나 요괴에 대해 언급하고 있을 뿐 아니라 그것을 자신의 사상적 관점에서 논단하고 있다. 요괴 등을 포함한 이러한 민간 속신에 대한 유가의 논의는 '귀신론'으로 불렸다. 여기서 '귀신'이란, 신이나 요괴, 유령이나 조상령 등과 같은 초자연적 존재를 총칭하는 유학의 용어이다.

예를 들면, 대대로 막부의 유관儒官이었던 하야시 가문林家의 시조로 알려진 하야시 라잔林羅山[3]은 『노즈치野槌』나 『본조신사고本朝神社考』와 같은 저작에서 요괴나 괴이에 대해 다루었으며, 『괴담怪談』이라는 제명의 괴담집을 편찬하기까지 했다. 그의 『다식편多識編』은 이시진李時珍의 『본초강목本草綱目』에 열거된 중국의 여러 가지 자연물들에 대해 일본의 이름을 대조시킨 저술인데, 여기서 라잔은 중국의 요괴에 일본의 요괴를 비정하는 작업을 함으로써(이를테면, 중국의 '고획조姑獲鳥'[4]에 대해서 일본의 '우

---

1   고대 일본의 율령제(律令制) 하에서 설치된 관청으로, 조정의 제사를 담당한다.
2   고대 일본의 율령제에서 중무성(中務省)에 속한 기관의 하나로, 천문, 기상, 역(曆), 시각, 점복 등을 담당한다.
3   하야시 라잔(1583~1657)은 에도시대 초기의 유학자이다.
4   중국의 민간전승에서, 밤에 날아다니며 갓난아기를 해치고 아기 울음소리를 내는 것으로 알려진 새이다. 아기의 옷에 피를 묻혀 그 혼을 빼앗거나, 병에 걸리게 한다고 전해진다.

부메도리',[5] 중국의 '봉황'[6]에 대해서는 일본의 '가와타라우'[7] 등), 에도시대 후기에 번성하게 된 요괴의 박물학적 이해에 큰 영향을 미쳤다. 라잔은 기본적으로 '괴력난신은 말하지 않는다'는 『논어』의 입장을 취하고 있었지만, 불가피한 경우에는 말해도 무방하며, 다만 그 경우에는 반드시 훈계를 포함하도록 하라고 쓰고 있다.

6대 장군인 이에노부家宣 아래에서 막부정치를 보좌했던 아라이 하쿠세키新井白石[8]도 또한 『귀신론』이라는 제목의 저작에서 실로 많은 괴이에 대해서 언급하고 있다. 하쿠세키는 "귀신에 관한 일은 진실로 말하기 어렵다"라고 하면서도 그것이 불가능하다고는 생각하지 않았다. 삶에 대해 깊이 이해할수록 죽음에 대해서도 이해가 가능하며, 귀신을 이해하는 일도 가능하게 된다고 생각했다. 하쿠세키는 사상事象을 음양이기陰陽二氣의 작용으로 설명하는 주자학의 유물론적인 세계관에 입각하여, 수많은 문헌을 인용하여 다양한 괴이 · 요괴에 대해 논급하고 있다. 그러한 박람강기博覽強記의 태도는, 그가 개인적으로도 괴이에 대한 강한 호기심을 가지고 있었음을 엿볼 수 있게 한다. 그것은 라잔도 다르지 않았다. 일상적인 이해를 넘어서 있는 괴이가 이 시대 지식인들의 지적 호기심을 불러일으키는 화두가 되었던 것이다.

한편 5대 장군 쓰나요시綱吉의 직속측근側用人[9]이었던 야나기사와 요시야스柳澤吉保를 모셨던 오규 소라이荻生徂徠[10]는 귀신의 실재 여부에 대해서는 그다지 깊이 파고들지 않았지만, 귀신에 대한 제사를 태고적 성인이 백성을 통합하기 위해 제정한 일종의 '제도'로 인식하고 수용했다. 이러한 태도는 귀신에 대한 기능주의적 이해라고도 할 만한 것이다.

---

5 일본에서, 임신상태로 또는 난산으로 죽은 여성 유령을 가리키는 말이다. 행인에게 아기를 안기거나 아기들에게 위해를 가하는 존재로 알려져 있다.
6 중국 전설상의 짐승이다.
7 물에 사는 요괴 '갓파'는 지역에 따라 '가와타로(河太郎)'로도 불린다. '가와타라우'는 가와타로의 다른 표현으로 보인다.
8 아라이 하쿠세키(1657~1725)는 에도시대 중기의 무사이자 정치가이며 주자학자이다.
9 원문의 '소바요닌(側用人)'은 에도시대 막부에 설치된 관직으로, 장군의 명령을, 정무를 통괄하는 최고 관리인 로주(老中)에게 전달하는 역할을 담당했다.
10 오규 소라이(1666~1728)는 에도시대 중기의 유학자이자 문헌학자이다.

이러한 언술들은 유물론적 관점 또는 정치적 관점에서 귀신을 합리화하는 것이었지만, 귀신신앙 자체를 부정한 것은 아니었다. 이에 비해서 오사카大坂 가이토쿠도懷德堂[11]의 야마가타 반토山片蟠桃[12]는 아라이 하쿠세키 류의 귀신론을 철저하게 비판하고, 귀신의 실재성을 부정하는 '무귀론無鬼論'을 전개했다. 자신의 주저인 『꿈의 시대夢の代』에서 그는 하쿠세키와 마찬가지로 귀신을 음양의 작용으로 보는 주자의 학설에 기초를 두면서, 그것을 일종의 비유로서, 곧 이야기되는 존재로서만 수용하고 있다. 이러한 인식 하에서 귀신에 대한 제사는 '효孝'의 연장이라는 일종의 도덕적 의미밖에 가질 수 없다. 반토는 사후 영혼의 존속을 믿지 않고, 덴구나 오니의 존재를 부정하며, 여우나 너구리 요괴의 존재도 부정한다. 『꿈의 시대』 권말에 게재된, "신불이나 바케모노化物[13]도 없고, 세상에는 기묘하고 이상한 것은 더더욱 없다"라고 한 교카狂歌[14]는 이러한 반토의 입장을 잘 드러내준다.

히라타 아쓰타네平田篤胤[15]의 유명幽冥에 관한 연구

반토가 이러한 급진적인 무귀론을 주장한 바로 그 시대, 한편으로 가장 과격한 '유귀론有鬼論'을 전개한 인물이 국학자 히라타 아쓰타네(1776~1843)이다. 아쓰타네는 귀신(특히 일본 고래의 신들)의 실재나 저승(아쓰타네의 표현으로는 '유명幽冥')의 존재를 입증하는 데 심혈을 기울였다. 우선 하쿠세키의 『귀신론』을 이어받아 저술한 『신新 귀신론』(후

---

11 에도시대 중기 오사카의 상인들이 설립한 교육기관이다.
12 야마가타 반토(1748~1821)는 에도시대 후기의 상인이자 학자이다.
13 고마쓰 가즈히코에 의하면(『일본의 요괴학 연구』, 박전열 옮김, 민속원, 2009, 4쪽), 요괴라는 말은 메지시대에 학술용어로 사용된 것으로, 일상언어는 아니었다. 그 이전에는 바케모노(化物, 化け物), 오바케(お化け), 헨게(變化), 오니(鬼), 마물(魔物), 요물(あやかし) 등의 다양한 용어들이 혼용되었으며, 요괴문화가 번성한 에도시대에 이르러서 바케모노가 일반적으로 통용되었다고 한다.
14 교카란 사회에 대한 풍자나 해학을 담은 5·7·5·7·7 음절로 구성된 단가(短歌)이다.
15 히라타 아쓰타네(1776~1843)는 에도시대 후기의 국학자이자 신도 연구자이며 의사이다.

에 『귀신 신론新論』으로 간행)에서는 귀신에 대한 제사를 합리적으로 해석하려 했던 유가의 귀신론을 비판하고 『논어』를 비롯한 유학 텍스트들을 새롭게 검토함으로써, 역설적으로 귀신의 실재를 입증하려고 시도했다. 또한 그의 『고금요매고古今妖魅考』는 하야시 라잔의 『본조신사고』에서 전개된 불교 비판과 덴구 연구를 계승한 저작이다.

아쓰타네의 학문을 유학자들의 귀신론과는 일획을 그은 것으로 본 것은, 덴구의 세계를 다녀온 도라요시寅吉라는 소년에게서 들은 이야기를 기록한 『선향이문仙郷異聞』이나 환생을 경험한 남자로부터 사후세계에 대해서 들었다는 『가쓰고로 재생기문勝五郎再生記聞』과 같이, 실제로 유명계를 다녀왔다는 사람들로부터 직접 채록한 것을 바탕으로 이루어진 연구라는 데 있다. 이것은 문헌에만 의존하여 사고하던 당시의 학문적 태도와는 전혀 다른 것으로, 필드워크에 기반을 둔 민속학 방법에 더 가까운 것이었다. 아쓰타네는 또한 히고 미요시肥後三次의 번사藩士[16]였던 이노 헤타로稲生平太郎[武太夫]가 간엔寬延 2년(1749)에 조우했던 괴이에 관한 기록을 편찬하여 『이노물괴록稲生物怪録』으로 간행했다. 이것은 에도시대 당대의 요괴 이야기로 화제가 되었던 사건이며, 에마키로도 그려졌다. 아쓰타네는 유명계의 실재를 증명하기보다 이러한 동시대의 사건들을 신빙성이 높은 사례로서 검증하려고 했던 것이다.

그러나 이러한 아쓰타네의 연구는 다른 학자들에게 곤혹스럽게 받아들여졌는데, 당시로서도 상당히 이질적인 것이었기 때문이다. 당시의 주류는 역시 귀신을 합리적으로 해석하려는 유학적 언술이었으며, 그런 사고방식은 '벤와쿠모노辯惑物'의 형태로 일반인들 사이에도 침투되어갔다. '벤와쿠모노'란 다양한 괴이담들을 유학이나 심리학의 견지에서 하나하나 합리적인 해석을 붙여가는 일종의 계몽서이다.

예를 들면 조쿄貞享 3년(1686)에 간행된 야마오카 겐린山岡元隣[17]의 『고금백물어 평판古今百物語評判』[18]에서는 다양한 괴이·요괴를 주자학적 음양이기陰陽理氣의 작용으로

---

16 번사는 에도시대 막부로부터 1만석 이상의 영지를 부여받은 번주(藩主)를 섬기는 무사 및 그 구성원을 가리킨다.
17 야마오카 겐린(1631~1672)은 에도시대 전기의 가인(歌人)이자 작가이다.
18 『고금백물어 평판』은 겐린이 자택에서 개최한 '백물어괴담회(百物語怪談會)'를 바탕으로 쓴 책이다.

설명하고 있다. 이것은 이른바 괴이에 대한 유물론적인 해석이다. 그러나 주자학에는 "요괴는 사람에 의해 일어난다"(진북계陳北溪, 『성리자의性理字義』)라고 하여, 괴이를 사람의 마음이 만들어낸 속임수로 간주하는 유심론적 해석의 전통도 있다. 벤와쿠모노에도 괴이의 정체가 결국 인간의 망상에서 생겨난 착오였다는 이야기들이 많이 소개되고 있다. 가와치국河內國 이시카와군石川郡 다이가즈카촌大ヶ塚村(현 오사카부大阪府 미나미가와치군南河內郡 가난정河南町)의 상층 농민이었던 가와치야 요시마사河內屋可正(쓰보이 고헤壺井五兵衛, 1636~1713)가 집필한 훈계서인 『다이가즈카 유래기(가와치야 요시마사 구기河內屋可正舊記)』에도 "바케모노는 바깥이 아니고 마음 속의 망상에 의해 죽은 자가 눈 앞을 가리면서 이형의 물체가 나타나게 되는 것"이라는 기술이 있는 것을 보면, 괴이에 대한 이러한 유심론적 이해가 널리 침투해 있었음을 알 수 있다.

"풍류 없는 자와 바케모노는 하코네箱根 너머",[19] "없는 것은 돈과 바케모노", "술 못 마시는 사람과 바케모노는 세상에 없다"와 같은 에도 속담들에서도 보듯이, 에도시대에는 괴이・요괴의 존재가 공식적으로 부정되었을 뿐 아니라, 일반 서민에게도 리얼리티가 현저하게 떨어져 있었다. 그러므로 괴이・요괴를 합리적으로 해석하려는 사상이 나타나 널리 수용되어갔을 것이다. 괴이 및 요괴 현상을 둘러싼 이런 논의들이 어딘가 지적인 유희와도 같아 보이는 것은 그 현상이 더 이상 큰 의미를 지닐 수 없는 시대가 도래하였음을 말해주는 것이며, 이는 다음 장에서 서술할 '요괴오락'의 출현과도 상통하는 것이었다.

불교와 유교에 정통한 겐린이 이야기에 담긴 요괴・괴이 현상에 대해서 음양오행설을 비롯한 당시의 합리적인 사고를 바탕으로 평판한 것으로, 요괴담의 해설서라고 할 만하다.

19 '하코네 너머'란 하코네 너머 서편에 있다는 의미로, 곧 바케모노 등이 에도에는 존재하지 않음을 자랑하는 표현이다.

이노우에 엔료井上圓了[20]의 요괴학

현재까지 이어지는 요괴 연구는 메지明治시대 불교철학자 이노우에 엔료의 '요괴학'에서 시작된 것이다. 요괴란 말이 학술용어로 사용된 것도 이때부터였다. 에도시대에는 지금 우리가 요괴라고 부르는 초자연적인 존재들에 대해, 학자들은 '귀신'으로, 서민들은 오로지 '바케모노'로 불렀다.

그러나 엔료가 말하는 '요괴'는 오늘날의 그것과는 상당히 양상이 다른 것이었다. 첫 저서인 메지 20년(1887)의 『요괴현담妖怪玄談』에서, 엔료는 요괴를 다음과 같이 정의하고 있다. "우주 물심物心의 여러 현상 가운데 보통의 도리로 해석할 수 없는 것이 있는데, 이것을 요괴라고 하거나 혹은 불가사의라고 일컫는다". 곧 일상적인 논리로는 해석할 수 없는 것을 총칭해서 '요괴'로 부른 것이지만, 이것을 '불가사의'로도 바꾸어 말할 수 있었던 것을 보면 당시의 요괴는 이른바 초자연적인 존재뿐 아니라 그것을 넘어선, 상당히 넓은 대상을 포함하는 말이었다.

주요 저서인 『요괴학 강의』 서두에 실린 요괴 종목에도 유성이나 신기루와 같은 자연현상에서부터 주술요법, 점복, 액년 등의 민간신앙이나 민간지식의 종류들까지 포함되어 있다. 곧 엔료가 말하는 요괴란 이른바 '미신'과 동의어였던 것이다. 엔료는 요괴학을 총론, 이학부문, 의학부문, 순수철학부문, 심리학부문, 종교학부문, 교육학부문, 잡학부문의 8개 영역으로 분류하고 있다. 자연과학과 인문과학의 지식 및 이론을 총동원하여, 다양한 요괴[=미신]에 합리적인 해석을 부여하는 지식체계, 그것이 곧 엔료의 요괴학이었다.

엔료의 요괴학은 언뜻 보기에는 전형적인 근대 계몽주의에서 생겨난 것처럼 보인다. 그러나 앞에서도 보았듯이 요괴에 대한 합리적 해석은 이미 에도시대 유가의 '귀신론'이나, 그것을 통속화한 '벤와쿠모노'에서 행해지고 있었다. 실제로 엔료는 그러한

---

20   이노우에 엔료(1858~1919)는 메지시대의 불교철학자이자 교육자이다. 다양한 시각을 키우는 학문으로 철학을 주목하고 데쓰가쿠칸(哲學館: 현 도요(東洋)대학)을 설립했다.

문헌들을 자주 참조하고 있다. 그런 의미에서 엔료의 요괴학은 에도시대의 귀신론이나 벤와쿠모노의 계보를 잇는 것이었다고 할 수 있을 것 같다.

또한 엔료가 최종 목표로 한 것은 합리적인 해석에 의한 요괴[=미신]의 박멸이라기보다 오히려 진정한 불가사의인 '진괴眞怪'의 탐구였다. 엔료는 요괴를 크게 '허괴虛怪'와 '실괴實怪'의 두 가지로 나누고, 다시 허괴는 '위괴僞怪'와 '오괴誤怪'로, 실괴는 '가괴假怪'와 '진괴'로 분류한다. 위괴란 '인위적 요괴', 곧 사람이 무언가 수단을 이용하여 고의로 만들어낸 요괴이며, 오괴란 '우연적 요괴' 곧 우연히 일어난 사건을 요괴로 오인해버린 경우이다. 위괴도 오괴도, 불가사의한 것은 어느 하나도 진실로 일어나지 않은 것이므로, 이들은 허구의 요괴 곧 허괴인 것이다. 또한 가괴는 '자연적 요괴'로 인위도 우연도 아니고 자연적으로 일어난 현상이며, 실제로 불가사의하게 보이는 일이 일어나고 있지만 그 배후에는 적법한 도리가 있으므로 이것도 진정한 의미에서의 요괴는 아니다. 그러나 진괴는 '초리적超理的 요괴' 곧 인지人智가 아무리 진보했다고 하더라도 도저히 알 수 없는 절대적인 불가사의이므로, '진정한 요괴'라고 하는 것이다. 그리고 요괴학의 목적은 '위괴를 멀리하고 가괴를 물리치고 진괴를 여는' 것에 있다고 엔료는 말하고 있다. 이 진괴는 종교나 철학의 영역 밖에서는 탐구할 수 없는 것이므로, 결국 그것을 최종으로 남겨둔 것은 역시 엔료가 불교철학자였기에 가능한 일이었다. 엔료는 종래의 불교가 너무 세속적인 데다 미신과 폐습으로 가득 차 있다고 보고 불교를 진리를 탐구하는 문명세계의 종교로 개혁하고자 했는데, 위괴를 멀리하고 가괴를 물리치고 진괴를 열어보이는 것을 목적으로 한 그의 요괴학은 그러한 불교개혁의 시도와도 궤를 같이한 것이었다.

그렇다고 해도 실제로 엔료의 요괴학은 오로지 방대한 요괴 사례들에 대해 하나도 빠짐없이 합리적인 해석을 부여하여, 그것들이 위괴나 오괴, 또는 가괴임을 증명하는 데만 골몰하고 있는 것처럼 보인다. 엔료의 요괴학이 미신 퇴치의 학문인 것으로 받아들여지고 있는 것도 무리가 아니다. 또한 엔료는 일반인들을 대상으로 요괴학의 내용을 알기 쉽게 해설하는 저작들을 발표한다. 당시 사람들이 요괴학에 기대한 것도 요괴에 대한 그러한 합리적 설명이었다.

요괴라는 말이 일반인들 사이에 확산되어간 것도 엔료의 요괴학이 크게 기여한 결과였다. 앞서 언급한 것처럼 엔료가 말하는 요괴는 현재의 요괴와는 다른 의미개념이었지만, 당시 사람들은 그것을 에도시대의 바케모노를 대신할 최신의 어휘로 받아들였다. 사실상 요괴가 '초자연적인 존재'를 가리키는 명칭이 된 것은 이때부터였다. 곧 학술적인 영역과 통속적인 영역의 경계선상에서 마침내 우리들이 알고 있는 '요괴'가 배태된 것이다.

에마 쓰토무江馬務[21]의 요괴 연구

엔료의 요괴학은 요괴의 현존을 문제삼는다는 의미에서 자연과학적 요괴 연구라고 할 수 있을 것이다. 이에 비해 다이쇼大正시대 이후로는 실재의 문제보다는 요괴를 일종의 표상, 곧 인간 상상력의 산물로 보고 그것의 변천이나 배후에 있는 심의를 해명하려고 하는 인문학적 요괴 연구가 나타난다.

우선 다이쇼 8년(1919)에는 풍속사가인 에마 쓰토무(1884~1979)가 자신이 주재하던 풍속연구회 저널인 『풍속연구』 제20호의 지면을 모두 할애하여, 장편 논문 「요괴의 사적史的 연구」를 발표한다. 그리고 다이쇼 12년(1923), 그는 그것을 더욱 발전시킨 형태로 『일본요괴헨게사日本妖怪變化史』[22]를 간행했다. 두 책은 회화나 문헌 등을 기본자료로 하여 요괴의 역사적 변천 및 그 모습과 성질 등을 종합적으로 파악하고 분류하고자 한 시도였다. 이러한 에마 연구의 입장은 『일본요괴헨게사』 자서에 기술된 아래

---

21 에마 쓰토무는 일본 풍속사 연구의 기초를 확립한 역사학자이다. 1910년 교토제국대학 사학과를 졸업하고 1911년 풍속사연구회를 설립하였으며, 1916년에는 동 연구회 저널인 『풍속연구』의 창간을 주도했다. 문헌 사료를 토대로 과거의 풍속을 복원하고 고증하는 연구를 주로 했다. 태평양전쟁을 전후한 시기까지 풍속사 연구의 제1인자로 활약했으며, 1960년에는 일본풍속사학회를 설립하고 초대회장을 역임했다.

22 변화(變化)라는 한자는 '헨카'와 '헨게' 두 가지로 읽는다. 여기서는 '헨게'로 읽고, 마력을 가진 존재가 본래와는 다른 모습으로 바뀌는 현상이나 그렇게 바뀐 존재를 의미한다.

의 인용단락에서 단적으로 드러난다.

> 내가 전공하는 풍속사의 견지에서 이 요괴 및 헨게 현상을 바라보면, 이것이 실재하는가, 하지 않는가와 같은 지엽적인 천착은 무용한 것이다. 과거 우리 조상들이 이것을 어떻게 보았는가, 이것을 실제로 접착하여 어떤 태도를 취하고 대응했는가를 있는 그대로 털끝만큼도 거짓 없이 자료를 수집해서 조직적으로 편찬한다면 풍속사가로서 할 일을 다했다고 할 만하다.

요괴의 실재 여부에 대해서는 관여하지 않고, 다만 과거의 사람들이 요괴를 어떻게 보고 어떤 태도를 취해왔는가를, 자료를 바탕으로 있는 그대로 정리하는 것이 풍속사가의 요괴 연구라고 말하고 있다. 이것은 요괴 연구에서 획기적인 전환이었다. 요괴가 그 자체로 인문과학적 연구의 대상이 되는 주제임을 에마는 소리높어 선언했던 것이다.

또한 '풍속'이란 말은 현재는 다소 '비속한 것'이라는 뉘앙스를 띠고 있지만, 에마는 "풍風은 상上의 변화하는 바, 속俗은 하下의 익히는 바"라고 하는 한자의 자의를 좇아서, 풍속을 상하층을 포함한 생활문화로 인식하였고, 그 중에서도 특히 상층의 복식을 중심으로 한 생활문화에 중점을 두고 있었다. 그러한 당시의 풍속연구 경향에서 볼 때 요괴라는 주제는 아주 이색적인 것이었는데, 이는 에마 개인의 흥미나 관심에서 연유되었을 가능성이 크다.

에마의 연구가 지닌 독특한 점으로는 우선 '요괴妖怪 헨게變化'를 모습을 바꾸지 않는 '요괴'와 모습을 바꾸는 '헨게'의 두 종류로 대별한 것, 그리고 주로 그 모습을 기준으로 계통을 따라서 상세하게 분류한 것 두 가지를 들 수 있다. 두 가지 모두 요괴의 외관과 형태의 특징을 중시한 연구태도라고 할 수 있다. 그래서 요괴란 이상한 모습을 가진 것이고 헨게란 그 모습을 변화시키는 것으로, 달리 말하면 요괴는 공시적으로, 헨게는 통시적으로 형태적 특징을 지표로 한 자연계의 분류질서를 일탈한 것으로 볼 수 있다. 그리고 그것들은 인간적 모습, 동물적 모습, 식물적 모습, 기물적 모습의 이상한 변이나 혼효, 또는 다른 것으로의 변용이라는 형태로 분류되어왔다.

에마가 이러한 '요괴 헨게'의 '모습', 곧 시각적인 특징에 집착하게 된 것은 원래 그가 주재하고 있던 풍속연구라는 학문이 회화 제작의 보조적 성격을 띠고 있었던 데서 연유된 것으로 생각된다. 에마가 메지 44년(1911)에 창설한 풍속연구회는 그가 교편을 잡고 있던 교토시립회화전문학교와 미술공예학교(현 교토시립예술대학)의 직원, 졸업생, 재학생들이 중심이 되었으며, 동 연구회의 중요한 목적 가운데 하나는 풍속화나 역사화가 제작된 시대를 고증하는 작업이었다. 따라서 풍속연구회가 중시한 것은 오래된 회화 자료를 수집하는 일이었다. 곧 풍속연구라는 학문은 시각적인 것에 대한 관심이 강했던 것이다.

사실상 에마가 「요괴의 사적 연구」 및 『일본요괴헨게사』를 쓰게 된 직접적인 계기는 다이쇼 8년(1919) 풍속연구회가 주최한 〈요괴 헨게에 관한 서적과 회화〉 전시회였다. 그의 『일본요괴헨게사』에 오래된 회화자료에서 얻은 요괴관련 도판이 다수 게재되고 있는 것도 그러한 배경과 무관하지 않다.

요괴화에 대한 관심은 그 후의 풍속연구에도 지속적으로 계승되었다. 같은 풍속연구회 회원이자 화가였던 요시카와 간포吉川觀方(1894~1979)는 몸소 요괴화와 유령화를 수집 연구하여, 다이쇼 14년(1925)에는 『회화에 나타난 요괴』를, 그 이듬해에는 『속續 회화에 나타난 요괴』를 간행하고 있다. 전후 일본풍속사학회의 초대 이사장을 맡으면서, 에마를 이어 풍속사학계의 중심 인물이 되었던 후지사와 모리히코藤澤衛彦(1885~1967)도 또한 열정적으로 요괴화를 수집하여, 쇼와 4년(1929)『요괴화담전집妖怪畵談全集 일본편』을 간행하고 있다. 에마의 『일본요괴헨게사』를 포함한 이들 저작은 후에 만화가 미즈키 시게루의 요괴화의 원천이 됨으로써, 일본인의 통속적인 요괴관에 크나큰 영향을 미치게 된다.

야나기타 구니오柳田國男의 요괴 연구

존재하든 존재하지 않든 그것은 실은 더 이상 문제가 되지 않는다. 우리는 어떻든 오바케[23]가 존재한다고 생각한 사람이 옛날에도 많이 있었고 지금도 적지 않은 이유가 무엇인지 알지 못하여 당혹스러울 뿐이다.

위의 인용은 민속학자인 야나기타 구니오(1875~1962)가 쇼와 11년(1936)에 발표한 「요괴담의妖怪談義」의 한 구절이다. 야나기타도 에마와 마찬가지로 요괴의 실재 문제는 유보해둔 채, 요괴에 대한 인문학적 연구의 필요성을 역설했던 것이다. 그러나 에마의 풍속연구가 회화나 문헌에 기초해서 다양한 요괴 사례를 수집하고 분류하고 정리한 것인 데 비해서, 야나기타의 민속학은 구승으로 전해지고 있던 민간전승을 주된 대상으로 해서 예전의 일본인이 가지고 있던 신앙의 양상을 복원하는 것이 목적이었다.

야나기타는 상당히 이른 시기부터 괴이나 요괴에 대해 큰 관심을 가지고 있었다. 메지 38년(1905)에 쓴 「유명담幽冥談」에서 야나기타는, "어떤 지역민의 경우라도 모두 제각기 특별한 불가사의를 가지고 있다"고 하면서, 그것을 연구하면 '지역의 역사國民の歷史',[24] 특히 '지역민의 특성國民の性質'을 연구할 수 있을 것이라고 했다. 이러한 생각은 후의 야나기타 민속학으로 이어지게 된다. 또한 이 「유명담」에는 소년시절 그가 읽었던 히라타 아쓰타네의 『고금요매고』의 영향도 짙게 나타난다.

이 무렵 야나기타가 큰 관심을 갖고 있었던 것은 덴구였다. 이것은 결국 산중 이민족(선주민 집단)의 존재를 요괴의 원형으로 추론하는 「산인론山人論」으로 이어진다. 메지 43년(1910)의 『석신문답石神問答』이나 『도노 이야기遠野物語』와 같은 초기 저작들도 그러한 문제의식이 근저에 있어 쓰여진 것으로 볼 수 있다.

그러나 다이쇼 15년(1926), 그것의 집대성으로서 『산의 인생』이 간행된 이후로 「산인론」은 급속히 자취를 감추었고, 야나기타는 이제 요괴를 순수하게 신앙이나 심의心意의 문제로 생각하게 된 것처럼 보인다. "있든 없든, 그런 것은 실은 더 이상 문제가

---

23 '오바케'란 본래 모습에서 일탈하여 무언가 괴이한 모습으로 변화한 존재라는 뜻으로, 요괴, 바케모노, 헨게와도 유사한 개념이다.
24 '구니(國)'란 고대 일본의 율령제 하의 행정단위이다. 율령제가 붕괴된 후에도 지역 구분의 단위로서 메지시대 초기까지 사용되었으며, 현재도 지역의 별칭으로 여전히 사용되고 있다.

되지 않는다"는 것이다.

이러한 야나기타의 요괴 연구는 쇼와 9년(1934)의 『외눈박이동자—目小僧 외』와 쇼와 31년(1956)의 『요괴담의』[25]에 정리되어 있다. 가장 중요한 그의 가설은 요괴를 예전의 신이 그 신앙을 잃고 영락한 존재라고 한 것이다. 곧 외눈박이동자는 원래 외눈박이 신이었고 갓파는 원래 수신이었지만, 시간과 함께 신앙을 상실하게 되면서 나쁜 짓을 하는 보잘것없는 요괴로 변해왔다는 것이다. 이러한 사고는 의미불명의 전승이나 관습을 전시대의 '잔존survival'으로 인식하는 인류학의 문화진화론에서 영향을 받은 것으로 짐작된다. 야나기타의 영락설은 그 후로 일본 민속학의 정설이 되어 오랫동안 요괴 연구를 지배하게 된다.

그리고 또 하나, 야나기타가 제기한 가설로 자주 인용되는 것은 요괴와 유령의 차이에 대한 지표이다. 야나기타는 『요괴담의』에서, 양자를 구분하는 세 가지 지표를 다음과 같이 제시하고 있다.

① 요괴는 출현하는 장소가 정해져 있지만, 유령은 겨냥하는 상대가 있는 장소로 찾아간다.
② 요괴는 상대를 가리지 않는 데 비해서, 유령은 상대가 정해져 있다.
③ 요괴는 초저녁이나 새벽녘의 으스름한 시각에 출몰하는 데 비해서, 유령은 축3시(한밤중)에 출몰한다.

이 세 가지 지표는 이미 많은 비판을 받은 터라, 현재로서는 더 이상 지지를 받지 못하게 되었다. 왜냐하면 출몰하는 장소가 정해진 유령(이를테면 지박령地縛靈) 등, 조금만 생각해봐도 이 지표에 해당되지 않는 사례를 얼마든지 열거할 수 있기 때문이다.

야나기타의 이 가설은 오히려 이 책이 쓰여진 쇼와 초기 당시의 유령을 둘러싼 상

---

25 『요괴담의(妖怪談義)』(講談社, 1977(再版))는 덴구, 갓파, 야마우바, 외눈박이동자 등의 요괴를 대상으로 한 야나기타의 논고를 모은 단행본이다. 요괴명 일람인 「요괴명휘(妖怪名彙)」가 권말에 수록되어 있다.

황을 말해주는 것으로 읽어야 할 것이다. 야나기타가 무리하게 요괴와 유령의 구별을 주장한 것은 당시 유령 이야기가 도시에 많이 퍼져 있었기 때문이다. 히가시 마사오東雅夫에 의하면 메지 말기부터 다이쇼-쇼와 초기에 이르는 시기는 모든 문학장르에 괴담적인 요소가 만연했던 '괴담 르네상스'의 시대였다.[26] 이러한 근대괴담은 요괴가 아니라 오직 유령 이야기가 태반을 차지하고 있지만, 야나기타의 관심은 농촌 및 민간전승에 남아 있는 전시대의 생활문화에 있었으므로, 그는 '도시' 및 '근대'와 강하게 연결된 유령을 어떻게든 자신의 민속 연구의 대상에서 제외하려고 했던 것이다. (이것은 야나기타가 '민속folklore은 도시의 것이 아니'라는 생각에서, 이케다 야사부로池田彌三郎의 『일본의 유령』[27]을 비판한 것을 보더라도 알 수 있다.)

그러나 일본의 전국 각지에서 보고된 요괴들의 이름과 전승을 정리한 「요괴명휘妖怪名彙」를 쇼와 13년(1938)부터 14년에 걸쳐 『민간전승』에 연재한 후로, 야나기타는 요괴에 관한 연구를 중단하고 조령祖靈이나 신의 문제로 중점을 옮겨간다. 태평양전쟁과 패전의 상황을 거치면서, '일본인은 어떻게 될 것인가', '일본의 신 또는 일본의 이에家는 어떻게 될 것인가'라고 하는, 보다 큰 문제에 직면한 야나기타로서는 더 이상 요괴 문제에 머물러 있을 여유가 없었던 것이다.

요괴 연구의 퇴조와 요괴 붐

쇼와 31년(1956), 야나기타의 『요괴담의』가 간행된 후로, 마치 요괴 문제는 야나기타에 의해 다 해결된 듯이 민속학에서는 더 이상 새로운 요괴론이 나타나지 않게 되고, 요괴에 관한 보고가 민속학 잡지에 실리는 일도 줄어들게 된다. 요괴 연구가 완전히 정체기에 들어가버린 것이다.

26　*「난숙의 말세, 괴담이 번성하다 - 〈괴담 일본!〉 편집 전기」, 『환상문학』 제47호, 아트리에 OCTA, 1996.
27　池田彌三郎, 『日本の幽靈』, 中央公論社, 1974.

1970년대 들어서면서 다시 요괴가 주목을 받게 되었는데, 그 계기가 된 것은 대중문화 분야에서 일어난 요괴 붐이었다. 쇼와 43년(1968) 고단샤講談社의 만화잡지『주간소년 매거진』에 연재되고 있던 미즈키 시게루(1922~2015)의 「묘지의 기타로鬼太郎」가 「게게게의 기타로」라는 타이틀의 TV애니메이션으로 만들어지면서 일대 요괴 붐이 도래한다. 현대의 요괴관념은 이때 형성되었다고 보아도 무방하다. 곧 미즈키 시게루가 그린 요괴야말로 현대 일본인이 상상하는 요괴 그 자체였던 것이다.

같은 해,『주간 요미우리週刊讀賣』,『전통과 현대』등의 잡지에서도 요괴 특집이 편성되었고, 또한 아베 가즈에阿部主計의『요괴학 입문』과 같은 개설서도 출간되었다. 이후로도 일반인들 사이에 침투한 요괴의 뒤를 추적하듯이, 개별 요괴 종목들에 대한 개설서들이 연이어 나타난다. 중요한 저작으로는 바바 아키코馬場明子의『오니의 연구』(1971), 이시가와 준이치로石川純一郎의『갓파의 세계』(1974), 지기리 코사이知切光歳의『덴구의 연구』(1975) 및『오니의 연구』(1978) 등을 들 수 있다. 이 연구들은 새로운 요괴론을 제시한 것은 아니지만, 그때까지의 연구를 집대성한 것이어서 지금도 여전히 그 가치를 잃지 않고 있다.

이 시기 특히 이채를 보인 것은 민속학자 다니카와 겐이치谷川健一(1921~2013)의 작업이다. 쇼와 46년(1971) 발표한『마魔의 계보』에서, 그는 원령 및 이단의 신 등, 곧 일본 역사를 움직인 사자死者나 패자敗者가 지닌 원념怨念의 힘에 주목함으로써, 이른바 일본문화의 '어둠'의 측면을 묘사해 보였다. 그의 작업은 요괴와 같은 것이 결코 일본 역사나 문화에서 하잘 것 없는 것이 아니라, 오히려 그 특질을 형성해온 기반임을 밝히려는 시도였다.

그는 또 쇼와 54년(1979)의『청동青銅신의 족적』및『대장간鍛冶屋의 어머니』에서는 외눈박이동자, 오니, 갓파와 같은 요괴가 고대 금속기술 집단의 전승에서 유래된 것이라는 대담한 가설을 제기했다. 예를 들면 외눈박이동자는 야장신冶匠神인 아마노마히토쓰신天目一箇神이 영락한 모습이며, 아마노마히토쓰신은 골풀무의 불길에 한쪽 눈을 다친 제철기술자대장장이들을 신격화한 것이었다고 한다. '금속 민속학金屬民俗學'이라고도 불리는 다니카와의 이 일련의 저작들은 요괴를 영락한 신으로 간주한 야나기타의 도식을 답습한 것이기도 하지만, 도작 농경민의 문화를 일본의 기층문화로 자리매김했던 야나기타 민속학이 간과해왔던 표박漂泊의 금속기술 집단을 조명했다는 의미에서, 민속학의 새로운 가능성을 제시한 것으로 평가할 만하다. 그러나 요괴 전승을 고대 금속기술 집단과 결부시켜 재해석한 이 연구는 오히려 아카데미즘 바깥에서 환영을 받았고, 일반 독자를 대상으로 한 요괴연구서, 또는 소설이나 만화와 같은 엔터테인먼트 분야에서 빈번하게 참조되기에 이른다.

새로운 요괴론의 등장

새로운 요괴론이 등장하고 그것과 아울러 요괴 연구가 더욱 활발해지기 시작한 것은 1980년대의 일이다. 고마쓰 가즈히코小松和彦(1947~)[28]와 미야타 노보루宮田登(1936~2000), 두 민속학자가 그러한 활황의 중심에 있다.

고마쓰 가즈히코는 쇼와 57년(1982)의 『빙령신앙론憑靈信仰論』에서 야나기타의 '영락설'에 이의를 제기하고, 신이 요괴로 변용될 뿐 아니라 요괴가 신으로 변용되는 경우도 있다고 지적했다. 나아가 신과 요괴를 각각 초자연적 존재의 플러스와 마이너스 측면에 대응되는 것으로 파악하고, 제사의 유무에 의해 그것들을 작업가설적으로 변별할 것을 제안한다. 그리고 문제는 요괴란 무엇인가를 묻는 데 있지 않고 요괴를 넘어선 곳에 있는 것, 곧 민속사회의 우주론을 규명하는 것이야말로 필요한 작업이라고 주장했다. 또한 쇼와 60년(1985)의 『이인론異人論』에서는, 요괴전승에는 민속사회의 '이인異人들', 곧 유랑의 종교인이나 예능인 또는 산천을 떠돌며 살아가는 사람들, 그리고 피차별민 등에 대한 이미지가 반영되어 있음을 지적하고, 요괴전승이 단순히 색

---

28 고마쓰 가즈히코(1947~)는 문화인류학자이자 민속학자로, 오사카대학 교수를 거쳐, 국제일본문화연구센터 소장을 역임했다. 구승문예, 요괴, 샤머니즘, 민간신앙 등을 연구했으며, 저서로는 『신들의 정신사』, 『이인론』, 『빙령신앙론』, 『신 없는 시대의 민속학』 외 다수가 있다.

다른 민간신앙 같은 것이 아니라 민속이라고 하는 것의 기휘시되는 측면을 이야기하는 것임을 시사했다.

한편 미야타 노보루는 쇼와 60년(1985)에 발표한 『요괴의 민속학』에서 그때까지 촌락공동체적인 사회 특유의 존재로 여겨지고 있던 요괴가 도시공간 속에서도 살아숨쉬고 있다는 사실을 분명히 했다. 미야타도 또한 신과 요괴를 초자연적인 존재의 두 가지 측면으로 간주하고, 그것이 요괴로 나타나는 것은 인간과 자연의 조화가 무너졌을 때라고 생각했다. 그리고 도시는 개발과정에서 자연과의 상극을 떠안게 되는데, 그런 곳이 괴이가 발생하는 '마소魔所'가 된다고 했다. 네거리나 다리와 같은 '경계'도 그러한 괴이가 발생하기 쉬운 비일상적인 장소이며, 특히 젊은 여성이 거기에 촉매처럼 개입함으로써 괴이가 발생하게 된다고 지적한다.

쇼와 53년(1978)부터 이듬해에 걸쳐 일본 열도를 휩쓸었던 '입 찢어진 여자'에 대한 소문은 잊혀져가고 있던 요괴라는 것에 다시 이목을 집중시키는 토양을 만들어냈다고 할 수 있다. 예를 들면 아베 마사미치阿部正路의 『일본의 요괴들』(1981), 곤노 엔스케今野圓輔의 『일본괴담집: 요괴편』(1981) 등과 같은 개설서의 출간은 그러한 흐름에 영향을 받은 것이었다고 생각한다. 그런 가운데 나타난 새로운 요괴론은 각광을 받았고, 고마쓰와 미야타도 요괴 관련 저작들을 잇달아 발표한다.

요괴화妖怪畵에 대한 관심

이 시기를 기점으로 요괴를 그린 회화자료가 일반인들의 시선을 사로잡을 기회도 많아지게 된다. 쇼와 62년(1987)의 『별책 태양』 제57호 「일본의 요괴」는 요괴화를 가시적으로 풍부하게 보여준 획기적인 책이었다. 특히 이 책은 후에 『이노물괴록稲生物怪録 에마키』로 잘 알려지게 되는 에마키의 전 장면을 처음으로 소개한 점에서도 의의가 크다. 같은 해 여름 효고兵庫현립역사박물관의 특별전, 〈오바케 · 요괴 · 유령…〉도 공립 박물관에서는 처음으로 기획된 요괴관련 전시회였다. 이후로 각지의 박물관이나 미술관에서 요괴와 유령을 테마로 한 전람회가 줄을 잇게 된다. 요괴화가 마침내 '문화재'로 인식되는 시대가 된 것이다.

1990년대에 이르러서는 요괴화에 대한 관심이 더욱 고조되었다. 헤세平成 4년(1992), 에도시대의 요괴도감이라고 할 수 있는 도리야마 세키엔鳥山石燕의 『화도백귀야행畵圖百鬼夜行』이 간행된 후로, 헤세 6년(1994)에는 『이노물괴록 에마키』, 헤세 9년(1997)에는 『그림책 백물어繪本百物語』 등이 속속 간행된다. 요괴화를 대상으로 한 연구서도 나타나기 시작한다. 요괴들의 행렬을 그린 『백귀야행 에마키』를 설화와 연관지어 해석한 다나카 다카코田中貴子(1960~)의 『백귀야행이 나타나는 도시』(1994)가 그 대표적인 사례일 것이다.

요괴화뿐만 아니라 예능이나 오락 등, 넓은 의미의 창작물로서 요괴를 주목하는 연구가 나타난 것도 이 무렵이다. 주요 연구로는, 가부키를 중심으로 '거꾸로 선 유령'이라는 근세의 특이한 유령 표현에 대해 탐구한 핫토리 유키오服部幸雄(1931~2007)의 『거꾸로 선 유령』(1989), 일본에서 '바케모노 저택化物屋敷'[29]의 탄생과 추이를 추적한 하시즈메 신야橋爪紳也(1960~)의 『바케모노 저택』(1994), 역시 가부키를 제재로 하여 근세로부터 근대에 이르는 괴담문화의 성립과 변천을 논의한 요코야마 야스코橫山泰子(1965~)의 『에도 도쿄의 괴담문화의 성립과 변천』(1997), 에도시대 널리 유행한 통속소설인 황표지黃表紙[30] 가운데서 '바케모노'를 제재로 한 것을 번각翻刻·해설한 아담 가밧토(1954~)의 『에도의 바케모노 이야기化物草紙』(1999) 등을 들 만하다.

이때까지의 요괴 연구는 오로지 민간전승에 나타난 요괴, 곧 옛날에는 실재하는 것으로서 두려워했던 요괴를 대상으로 한 민속학적 연구가 중심이었다. 그러나 1990년대에는 이러한 허구fiction로서의 요괴에 관한 연구가 이어지면서, 오히려 이 방향이 서서히 주류가 되어간다.

---

29 바케모노가 나올 만한 상황을 만들어놓고 사람들의 공포심을 부추기는 일본의 오락시설이다.
30 에도시대 후기에 유행한 그림이 삽입된 성인용 통속소설책이다. '황표지'라는 명칭은 책 표지가 황색인 데서 유래한 것이다. 대부분 단편이며, 당시의 서민생활을 해학과 풍자로 묘사한 것이 특징이다.

요괴 연구와 엔터테인먼트

80년대 이후 요괴 연구의 활황은 또 다른 흥미로운 현상을 만들어냈다. 곧 요괴 연구와 엔터테인먼트의 결합이다.

원래 요괴 연구와 엔터테인먼트는 상생이 잘 되는 편이라고 할 수 있다. 일찍이 요괴 붐을 일으켰던 미즈키 시게루의 「게게게의 기타로」가, 야나기타 구니오의 「요괴명휘」에 의거하여 요괴 캐릭터들을 만들어냈을 뿐 아니라, 에마 쓰토무의 『일본요괴헨게사』, 요시카와 간포의 『회화에 나타난 요괴』, 후지사와 모리히코藤澤衛彦의 『요괴화담전집妖怪畵談全集』 등에 소개된 요괴화를 바탕으로 요괴를 그렸던 것은 널리 알려진 사실이다.

80년대 이후로는 엔터테인먼트의 현학적인 경향이 더욱 강화되면서, 허구에 리얼리티를 입히기 위한 방법으로 요괴 연구의 성과를 참조하는 것이 당연시되었다. 유메마쿠라 바쿠夢枕獏의 전기傳奇 소설, 교고쿠 나쓰히코京極夏彦(1963~)의 요괴 미스테리, 모로호시 다이지로諸星大二郎의 『요괴 헌터ハンター』[31] 시리즈, 그리고 오기노 마코토荻野眞의 『공작왕孔雀王』 같은 만화가 그 대표적인 사례들이다.

특히 '학교괴담'의 붐은 요괴 연구가 엔터테인먼트 분야에 미친 영향 가운데서도 가장 두드러진 사례이다. '학교괴담'은 민속학자인 쓰네미쓰 도루常光徹(1948~)가 구승문예의 새로운 영역으로 추구했던 테마로서, 이미 사라진 것으로 생각되었던 요괴전승이 현대까지도 학교라는 특이한 공간 속에 여전히 살아 있음을 밝힘으로써 구승문예 연구에 큰 충격을 가져다주었다. 그 연구성과는 헤세 5년(1993)에 출간된 그의 『학교괴담』에 잘 정리되어 있다. 또한 쓰네미쓰는 헤세 2년(1990)부터 9년에 걸쳐 어린이를 대상으로 학교괴담을 소개하는 아동도서를 출판하였는데, 이것이 폭발적인 인기를 누리면서 매스미디어를 휩쓰는 일대 학교괴담 붐이 일어난다. 쓰네미쓰의 아동도서인 『학교괴담』은 TV드라마와 영화의 원작이 되었고, 또한 학교괴담을 소재로 한 다른 아동

---

31   *「난숙의 말세, 괴담이 번성하다 - 〈괴담 일본!〉 편집 전기」, 『환상문학』 제47호, 아트리에 OCTA, 1996.

도서나 만화들이 우후죽순처럼 떼를 지어 나타났다.

이러한 학교괴담 붐은 요괴 연구가 사회에 직접 영향을 미친 가장 두드러진 사례라고 할 수 있을 것이다. 이로 인해, 당시 (아이들 사이에서 실제로 구전되고 있던) 학교괴담 자체가 영향을 받아버리게 되는 기이한 현상까지 나타났다. 연구 자체는 진지한 것이라고 해도, 요괴라는 제재의 통속성 때문에 대중문화의 차원에 직접적으로 영향을 미치게 되는, 그런 특이한 성격이 요괴 연구에는 내재하고 있었던 것이다.

인간 연구, '요괴학'

80년대부터 90년대에 걸쳐 요괴 연구가 확산되는 가운데, 고마쓰 가즈히코小松和彦는 헤세 6년(1994)의 『요괴학 신고新考』에서 요괴 연구란 다름아닌 인간 연구이며 인간 그 자체를 알기 위한 것이므로 총합적이고 학제적인 시점의 연구가 필요불가결하다고 주장하면서, 그러한 제諸 분야의 요괴 연구성과를 공유하고 통합해가기 위한 장으로서 '요괴학'을 제창했다. 고마쓰는 이 총합적인 요괴학을 실천하기 위해 두 가지 시도를 하고 있다. 하나는 논문선집 『괴이怪異의 민속학』 전8권(2000~2001)의 간행이며, 다른 하나는 요괴를 테마로 한 학제간 공동연구회의 개최이다.

『괴이의 민속학』 8책은 「빙의된 존재」, 「요괴」, 「갓파」, 「오니」, 「덴구와 야마우바」, 「유령」, 「이인·희생」, 「경계」라는 여덟 가지 테마에 대해서, 지금까지 발표된 논문 중에서 특히 중요한 의의가 있다고 생각되는 것들을 모아 8권의 시리즈로 묶은 것이다. 민속학을 타이틀로 표방하고는 있지만, 실제 수록된 논문의 태반은 문화인류학, 국문학, 미술사, 예능사, 인문지리학 등과 같은, 여러 인접학문 분야에서 이루어진 연구들이다.

또한 고마쓰는 국제일본문화연구센터에서 일차적으로는 헤세 9년부터 14년에 걸쳐서 「일본 괴이·괴담문화의 성립과 변천에 관한 학제적 연구」, 다음으로 헤세 18년부터 22년까지는 「괴이·요괴문화의 전통과 창조 -전근대부터 근현대까지」라는, 요괴를 주제로 한 공동연구회를 기획하고 개최하였다. 이 연구회에는 민속학, 문화인류학, 국문학, 미술사, 역사학, 인문지리학, 종교학, 사상사, 건축학, 예능사, 정보과학, 임상심리학과 같은 다채로운 분야의 연구자들이 참여하였다. 고마쓰 가즈히코 편, 『일본 요괴학대전』(2003)과 『요괴문화의 전통과 창조』(2010) 두 책은 이러한 공동연구의 성과를 묶은 것이다.

학제간 학문으로서 '요괴학'의 출현은 요괴 연구가 민속학의 그늘로부터 벗어나서, 단숨에 새로운 가능성의 지평을 열 수 있도록 해주었다. 현재에도 민속학의 요괴 연구는 저조한 상태에 머물러 있는 것이 사실이지만, 근년에 요괴 연구가 활황을 보이고 있는 것은 인문과학의 여러 분야에서 참신한 연구성과들이 나타나기 시작한 것과 무관하지 않다. 그리고 그러한 상황을 가능하게 한 것이 고마쓰 가즈히코가 제창하고 실천했던 요괴학이었다고 할 수 있다.

요괴와 오락 그리고 대중문화

학제적인 요괴학의 성과 가운데 하나로 거론되는 것이 오락과 대중문화 속에 나타난 요괴에 관한 연구이다. 에도시대 이래로 요괴는 오락이나 대중문화와 깊은 연관을 가진 것으로 인식되고는 있었지만 어디까지나 2차적인 것으로 간주되었을 뿐, 그것이 정면에서 제대로 다루어진 적은 거의 없었다. 그러나 국제일본문화연구센터의 공동연구회에서는 바케모노 저택이나 가미시바이紙芝居,[32] 가부키歌舞伎,[33] 라쿠고落語,[34] 구사

---

32 이야기의 장면을 연속적으로 그린 그림을 차례로 넘겨가면서 연극적인 대사로 설명하는 그림연극으로, 주로 어린이를 대상으로 하는 이야기예능물이다.
33 대사, 음악, 무용의 각 요소가 혼연일체가 된 일본의 전통적인 공연예술이다. 독특한 분장, 양식화된 연기, 회전무대 등을 특정으로 하며, 남자배우만 출연한다.
34 에도시대에 성립되어 현재까지 전승되고 있는 화술 기반의 이야기 예능물로, 곧 화예(話藝) 전통 가운데 하나이다. 일반적으로 라쿠고카(落語家)라 불리는 전문이야기꾼이 부채를 들고 무대 위에 앉아서, 청중을 대상으로 이야기 레퍼토리를 연행하는 방식으로 이루어진다.

조시草雙紙,[35] 에스고로쿠繪雙六[36]와 같은 근세 오락문화 속에 나타난 요괴를 흥미로운 화제話題로 받아들이고, 또한 그것들이 충분히 연구될 가치가 있는 주제임을 분명히 하였다. 그 결과 이루어진 성과는 앞서 언급한 『일본 요괴학대전』에 반영되어 있다. 그 가운데서도 이 문제를 문화사적으로 깊이 탐구한 연구가 가가와 마사노부香川雅信 (1969~)의 『에도의 요괴혁명』(2005)이다. 가가와의 연구에서는 18세기 후반 무렵을 경계로 요괴가 오락의 제재가 되었다고 하면서, 그렇게 된 배경으로 요괴의 리얼리티 상실, 박물학적 사고 및 기호嗜好의 확산에 의한 요괴의 '캐릭터화'를 지적한다. 이 연구는 요괴의 '오락화'가 결코 2차적인 것이 아니라, 오히려 일본인의 요괴관의 전환을 보여주는 중요한 기점이었음을 주장한 것이다.

또 작가이면서 같은 연구회의 일원이었던 교고쿠 나쓰히코京極夏彦(1963~)는 『일본 요괴학대전』에 기고한 논고인 「통속적 '요괴' 개념의 성립에 관한 일고찰」에서, 메지 이후의 요괴관련 언술들에 대한 상세한 검토를 통해 현재의 요괴 개념이 아카데미즘과 대중문화의 공범관계에 의해 성립된 것이라는 사실을 밝혀, 학계에 적지않은 충격을 주었다. 이 연구에서도 대중문화 속의 요괴가 요괴학에서 2차적인 것이기는커녕 오히려 '연구'라고 하는 것의 특권적 위치를 흔들 만한 의미를 비장하고 있다는 것을 분명히 하고 있다. 헤세 19년(2007)에 쓴 『요괴의 리理, 요괴의 함檻』에서 교고쿠는 이 문제를 더 깊이 추구하여, 미즈키 시게루라는 희대의 천재 작가가 아카데미즘과 대중문화의 교호 속에서 형성된 요괴 개념을 계승하여 현대의 요괴 개념을 완성했다는 사실을 지적하고 있다.

이러한 연구들 덕분에 대중문화는 이제 요괴 연구에서 무시할 수 없는 영역으로 인식되기에 이른다. 본래는 다채로운 양상을 보이는 요괴였던 쓰치노코[37]가 1970년대

---

35 에도시대 중기에 출판된 오락물로, 삽화가 들어간 이야기책이다. 삽화의 여백에는 히라가나로 설명이 덧붙어 있다. 처음에는 동화에서 시작되었다가 점차 성인 대상의 내용으로 바뀌었다.
36 스고로쿠(쌍육놀이)란 주사위 2개를 굴려 나온 숫자대로 말을 옮기는 놀이이다. 에스고로쿠는 말판에 다양한 그림이 그려져 있다.
37 일본에 서식한다고 전해지는 미확인 동물의 하나이다. 망치를 닮은 형태의, 몸통이 굵은 뱀으로 형상화된다.

매스미디어에서 다루어지면서 '미확인 동물'로 인지되어가는 과정을 추적한 이토 료헤이伊藤龍平(1972~)의 『쓰치노코의 민속학』(2008) 등은 그러한 연구의 대표적인 성과라 할 만하다. 또한 헤세 21년(2009)에 효고현립역사박물관과 교토국제만화박물관이 공동 개최한 〈요괴천국 일본- 에마키부터 만화까지〉의 전시회 도록으로 간행된 『도설圖說 요괴화의 계보』는 이제까지 일본인 특유의 '공포의 형상'이나 '어둠에 대한 상상력'을 보여주는 것으로 소개되어온 요괴화를, 오히려 오락으로 그려진 '만화의 원류'로 재인식하게 해준 것인데, 이것은 회화조차도 (요괴는 일본인의 두려움을 반영한 것이라고 하는) 민속학적인 요괴관으로 조망해온 것에 대한 반론이기도 했다.

이 장에서 요괴 연구사를 살피면서 대중문화의 동향도 함께 기술한 것은 이와 같은 근년의 문제의식을 수용한 것이었다. 앞으로의 요괴 연구는 대중문화의 문제를 피해 갈 수는 없을 것이다. 에도시대부터 이미 요괴는 대중문화였던 것이다. 그리고 또한 이 문제는 연구라는 것이 중립으로만 존재할 수 없는, 요괴 연구의 특이한 성격을 분명히 드러내는 것이라고도 할 수 있다.

기록 속의 요괴

오모리 아카히사大森亮尚

기록의 정의

'기록 속의 요괴'란 주제를 기술하려면, 먼저 '기록'이라는 것에 대한 정의를 해두지 않으면 안 될 것이다. 이는 요괴가 묘사되거나 소개된 기록, 곧 요괴에 대한 출전이나 자료에 해당하는 기록이 어디까지 신빙성이 있고 신뢰할 만한 것인가에 대한 판별을 어떻게 할 것인가 하는 문제이다.

한 예를 들면, 에도시대 말기 덴포天保 6년(1835)에 출간된 『호쿠에쓰 설보北越雪譜』라는 책은 저자 스즈키 보쿠시鈴木牧之가 자신이 살았던 에치고越後(지금의 니가타현新潟縣)의 시오자와塩澤를 중심으로 눈이 많은 북국의 생활을 상세하게 묘사하여, 민속학 및 지방지의 훌륭한 선구가 된 양서이다. 견실한 상인이면서도 예능 전반에 통달한 문화인이었던 스즈키 보쿠시는 이 책에서 특유의 성실성으로 눈 속에 갇혀 살았던 호쿠에쓰 지역의 서민생활을 훌륭하게 드러내주어, 에도의 풍류인과 문화인들의 경탄을 자아냈다.

우선 서장에서는 눈의 결정을 현미경(본문에는 험미경驗微鏡으로 되어 있다)으로 살펴 그 육각형의 다양한 모양들을 아주 사실적으로 묘사하고 있는 등, 당시로서는 눈에 관한 획기적인 과학적 분석 연구라고 할 만하다. 그런 점에서 스즈키가 묘사한 설국에 관한 보고서는 '기록'으로서 충분히 객관성이 있고 신뢰할 만한 것이라고 인정해도 좋을 것이다.

그런데 이런 진지한 책에 〈눈 속의 유령〉이라는 애달픈 유령이야기가 보고되고 있다. 요괴와는 좀 다른 것이지만, 간략하게 소개해 보자.

시오자와 근처에 세키야마關山라는 마을이 있고, 그 가까이에는 우오노강魚野川이 흐르고 있었는데, 유속이 빨라서 다리가 자주 유실되었다. 임시로 가교를 가설해두고 있었지만 그 위에 눈이라도 쌓이면 잘못하여 강물로 떨어져 익사하는 사람이 많았다. 한 승려가 그 다리 아래에서 그런 사자들을 위한 공양 염불을 올리고 있었는데, 강물 속에서 푸른 불빛이 날아오르더니 물에 흠뻑 젖은 여자 유령이 나타났다. 유령이 말하기를, 남편과 자식을 여의고 먹고 살 길이 없게 되어 친지를 찾아 다른 마을로 가던 중에 이 다리에서 미끄러져 익사했다고 했다. 오늘밤이 49일 째인데 제사를 지내주는 이도 없고 긴 흑발 때문에 성불할 수도 없으니, 어떻게든 이 머리카락을 잘라주기 바란다고, 승려에게 하염없이 울며 호소하는 것이었다.

다음날 승려는 증인이 필요하다고 여겨, 입이 무겁고 믿을 만한 지인을 절로 불러 숨겨두고 기다리고 있었다. 한밤중이 되자 그 유령이 다시 나타났으므로 승려는 그녀의 젖은 머리카락을 잘라주었다. 승려가 증거품으로 그 모발을 조금이나마 남겨두려 했지만, 그것은 스르르 그녀의 품 속으로 들어가버렸다. 마지막 모발 몇 줌을 가까스로 손에 남길 수는 있었지만, 유령은 희고 여윈 손을 합장하여 부처에게 절하면서 녹는 듯이 그 모습을 감추어버렸다.

후에 그 남은 모발을 모두 공양한 승려는 그녀가 익사한 다리 옆에다 그것을 묻고 그 자리에 석탑을 세웠다고 한다. '세키야마의 모총毛塚'으로 불리는 석탑이 지금도 남아 있다. 그 유령의 이름은 '오키쿠お菊'였다고 한다.

이 유령담을 사실로 인정할 것인가, 아니면 흔히 있는 지어낸 이야기로 대충 훑어보고 말 것인가? 『호쿠에쓰 설보』가 기록으로서 가진 신빙성을 두고 묻는다면 판단하기 어려운 부분이다. 육안으로는 보이지 않는 눈의 결정까지 찾아내려고 하는 사실

확인의 정확함과, '눈 속의 유령'이라는 확실치 않은 존재의 보고라고 하는, 이율배반적인 내용을 가진 이 책을 과연 '기록'으로서 인정할 것인가의 여부가 이 장의 우선 과제라고 할 수 있겠다.

『일본영이기日本靈異記』나 『금석 이야기집今昔物語集』[1] 등의 오래된 설화집에도 요괴나 유령에 관한 괴이담이 많이 실려 있어서 그것도 기록의 일종으로 생각할 수 있지만, 이 장에서 요구되는 과제는 '과연 그러한가'라고 말하는 그런 종류의 책에 묘사된 기록이 아니라, 객관적 입장을 견지한 충분히 신뢰할 만한 서적에 등장하는 괴이를 추출해보려는 것이다.

그래서 옛날로 거슬러 올라가, 정사라고 일컬어지는 『일본서기日本書記』나 『속 일본기續日本記』를 자료로 해서, 여기 등장하는 요괴를 들여다보고 싶다. 물론 이들 칙령으로 편찬된 정사인 육국사[2]에서 기술하고 있는 것 전부가 역사적 사실일 리는 없다. 여기에도 신화나 전설 등이 다수 포함되어 있다는 사실을 인정하지 않으면 안 되지만, 그 때문에 천황을 중심으로 한 일본 역사의 전개가 편년체로 극명하게 기술된 이들 사서를 모두 부정한다면 일본 역사 자체가 소멸되어버리게 될 것이다.

따라서 사서로서의 기록성에 무게를 두고 설화적 부분이나 이야기 요소를 적극 배제하면서, 냉철한 눈으로 이들 사서가 담아낸 '기록 속의 요괴'를 찾아가보도록 하자.

---

1   헤이안시대 말기에 이루어진 일본 최대의 설화집으로 작자 미상이다. 『금석 이야기집』이란 제목은 이 책에 실린 설화들이 흔히 '지금으로부터 먼 옛날에(今ハ昔)'라는 말로 시작되는 것을 따서, 편의상 붙여진 것이다. 전 31권에 총 1,040화가 수록되었으며, 인도[天竺], 중국[震旦], 일본[本朝] 편의 3부로 구성되어 있다. 대체로 불교적이고 교훈적인 경향이 강한 편이나, 일본편에 실린 설화들은 여러 지역과 계층의 인간적 삶을 생생하게 담고 있다.

2   고대 일본의 율령국가가 편찬한 6권의 정사서로, 『일본서기』, 『속 일본기』, 『일본후기』, 『속 일본후기』, 『일본문덕천황실록』, 『일본삼대실록(日本三代實錄)』을 가리킨다.

『일본서기』에 나타나는 괴이

『일본서기』를 펼쳐서, 신화의 시대로부터 내려와 역사적 사실로 확인될 수 있는 시대로는 서기 600년대의 제33대 스이코推古 천황 무렵이 될 것이라고 생각되므로, 그 시대부터 역사를 따라서 살펴볼 것이다. 그러나 쇼토쿠聖德태자 같은 전설화된 성인이 활약하고 있는 것을 보면, 이 시대도 허와 실이 상반되는 경계 지점이라고 할 수 있다.

- 스이코 21년(613), 쇼토쿠 태자가 가타오카片岡에서 굶주린 여행자를 노상에서 돌보아주었으나 그 여행자는 끝내 죽는다. 그를 매장한 얼마 후 그 묘를 파 보니 사체가 사라지고 없어서 그 여행자를 성인이라고 하게 되었다는 이 이야기는, 처형된 예수 그리스도의 유체가 사라져버렸다는 성서 이야기와도 공통되는 부분이 있어 흥미를 끈다.
- 동 27년(619) 셋쓰국攝津國의 호리에堀江 수로에 걸쳐둔 망에, 물고기도 사람도 아니고 어린아이 같은 형상을 한 불가사의한 것이 걸려 있었다고 한다. 요괴는 아닌 듯한데, 도대체 무엇이 망에 걸렸던 것일까. 강치나 물개 같은 포유류였을까.
- 동 35년(627) 뭇쓰국陸奧國에서, 너구리가 사람으로 변하여 노래를 불렀다고 한다. 몇 해가 지난 후 고교쿠皇極 천황시대에도 미와산美輪山의 원숭이가 잠자면서 노래를 불렀다는 이야기가 보이는데, 이때는 아직 동물들도 인간을 겁내지 않고 고성방가하는 한가로운 시대였던 것일까.
- 조메舒明 천황 9년(637) 2월에 큰 별이 천둥소리를 내면서 동쪽에서 서쪽으로 날아갔다. 모두들 유성의 소리라고 수군댔지만, 승려인 소민僧旻법사는 유성이 아니라 덴구가 짖는 소리라고 했다. 이 덴구는 뒤숲에 사는 큰 코의 요괴가 아니라, 덴코天狐라고도 하며 '아마쓰키쓰네アマツキツネ'로 불렸던, 하늘에 사는 요괴인 것 같다.

이 무렵부터 신화시대에 주로 활동했던 신들, 지령地靈, 정령과는 확실히 다른 인세

人世 시대의 요괴가 슬슬 출몰하기 시작하는데, 이 요괴는 천공을 비상하는 것이 특징인 듯하다.

하늘을 나는 존재

서기 655년, 고쿄쿠 천황이 복위하여 사이메齊明 천황으로서 아스카飛鳥 이타부키노궁板蓋宮에서 즉위한다. 덴치天智 천황과 덴무天武 천황의 어머니이다. 소가蘇我 씨가 멸망하고 다이카 개신大化の改新[3](646)이 시행되면서 천황을 중심으로 한 중앙집권국가가 확립되려고 하던 시대였다.

이 사이메 천황이 즉위한 해의 5월 1일에 불가사의한 것이 하늘을 날아다녔다고 한다. 『일본서기』에는 이렇게 기록되어 있다.

> 용을 탄 것이 하늘을 비상하는데 그 풍모가 가라비토唐人와 비슷했다. 기름칠을 한 푸른 삿갓을 쓰고 가쓰라기산葛城山에서 날아올라 이코마산生駒山 쪽으로 숨었는데, 낮이 되자 나니와難波에 있는 스미요시타이샤住吉大社 부근의 마쓰미네松嶺라는 곳 부근에 나타나 서향하여 날아가다 사라졌다.

주석에서, '기름칠 한 푸른 삿갓'이라는 것은 방수용 기름을 칠한 푸른색 비단으로 만든 우구雨具로, 비옷과 비슷한 당풍唐風의 옷차림새가 아닐까라고 하고 있다. 그런 차림새를 한 중국인처럼 보이는 남자가 용을 타고 하늘을 날아다녔다는 것이므로, 그

---

3 쇼토쿠 태자 사후 실권을 장악한 소가 씨를 제거하고 체제를 쇄신하고자 했던 일련의 정치개혁이다. 나카노오에 황자(中大兄皇子 : 후의 덴지 천황)와 나카토미노 가마타리(中臣鎌足)가 중심이 되어 소가 씨를 타도한 후 도읍을 아스카에서 나니와로 옮긴다. 이를 계기로 정치가 아스카 호족 중심에서 천황 중심으로 옮겨가게 된다. 또한 당의 율령제를 도입하여 중앙집권적 정치를 구축함으로써 국민 생활의 안정을 도모하고자 했다.

것을 목격한 사람은 아마도 크게 놀랐을 것이다. 기름칠 한 푸른 우의를 입었다고 하니 창공에서도 그 자태가 빛났을 것이고, 그 모습이 아주 자세하게 보고되고 있는 것을 보면 그다지 높은 상공을 비상하지는 않았던 듯하다. 가쓰라기산에서 이코마산 쪽으로 북상하고, 거기서부터 이코마산을 넘어 서쪽으로, 그리고 나니와의 스미요시타이샤에서 더 서쪽을 향해 사라져갔다고 하는 것이 그것의 비행경로이다.

그것은 대체 무엇이었을까. 지금으로 말하면 바로 UFO(미확인 비행물체)이다. 5월의 하늘이라면 고이노보리鯉のぼり[4]가 연상된다. 그 고이노보리가 찢겨져서 하늘로 치솟아 날아다닌 것이라고 생각해도 재미있다. 그러나 이 시대에는 오절공五節供[5]의 습속이 중국에서 들어오긴 했지만 단오절에 고이노보리를 올리는 관습은 아직 없었으므로, 이것을 고이노보리의 어지러운 질주로 볼 수는 없을 것이다. 아니면 누군가가 용 모양의 후키나가시吹き流し[6] 같은 연이라도 올렸던 것일까.

가쓰라기산에서 하늘을 자유롭게 날아다닌 전설적 인물이라면 엔노 오즈누役小角(행자行者)를 떠올리는 사람도 많으리라 생각되는데, 위의 비행사건을 젊은 시절의 그가 보인 시연이었으리라고 생각할 수도 있다. 엔노 오즈누는 실재했던 인물로, 『속 일본기』에는 이 비행사건이 있은 지 44년 후인 몬무文武 천황 3년(699) 5월에 그가 이즈伊豆섬에 유배된 사실이 기록되어 있다.

이 기록에 의하면 오즈누는 가쓰라기산에 살면서 주술로 명성이 높았는데, 귀신에게 물을 길어오게 하거나 땔감을 구해오게 시키고 명령을 거스르면 주술로 꼼짝 못하게 했다고 한다. 그 제자인 가라쿠니노 히로타리韓國廣足가, 자신의 스승이 요술로 민중을 미혹시키고 있다고 호소하고 나섰으므로 그는 유배에 처해진다. 그 후 그의 비행술 등의 활약상은 전설이 되어 많은 설화집에 전해지고 있으므로 여기서는 생략하

---

4   남아의 출세와 건강을 기원하고자, 단오절에 천이나 종이 등으로 잉어 모양의 깃발을 만들어 장대에 높이 매다는 풍속이다.
5   1년 중 중요한 다섯 절기를 말한다. 1월 7일, 3월 3일, 5월 5일, 7월 7일, 9월 9일로, 이 날에는 음식을 신에게 바치고 축하한다.
6   원통형으로 만든 천을 높은 곳에 매달아서 풍향이나 풍속을 확인하는 기구이다.

겠지만, 이 오즈누를 방불케 하는 듯한 사건이 실제로 일어난 것이 흥미를 자아낸다. 아스카궁도飛鳥宮都에서부터 서쪽으로 멀리 병풍처럼 이어진 가쓰라기와 금강金剛의 연봉連峰은 당시 사람들에게는 구름이 솟아오르고 해가 저물고 땅거미와 같은 요괴가 살고 있다고 믿어졌던 신비스러운 곳이었다. 그 산에서 푸르게 빛나는 우의를 입고 용을 타고 비상하는 인물 - 한번이라도 좋으니 그 모습을 보고 싶은 것이다.

오니 · 오니비鬼火[7]

사이메 천황 임종시에도 불가사의한 일이 기록되고 있다. 사이메 7년(661), 한반도에서 백제가 나당 연합군에게 멸망 당할 위기에 처하자, 여제는 노구를 이끌고 동맹국 백제를 구원하기 위해 출정을 결심한다. 그리고 그해 1월 나니와를 출항하여 규슈九州로 향했다가, 7월 24일 행재소인 아사쿠라궁朝倉宮(후쿠오카현福岡縣 아사쿠라시朝倉市)에서 붕어하게 된다.

8월 1일 황태자인 나카노오에中大兄 황자가 천황의 유체를 받들어모시고 해안과 가까운 이와세노궁盤瀬宮(지금의 후쿠오카시福岡市 미야케三宅 부근)으로 돌아왔는데, 그때 이변이 일어난다.

이날 저녁, 부근의 아사쿠라산朝倉山 위로 오니가 나타났는데, 큰 갓을 쓰고 그 상례의 광경을 지켜보고 있어서 사람들이 모두 괴이하게 여겼다고 한다.

사실 이변은 이 상례殯(오늘날의 쓰야通夜)[8] 때뿐 아니라 이전에도 있었다. 죽기 약

---

7 공중을 부유하는 정체불명의 이상한 불덩어리로, 민간전승에서는 흔히 인간이나 동물의 사체에서 생긴 영혼 혹은 인간의 원념이 불이 되어 나타난 것이라고 한다.
8 장례 전 친족이나 지인들이 밤새 사자를 지키는 의식을 의미한다. 예전에는 장례일까지의 밤을 쓰야라 했으나 오늘날에는 두 시간 정도가 일반적이며, 승려의 독경 후 친족이나 참석자들이 분향하는 절차로

2개월 전이었던 5월 9일, 사이메 천황은 이와세노궁에서 아사쿠라궁으로 거처를 옮기고 새 궁궐을 짓기 위해 아사쿠라사朝倉社의 나무를 베었는데, 이때 신의 노여움을 사서 궁전이 무너졌다고 한다. 게다가 아래와 같은 사건도 있었다.

> 궁 안에 오니비鬼火가 나타나, 이로 인해 많은 오토네리[9]나 궁인들이 병들어 죽었다.

여기서 신이나 오니비, 그리고 아사쿠라산에 나타난 큰 갓을 쓴 오니라고 하는 것들은 도대체 무엇일까. 주석에서는 이들을 뇌신으로 보고, 음력 5월경은 장마가 끝나고 천둥이 많이 발생하는 계절이므로 낙뢰로 궁전이 파괴되었던 것은 아닐까, 또는 아사쿠라산에 나타난 오니도 산 정상에 번개가 내리친 것을 말한 것이 아닐까라고 하고 있다. '아사쿠라산'도 오늘날의 아사쿠라산과 같은 특정 산이 아니라, 후쿠오카현 아사쿠라시의 조안지長安寺라는 촌락에 있는 아사쿠라 신사朝闇神社 동쪽의 사가하산降葉山 근처를 말하는 것이 아닌가 추정하고 있다. 민속신앙에서는 촌락의 동쪽에 있는 산을 신이 깃든 산으로 여겨 숭배하는 경향이 있는데, 그러한 성지의 수목을 베어서 신의 노여움을 산 것일까.

유사한 경우로, 이 사이메 천황보다 이십 수대 더 거슬러 올라간 시대의 한 천황이 규슈에서 의문의 죽음을 맞았다는 이야기가 있다. 그는 삼한정벌로 유명한 전설적 인물인 진구神功 황후의 남편인 주아이仲哀 천황이다. 곧 진구 황후가 신이 들려서 받은 탁선託宣을 주아이 천황에게 고했음에도 불구하고, 그 탁선을 믿지 않고 구마소熊襲 정벌을 강행한 천황이 신의 분노를 사서 죽게 되었다는 이야기가 『일본서기』에 전하고 있다. 일설로는 그가 구마소의 화살에 맞아 죽었다고도 한다. 후쿠오카시 동북쪽에 있는 가시이노궁香椎宮은 그 주아이 천황과 진구 황후를 모신 사묘이다. 이 궁은 천황과 황후를 제신으로 모신 희귀한 영묘이며, 오래전부터 다자이후太宰府의 관리들

이어진다.
9   궁중에서 경호나 그 밖의 잡일에 종사하는 하급관리이다.

도 정기적으로 참배해왔다.

규슈 일원은 하야토隼人나 구마소 등 야마토大和 조정에 완전히 복종하지 않는 사람들이 거주하고 있는 땅이었는데, 그 사실이 주아이 천황의 과거 경위와 연결되면서 그런 사람들에 대한 경계심과 공포심이 관리들로 하여금 아사쿠라산의 오니를 상상하게 한 것일까. 그렇다하더라도 그 상례에 참여한 많은 관리들이 모두 그 큰 갓을 쓴 오니를 목격했다는 것인데, 비록 번개였다고 하더라도 그것을 오니로서 공동환상으로 포착한 것이 흥미롭다. 이 오니는 어떤 모습을 하고 있었을 텐데, 지금의 오니와는 달랐던 것일까. 혹은 궁중에 출현했다는 오니비는 어떤 현상이었을까.

쥐의 기록

시대를 옮겨가 보자. 사이메 천황의 유지를 이어받아 한반도에 출병한 일본군이었지만, 백촌강白村江 전투에서 크게 패한다(663). 뒤를 이은 나카노오에中大兄 황자는 사람들의 반대를 누르고 오미近江의 오쓰大津로 천도한다(667). 이때도 불가사의한 현상이 일어난다.

천도 전 해(666) 겨울, 교토의 쥐들이 오미를 향해서 이동했다는 것이다. 교토라는 것은 당시 도읍이었던 아스카明日香를 가리키며, 거기서부터 쥐가 오미 쪽으로 이동했다는 의미일 것이다. 천도의 전조로 쥐들이 먼저 신 도읍지로 이동한 일은 이전에도 있었다. 고토쿠孝德 천황이 나니와로 도읍을 옮겼을 때도 쥐떼가 이동한 일이 있어서 (다이카大化 원년, 645), 고로들이 장차 천도가 있을 것이라고 수군거렸다고 한다.

쥐와 같은 작은 동물들은 이변을 탐지하는 예지능력이 있어서 대지진 등의 천재지변이 일어나기 전에 도망을 한다든가 하는 이상한 행동을 한다는 이야기는 오늘날에도 들을 수 있지만, 과연 천도라는 인위적 이변까지도 그들은 내다볼 수 있는 것일까. 혹시 그렇다면 이제부터는 도쿄 내 쥐들의 이동을 면밀하게 관찰해두는 일도 필요할지 모르겠다. 우왕좌왕하기만 할 뿐, 나라의 장래를 제대로 읽지 못하는 오늘날의 정치권보다 쥐가 움직이는 방향이 훨씬 더 믿을 만한 것인지도 모르니까 말이다.

덴치天智 천황이 붕어한(671) 후, 오미 조정 측과 오아마노大海人 황태자 사이에서 황위 계승을 다투는 진신壬申의 난이 일어나고(672), 그 결과 오아마노 황태자가 승리하여 덴무天武 천황으로 즉위하면서 도읍이 다시 아스카로 되돌려지게 된다. 천황을 중심으로 하여 본격적인 율령국가가 이루어져가던 시대이다. 그 후로는 요괴의 출몰도 어려워진 것인지 모습을 드러내지 않는 듯하며, 보고도 줄어들게 된다.

혜성의 기록

다만 하늘만은 율령이 닿을 수 없는 자유공간인지, 다양한 것들이 날아다녀 사람들을 놀라게 한 듯하다.

긴 꼬리를 끌며 하늘을 나는 혜성이 몇 번인가 보고되고 있는데, 특이한 사례로 덴무 7년(678) 10월, 나니와에서 길이 5~6자, 폭 7~8촌 정도의 무명천 같은 것이 바람에 날려가 소나무숲에서 펄럭거렸다고 한다. 당시 사람들은 그것을 '감로甘露'라고 했다. 감로란 중국에서 제왕이 어진 정사를 베풀면 하늘이 상서로 내려준다는 단 이슬로, 신령의 정기가 기름처럼 응고되어 엿처럼 단맛이 나는 아름다운 이슬이라고 한다. 덴무의 치세를 선전한 것일까.

혹은 덴무 11년(682) 8월에는 이변이 속출하여, 3일 저녁에는 큰 별이 동쪽에서 서쪽으로 흘렀고, 5일에는 궁중의 건물 안에 큰 무지개가 걸렸다. 더욱이 11일에는, 붉은 색깔을 띤 관정기灌頂旗같은 것이 하늘에 떠서 북쪽으로 흘러가고 있는 것이 모든 지역에서 목격되었으며, 마침내 고시국越の國(호쿠리쿠北陸 지방)의 일본해 저편으로 멀리 사라져갔다고 한다.

관정기라는 것은 불교의식 등에서 광폭의 천으로 천정에서 길게 늘어뜨린 깃발을 말하는데, 미즈키 시게루가 그린 '잇탄모멘一反もめん'[10] 요괴의 원형과 같은 것이라고 생각해도 좋을 것이다. 그런 천이 펄럭거리며 북쪽 하늘로 날아가고 있었다는 것이므

로, 당시 사람들은 아마도 크게 놀랐을 것이다. 바로 미확인 비행물체이다.

북상하는 것과 서향하는 것, 이러한 괴이한 것이 향하는 방향에도 관심을 기울일 필요가 있다. 일본인이 여행하는 방식 - 실연하거나 좌절하면 북상하고, 마지막 '저승길'은 서방정토에로 향하는 것 - 과 일치하고 있기 때문이다.

『속 일본기』에 나타난 괴이

이제 『일본서기』에서 『속 일본기』의 세계로 옮겨가보자. 시대도 덴무 천황의 손자인 몬무文武 천황에서 쇼무聖武 천황으로, 도읍도 후지와라쿄藤原京에서 헤조쿄平城京로 옮겨진다. 이제 요괴도 점점 더 나설 기회를 잃어가는 시대가 된다. 왜냐하면 황위 계승 등의 권력투쟁에서 인간 자체가 요괴화해가기 때문이다. 쇼무 천황의 덴표天平 3년(731) 6월 13일 조에는 아래의 이변이 보고되고 있다.

기이국紀伊國 아데군阿氐郡의 바닷물이 핏빛으로 변했다가 5일이 지나서 회복되었다고 한다.

기이국 아데군이란 현재의 와카야마和歌山현 아리다有田시 부근이다. 왜 이 부근의 바다가 핏빛으로 물들었을까. 기록으로서의 신빙성을 한번쯤은 의문시했던 『일본영이기』의 설화세계를 단서로 해보면, 이 '피바다'와 결부될 만한 사건이 떠오른다.

그것은 2년 전의 사건이다. 덴표 원년(729) 2월 13일, 당시 좌대신左大臣이었던 나가야노오長屋王가 모반의 혐의를 뒤집어쓴 나머지, 부인 기비나이신노吉備內親王 및 네 아들과 함께 자살하지 않을 수 없었던 사건이었다. 아마도 이 사건은 고묘시光明子를 황후로 승격시키기 위해서 후지와라藤原 씨가 꾸민 음모라고 생각해도 좋을 것이다. 이

---

10 길이가 '잇탄'(약 10m) 정도 되는 흰 천으로 된 요괴이며, 저녁이나 밤에 펄럭이며 날아와 사람의 목을 감거나 안면을 덮어 질식사시킨다고 한다.

사건에 놀란 쇼무 천황이 죄인이라도 장례를 흉하지 않게 치르라는 칙령을 내려, 나가야노오 부부의 유체를 이코마산에 장사 지냈다고 『속 일본기』는 기록하고 있다. 사실 이 두 사람의 묘는 지금까지도 이코마산의 헤구리다니平群谷에 있지만, 『일본영이기』에는 전혀 다른 내용이 전개되고 있다.

나가야노오 등의 유체를 성 밖에 버려두었다가 화장하여 강에 뿌리고 바다에 버렸다. 그리고 나가야노오의 유골은 도사국土佐國으로 보내졌는데, 해코지였는지, 그 지역의 백성들이 많이 죽어나갔다. 그런 호소가 있었으므로, 다시 유골을 기이국 아마군海部郡 하지카미椒抄의 외딴섬으로 이장해두었다고 한다. 아마군 하지카미의 외딴섬이란, 전술한 아리다시의 앞바다에 있는 오키노시마沖ノ島를 가리킨다. 현재의 오키노시마는 여름철이면 캠핑객으로 붐비지만, 현지 어부들도 가까이 가기를 꺼리는 무인도로, 섬 가까이 가면 해코지를 당한다는 속신이 지금까지도 전해지는 곳이다.

그러나 이 섬에서는 나가야노오의 유골을 매장했다는 고분도 찾을 수 없으므로, 『일본영이기』가 기록한 이야기는 어디까지나 세간의 풍문일 것이다. 그렇다면 왜 『일본영이기』의 풍문 이야기를 증명이나 하듯이 그 부근의 바다가 핏빛으로 물든 것일까. 단순한 우연일까. 『속 일본기』가 기록한 역사적 사실로서의 '피바다'와 『일본영이기』가 전하는 이야기 간의 연속성 및 불연속성을 어떻게 해석할 것인가가 관건이다.

『만엽집萬葉集』[11]의 시에서 바다와 관련된 수식어가 '고래잡이'인 것에서 떠올려본 공상이지만, 나가야노오의 죽음에 항의하는 반反 후지와라 측의 무리가 비밀리에 고래나 돌고래를 잡아와서 그 피를 부근의 바다에 뿌려 겁을 준 것이 아닌가 생각되기도 한다. 그러나 포경의 어려움을 생각하면, 조금은 무리한 상상일 수 있다. 혹은 오키노시마 부근의 바다가 어떤 연유로 핏빛으로 물든 일이 있었는데, 그 원인을 나가야노오의 비극과 결부시켜 이야기했다는 풍문이 『일본영이기』에 실리게 된 것이라고,

---

11 7~8세기에 걸쳐 이루어진, 일본에서 가장 오래된 와카집(和歌集)이다. 전 20권, 4,536수의 시가 실려 있다. 편자는 미상이다. 나라시대까지의 일본 시문학의 총 결집이며, 천황과 귀족에서부터 하급관리에 이르는 다양한 신분의 사람들의 시를 모은 것으로, 일본 최대의 고전으로 평가된다.

역으로 생각해볼 수도 있을 것이다.

어떻든 이 피바다 현상은 나가야노오 사후 3년째 되던 해에 일어난 사건이다. 그동안 영혼신앙에 관한 연구를 해오면서, 죽은 사람이 재앙으로 나타나는 것은 주로 사후 3년째가 많다는 것을 알게 되었는데, 흥미롭게도 이 현상이 그 3년에 합치되고 있다.

하나 더 덧붙이자면 나가야노오 사후 9년째 되던 덴표 10년(738) 7월, 궁중에서 바둑을 두고 있던 오토모노 고무시大伴子虫라는 남자가 나카토미노미야코노 아즈마히토中臣宮處東人라는 남자를 참살한 사건이 일어난다. 아즈마히토는 나가야노오의 모반을 밀고한 사람인데, 그 일로 분개한 고무시가 그를 살해하기에 이른 것이다. 『속 일본기』는 이 아즈마히토를 '나가야노오의 일을 '무고誣告'한 사람', 곧 거짓 밀고를 했던 사람으로 소개하고 있다. 나가야노오의 모반이 날조였음을 정직하게 폭로하고 있는 것이다.

아무튼 인간 세상은 살기가 어렵다. 사람은 요괴보다 원망하고 질투하고 시기하는 마음이 깊은 두려운 '존재モノ'라는 것이 틀린 말이 아닐 것이다. 그 후로도 이러한 조정을 둘러싼 권력투쟁이 계속 일어나고 권력을 잡은 자, 패망한 자, 그리고 사후 해코지하는 원령이 된 자 등으로 인간세계의 변이가 전개되어간다.

사령의 해코지

덴표 12년(740), 규슈의 다자이후로 좌천된 후지와라 우마카이藤原宇合의 장남인 히로쓰구廣嗣는 당시 중용되었던 승정 겐보玄昉 법사와 기비노 마키비吉備眞備를 배제시키라는 격문을 조정에 보냈다가, 그것이 무시되자 규슈에서 반란을 일으켰다. 이것이 '후지와라 히로쓰구의 난'이다. 이 반란은 조정의 군대에 의해 제압되었고, 히로쓰구는 국외로 나가 동지나해의 제주도 근처까지 탈주했지만 체포되어 처형되었다.

반란 자체는 가볍게 진압되었지만 쇼무 천황은 큰 충격을 받고 정신적 불안에 빠져서, 그 후 5년 동안 도읍을 헤조쿄에서 나니와노궁難波宮, 구니쿄恭仁京, 시가라키궁紫

香樂宮으로 잇달아 옮기는 등, 정정政情이 불안한 시대가 지속되었다.

덴표 18년(746) 6월, 히로쓰구에게 비난을 받았던 겐보 법사는 쓰쿠시筑紫의 관세음사觀世音寺로 좌천되어 갔다가, 그 달 18일 현지에서 죽는다. 당에서 귀국한 후 조정에 중용된 것에 너무 자만하여 승려로서 절도를 망각했던 사람이라고도 말해진다. 그 겐보가 돌연사를 한 것이다. 『속 일본기』에는 이 죽음에 대해서 아래와 같이 기록하고 있다.

세간에 전해지는 말로, 후지와라 히로쓰구가 사령이 되어 해쳤다고 한다.

곧 세간의 소문이라고 전제하면서도 히로쓰구의 사령에 의해 살해되었다고 전하고 있다. 조정 측에 의해 암살되었건 혹은 히로쓰구의 잔당에 의해 살해되었건간에, 아무튼 예사로운 죽음은 아니었다고 생각되는데, 여기서는 그것을 사령의 해코지라고 한 것이다. 『동대사요록東大寺要錄』[12]에는 독경 중에 "홀연히 몇 길이나 하늘로 올라갔다가 떨어져 사망하여, 피도 뼈도 없었다"고 전하고 있다. 그 밖의 다른 기록들도 공중으로 올라갔다가 몸이 산산이 부서졌다고 하거나, 그 유체가 나라奈良까지 날아왔다고 쓰고 있다. 쓰쿠시 관세음사의 강당 뒤편에는 겐보의 '몸통무덤胴塚'으로 불리는 석탑이 있고, 나라의 거리에는 겐보의 목이 떨어져 그것을 묻었다고 하는 '두탑頭塔', 혹은 겐보의 팔이 떨어진 것에서 지명이 유래되었다는 '가이나즈카정肘塚町' 등, 불가사의한 공간이 지금도 산재해 있다.

후지와라 히로쓰구의 영혼은 사가현佐賀縣의 오무라신사大村神社 등, 규슈 각지의 신사에 모셔져 있을 뿐 아니라, 사가현 마쓰우라松浦의 가가미신사鏡神社로부터 다이도大同 원년(806)에 맞아들여 창건했다고 전해지는 나라의 가가미신사(나라시奈良市 다카바타케

---

12 헤이안시대 후기(1106년)에 작성된 일본 동대사(東大寺)의 사지(寺誌)이다. 동대사의 한 승려가 쇠미한 절의 부흥을 기원하면서 편찬하였다고 하는데, 그 승려의 이름은 미상이다. 동대사의 역사를 알 수 있는 귀중한 사료로 평가된다.

정高畑町)는 지금도 나라의 다카바타케 거리에 조용히 자리잡고 있다. 요괴에 필적하는 두려운 '존재モノ'로서, 대부분의 역사서들이 인정한 원령 제1호가 이 후지와라 히로쓰구의 사령이었다고 할 수 있을 것이다.

헤세平成 22년(2010)에 천도 1,300년을 성대하게 기념한 헤조쿄平城京이지만, 그 시대를 기록한 『속 일본기』에는 도읍의 번영 이면에 '무고巫蠱', '염매厭魅', '역혼逆魂' 등과 같은 기이한 문자가 무수하게 나타나고 있다는 사실도 간과해서는 안 될 것이다.

헤조쿄시대 말기에 즉위한 고닌光仁 천황의 호키寶龜 7년(776)에도 아래와 같은 괴이가 있었다고 기록되고 있다.

5월 말에는 재변災變이 자주 발생하므로 액막이 의식을 행하고, 600명이나 되는 승려로 하여금 궁중의 조당에서 대반야경을 읽게 했다.

9월에는 20여 일 동안이나 매일 밤마다 도성 안으로 기와, 돌, 흙덩이가 떨어졌다.

또 다음 해인 호키 8년(777) 3월 19일에도 액막이를 한 기록이 있다.

궁중에 자주 요괴가 나타나서 액막이 의식을 하고, 21일에는 700명이나 되는 승려를 불러 들여 궁중에서 대반야경을 전독轉讀하게 했다.

'요괴妖恠'라는 문자가 이때 비로소 사서에 등장한다. 궁중 안팎에서 자주 재변이나 요괴가 나타났다고 하는데, 상세한 내용은 적혀 있지 않다. 도대체 어떤 괴이 현상이 일어났다는 것일까. 이 해는 여름인데도 우박이나 진눈깨비가 내리고, 겨울에는 비가 오지 않아 우물이 마르고 우지천宇治川까지 마르는 등으로 기후 불순이 지속되었고, 고닌 천황과 야마베신노山部親王 황태자(후의 간무桓武 천황)도 건강이 좋지 않았다고 한다. 그리고 그해 말과 다음해 1월, 두 번에 걸쳐 이노에나이신노井上内親王의 묘를 이장하였고 그녀를 원래의 2품 지위로 복위시켰다.

이노에나이신노는 쇼무 천황의 딸로서 오랫동안 이세사이구伊勢齋宮[13]를 맡았으며, 후에는 고닌 천황의 황후가 된 여성이다. 그런데 남편인 천황을 저주한 혐의로 폐후가 되었고 아들인 오사베他戶 황태자와 함께 유폐되었다가, 끝내는 호키 6년(775) 4월 27일 모자가 함께 의문의 죽음을 맞는다.

전술한 궁중 안팎의 괴기 현상을 이노에나이신노의 해코지라고 인정하여 그녀의 묘를 이장하고 지위를 복위시킨 것임을 이 기사들을 통해 추측할 수 있을 것이다. 이렇게 해서 이노에나이신노는 일본에서는 최초의 여성 원령이 되었던 것이다.

아래는 호키 10년(779) 6월 23일의 기록이다.

스오국周防國(야마구치현山口縣)에서 어머니 이노에나이신노와 함께 죽었던 오사베신노를 자칭하는 남자가 나타나 백성을 미혹케 하였으므로 유배형에 처해졌다.

이런 괴상한 이야기가 떠도는 한편으로, 실은 그가 오사베신노 본인이었다는 이야기도 계속 떠돌았다.

이 무렵부터 요괴에서 원령으로, 괴이에서 해코지로, 헤조쿄에서 헤안쿄平安京로, 시대가 변화해가지만 지면의 제한이 있어서 상론하지 않는다. 원령에 대해서는 졸저『일본의 원령怨靈』(헤본샤平凡社, 2009)을 읽어주기 바란다.

기록 속의 요괴가 시사하는 것

이상에서『일본서기』와『속 일본기』의 정사에 기록된 괴이현상을 소개했다. 요괴는 반드시 인간에게 재앙을 주는 존재가 아니라는 점, 가끔 인간세상에 출현해서 사람들을 놀라게는 하지만 쌓이고 쌓인 원한을 품고 나타나지는 않는다는 점이 원령과

---

13 이세신궁에서 무녀로 봉사한 미혼의 황녀나 왕녀를 가리킨다.

의 차이라고 할 수 있을 것이다. 인간 대 인간, 또는 사람 밖에는 인정하지 않는 세상이 되면서, 인간 그 자체가 악령이 되어가는 과정을 이들 사서의 기록들에서 엿볼 수가 있다.

용을 타고 하늘을 나는 남자, '잇탄모멘' 요괴처럼 우아하게 하늘을 날아가는 붉은 빛 천, 이계에서 온 이런 존재들과의 만남은 분명 놀라운 일이겠지만, 어딘가 사람의 마음을 달래주고 살벌한 세상을 윤택하게 해주는 듯한 느낌이 들기도 한다. 그러자면 인간 우선의 사회나 인간이 요괴화되는 세상이 아니라, 이러한 요괴들과 공생 가능한 세상을 다시 한번 구축해가지 않으면 안 된다는 것을, 이 '기록 속의 요괴'들이 시사해주고 있는 듯한 느낌이 드는 것이다.

설화문학 속의 요괴

이토 신고伊藤愼吾

이 장에서는 고대로부터 중세에 걸쳐 이루어진 설화문학에 나타난 요괴에 대해서 주로 다루려고 한다. 고대로부터 『일본영이기』나 『금석 이야기집』을 비롯하여 많은 설화집이 편찬되어왔으며, 여기에는 무수하게 많은 요괴들이 묘사되고 있다. 이 장에서는 이러한 설화문학에 나타난 요괴들 가운데 대표라고 할 수 있는 오니鬼를 중심으로 기술하고, 그것을 불교적 관점에서 조명하며, 나아가서는 생물과의 관계에 대해서도 논의할 것이다.

고대 오니의 이미지

고대로부터 일본 요괴의 중심축이 되어온 것은 오니이다. 따라서 오니는 그 개념 폭이 넓은 편이다. '귀鬼'라는 한자가 전래되기 이전부터 일본에는 '오니ォニ'라는 것이 존재했으며, 특히 헤안시대에는 그것이 다양한 소재와 풍부한 내용으로 이야기되고 있었다. 설화집 『일본영이기』에서 그러한 일본 고래의 '오니'의 모습을 엿볼 수 있다.

9세기 전반에 성립된 것으로 알려진 『일본영이기』에는 현대의 오니 이미지와 동떨어진 오니 설화가 몇 편 수록되어 있다. 예화를 하나 들어보자. 쇼무聖武 천황 시대의 일로, 야마토국大和國 도이치군十市郡 아무치촌庵知村의 동쪽 부근에 사는 한 처녀의 집에 어떤 남자가 방문하여 하룻밤을 유숙하게 되었다. 다음날 아침, 그 집 방바닥에는 여자의 머리와 손가락 하나가 뒹굴고 있었고, 남자가 지니고 온 견직물은 짐승가죽으로, 또 그것을 싣고 온 세 대의 수레는 나무로 변해버렸다는 내용이다.

이 이야기의 제목은 〈여인, 악귀에게 잡아먹히는 운명〉(중권 33)이다. 악귀라고 하지만 본문 속에서는 그것의 소행이라고는 명기되고 있지 않다. 다만 마지막 부분에서 이 괴이한 일에 대해, '신괴神怪'라거나 '오니가 잡아먹었다鬼啖'라고 말하고 있을 뿐이다. 곧 신의 불가사의한 행위라거나, 혹은 오니가 잡아먹었다고 한 것이다. 어느 쪽이든 남자의 정체가 무엇인지는 드러나지 않으며, 후에 사람들이 그렇게 해석한 것에 지나지 않는다. 제목을 보면 결국 편자는 이것을 '오니가 잡아먹은 이야기'로 받아들인 것이다. 따라서 그 남자의 정체를 '악귀'로 인식한 것이다.

이 설화집에는 그 밖에도 몇 가지 다른 성격의 오니가 더 등장한다. 예를 들면 밤마다 나라奈良의 홍복사興福寺 종각에 나타나 종치기 동자를 죽이는 오니를 퇴치한 이야기가 있다. 이 오니는 예전에 홍복사에서 노비로 일하던 사람이었다. 악인이었던 이 노비는 사후 성불하지 못하고 오니가 되어 절의 동자들을 죽게 했던 것이다(상권3). 이 이야기에 따르면 인간이 죽어서 오니가 된다는 것을 알 수 있다.

이 시대의 오니란 이처럼 원인 불명의 괴이를 행하는 것 전체를 포괄하는 막연한 존재였던 것 같다. 뿔이나 송곳니가 있고, 호랑이 가죽으로 된 훈도시를 입었으며, 몸의 색깔이 붉다든지 푸르다든지 하는 그런 틀에 박인 형상의 오니는 아직까지 형성되지 않았다.

『금석 이야기집』에 보이는 오니의 다양성

『금석 이야기집』에는 오니가 등장하는 이야기가 70~80편 정도 있다.[1] 이야기 하나

하나를 살펴보면 오니의 속성이 얼마나 다채로운지 알 수 있다. 예를 들면 오니가 하늘을 나는 판자로 나타나 사람을 죽이는 이야기가 있다(권27-18). 『금석 이야기집』에는 갖가지 오니의 모습이 보이는데, 기본적으로 오니는 인간을 습격하여 잡아먹는 무서운 마물이다. 그러나 그 형태나 능력은 다양하다. 판자의 모습을 한 오니 외에도 천둥번개와 함께 나타나 인간을 잡아먹고 사라지는 오니, 남자로 변해서 여자와 이야기를 나누고는 잡아먹어버리는 오니, 다리 위에서 여자로 변해 지나가는 사람을 잡아죽이는 오니, 기름병으로 변하는 오니, 산중 외딴집에 사는 노파로 변하여 유숙객을 잡아먹는 오니 등등으로, 다종다양이다. 대궐에서 훔친 비파를 라쇼몽羅生門에서 연주한 다음 되돌려주는 풍류객 오니도 있다. 그 중에서도 흥미로운 것이 아래의, 다리 위에 나타난 오니이다(권27-13).

> 한 무사가 담력시험을 위해, 건너려고 발을 계속 내딛어도 끝내 건너지 못한다는 아키安義 다리에 가게 되었다. 다리 가운데는 괴로운 듯 입을 막고 있는 한 여자가 있었다. 남자가 그대로 지나치려고 하자 여자가 쫓아왔다. 남자는 관음보살에게 도움을 청하고 필사적으로 말을 채찍질하며 계속 달려서, 어떻게든 그 여자 오니를 뿌리치고 다리를 무사히 건넜다.

위 기록에 나타난 오니에 대한 묘사를 보면, 다음과 같은 특징을 갖고 있다. 곧 신장이 9척이며, 붉고 둥근 얼굴에 호박색의 외눈을 가졌으며, 세 개의 손가락에 손톱은 5촌 정도로 칼처럼 예리하며, 녹청색 피부에 쑥대강이처럼 헝클어진 두발을 하고 있었다고 한다.

이 오니는 여자나 남자 등, 자유자재로 변신이 가능하다. 무사의 아우로 변신해서 끝내 무사를 죽였다는 것을 보면, 이 오니는 상대의 기억을 읽어내는 능력도 있었는지 모르겠다. 아니면 무사가 자신에게 아우가 있다는 암시라도 주었던 것일까. 그리고 일단 마을로 들어간 무사에게서 떨어져나갔다가 후에 무사의 집을 알아내서 다시

---

1 *그 가운데 인도나 중국을 제외한 일본의 오니 이야기는 50편 남짓이다.

찾아온 것을 보면, 이 오니는 표적을 찾아내는 능력도 뛰어난 듯하다. 와타나베노 쓰나渡邊綱[2]에게 한쪽 팔을 잘린 오니가 후일 쓰나의 어머니로 변신하여 그 집으로 찾아와서 잘린 팔을 되찾아간 일이 있었는데, 이 오니도 또한 위의 이야기에 등장하는 오니와 마찬가지로 상대를 미혹시킬 만한 변신능력을 발휘하여 표적물을 찾아내고 있다.

모노노케物の氣는 자유자재로 모습을 바꾸고, 경우에 따라서는 보통의 인간이 아니라 표적이 된 인물의 측근과 흡사하게 변신하는 능력도 갖고 있는, 참으로 고도의 지성을 갖춘 존재였다고 할 수 있을 것이다.

오니는 자유자재로 변신하고 다양한 능력을 가진 존재로『일본영이기』나『금석 이야기집』에 나타난다. 여기서 남은 의문은 오니는 대체 요괴인가 유령인가 하는 점이다.

요괴와 유령의 차이

요괴와 유령과의 엄밀한 구분은 불가능하다고 생각되지만 어느 정도는 구분할 수 있는 틀이 있다.

야나기타 구니오(『요괴담의』, 1956)에 의하면, 요괴는 출현장소가 정해져 있고 해질녘이면 나타나 불특정의 인간과 무언가의 교섭을 시도한다. 한편 유령은 원념 등의 의지를 가지고 특정 인간을 겨냥하여 나타나며, 개인적인 인과관계를 지니고 있다. 유령이 출현하는 시간은 대개 축3시이다. 덧붙이자면 요괴는 인간에 그치지 않고 다양한 형태로 존재하지만, 유령은 인간에서 비롯된 존재이다.

그런데 오니는 어느 쪽일까. 오니는 요괴이기도 하고 유령이기도 하다. 앞서 소개한『금석 이야기집』에 나타난 다리 위의 오니는 특정 장소(다리)에 출몰한다는 점에서 요괴의 특징을 갖추고 있다고 볼 수 있다. 『금석 이야기집』에 등장하는 오니의 거처

---

2   헤이안시대 중기의 무사로 미나모토노 요리미쓰(源頼光)의 부하이다. 오에산에서 술꾼동자를 퇴치하고, 교토의 이치조모도리 다리(一條戻橋)에서 오니의 팔을 자른 일화로 유명하다.

〈그림 1〉 『하치만 구도쿤(八幡愚童訓)』

는 대개 마을에서 떨어진 폐옥 같은 곳이다.

반면 표적으로 삼은 인물을 어디까지라도 쫓아가서 마침내 죽여버리는 점에서 유령의 특징도 가지고 있다. 그런 점에서 보면 요괴와 유령을 확실하게 구분하기는 어려우며, 굳이 무리해서 구분할 필요가 있을지 어떨지 모르겠다. 미야타 노보루宮田登는 "유령은 오히려 요괴 속성 중의 하나로 이루어져 있다고 생각하는 것이 좋다"(『요괴의 민속학』, 1985)고 하였는데, 수긍할 만한 견해로 보인다.

그렇다 하더라도 요괴의 성격이 강한 오니와 유령의 성격이 강한 오니를 구별하는 대강의 기준은 부여할 수 있을 것으로 생각된다.

지옥이나 이계異界에 존재하는 오니는 원래부터 이형의 마물이다. 이국異國은 이계를 보다 현실적으로 포착한 것으로, 이곳의 주민도 또한 오니의 형상으로 묘사된다(『몽고습래 에마키 蒙古襲來繪卷』[3]·『하치만 구도쿤八幡愚童訓』[4]·『유리와카 다이진百合若大臣』[5] 등). 『고금저문집古今著聞集』[6] 권17에는 이즈伊豆의 외딴섬에 8명의 오니가 탄 배가 표착했다는 이야기가 있다(제599화). 이 오니들은 8~9척 정도의 키에 두발을 길게 늘어뜨리고, 검붉은 피부를 한 나체 모습이다. 눈이 둥근 것이 원숭이를 닮았다. 그리고 겨드랑이에서 불을 뿜는 능력을 가지고 있으며 사람을 공격하는 존재이다.

한편 인간에서 유래된 오니는 원념 끝에 오니가 된 것이므로, 동기 면에서는 유령과 다를 바 없다. 그것이 인간과 동떨어지게 되면서, 마침내 인간답지 못한 부분 - 뿔, 송곳니, 예리한 손톱, 큰 입 등 - 이 성장해간다.

모노노케와 오니

『금석 이야기집』에는 기름병으로 변신한 오니의 이야기가 실려 있다(권27-18). 책의 본문에서는 오니를 '모노노케'로 기술하고, 그것에 대해서 다음과 같이 설명하고 있다.

이러한 모노노케는 다양한 물건의 형태로 나타나는 것이다.

모노노케를 오니라고 한 점에서, 후세의 오니와는 다른 개념으로 쓰고 있음을 엿볼

---

3 가마쿠라시대 후기의 작품으로, 작자 미상이다. 몽고와 고려 연합군이 2회에 걸쳐 일본을 침공했을 당시, 히고(肥後)국의 무사 다케사키 스에나가(竹崎季長)의 무공을 중심으로 다룬 두루마리그림이다. 몽고군의 복장이나 군선, 무기 등이 그려진 유일한 화상(畵像) 사료로 알려져 있다.
4 가마쿠라시대 중·후기에 성립되었다고 전해진다. 무신(武神)으로 숭배된 하치만신(八幡神)의 영험이나 신덕(神德)을 설명한 사원 또는 신사의 창건설화이다. '구도쿤(愚童訓)'이란 하치만신의 신덕을 어린아이들도 이해할 수 있을 정도로 쉽게 설명했다는 의미이다.
5 '유리와카'라는 무장과 관련된 복수담이다. 유리와카가 몽고침공 당시 토벌군 대장으로 임명되어 승리를 이루었지만, 부하에 의해 외딴섬에 갇혔다가 갖은 고생 끝에 어선에 구조되어 복수한다는 내용이다.
6 가마쿠라 중기, 다치바나노 나리스에(橘成季)에 의해 편찬된 세속설화집이다. 헤안시대부터 가마쿠라시대까지의 설화 약 700화를 신기(神祇)·석교(釋敎)·정도(政道) 등의 30개 편목으로 분류하여 수록했다. 『금석 이야기집』, 『우지습유 이야기(宇治拾遺物語)』와 더불어 일본 3대 설화집으로 평가된다.

수 있다.

그런데 『만엽집』에는 '귀鬼'라고 쓰고 '모노もの'로 훈독한 부분이 여기저기 보인다. 사령이 오니가 된다고 하는 관념은 옛날 『일본영이기』 시대부터 근대에 이르기까지 면면히 이어져왔다. 예를 들면 이즈미 교카泉鏡花의 『구사메큐草迷宮』(1908)에도 "집착이 강한 사령의 해코지가 있다. 이 오니에게 져서는 안 된다"라는 구절이 있다. 곧 해코지하는 사령을 오니로 바꾸어 말한 것이다. 현대인에게도 감각적으로 이해될 수 있는 부분이 아닌가 생각된다.

'모노モノ'가 오니의 형상으로 나타나, 특정 인물에서부터 나중에는 불특정의 인간들에게까지 나쁜 짓을 하는 경우가 있다. 스가와라 미치자네菅原道眞, 스토쿠인崇德院,[7] 후지와라 히로쓰구藤原廣嗣 등이 유명하다. 가와라노인河原院[8]이라 불린 미나모토노 도루源融[9]도 마찬가지다(『세스이쇼醒醉笑』[10] 권4에서는 '레키靈鬼'[11]라고 한다). 그들은 제사를 후하게 받고, 역으로 사람들을 수호하는 신으로 전생轉生했다. 요괴와 신의 거리가 의외로 가깝다는 것을 의미하는 부분이다.

오니로 인식되어온 요괴

오니 가운데는 인간과의 교섭 여부를 불문하고 엄연히 존재하는 부류들이 있다. 이

---

7 스토쿠 천황은 헤안시대 후기의 천황으로 권력투쟁에서 패하여 사누키(讚岐)로 유배되어 사누키인(讚岐院)으로 불려졌다. 그러나 사누키인 사후, 사회적 불안을 초래하는 사건들이 발생하자 사누키인의 원령이 재앙을 부른 것이라는 의식이 형성되었다. 이로 인해 정신적 압박에 시달리던 조정은 결국 원령을 달래기 위해 사누키인을 죄인으로 규정한 명령을 거두고 스토쿠인이라는 원호를 올리게 된 것이다.
8 교토 6조에 있었던 미나모토노 도루의 저택으로 경관이 뛰어나 당시의 시가(詩歌)에 가끔 등장한다.
9 헤안시대 초기의 귀족. 사가(嵯峨) 천황의 황자로 태어났으나, 미나모토(源)라는 성을 하사 받고 신하의 신분이 되어 좌대신에 올라서 호화로운 생활을 보냈으며, 시인으로도 알려져 있다. 가와라노인을 조성해서 가와라노대신으로도 불렸다
10 1623년, 승려인 안락쿠안 사쿠덴(安樂庵策傳)이 에도시대 서민들 사이에서 유행한 우스개이야기(笑話)를 42항으로 분류 편집한 것으로, 교훈적인 주제가 많다.
11 사자의 영혼으로, 특히 악귀가 된 존재를 가리킨다.

계(지옥을 포함한다) 또는 이국에 서식하면서 인간을 포식하거나 습격하기 위해 인간계에 출몰하는 것이다. 그들은 실로 다양한 형태를 취하고 있으며, 자유자재로 변신하기도 한다. 이 점에 대해서는 『금석 이야기집』에 나타난 백귀야행에 대한 오래된 기록이나 중세의 『백귀야행 에마키』의 묘사를 통해 충분히 알려진 바이다.

한편 인간이 살아 있는 동안, 또는 죽은 후 오니로 변신하는 종류도 있다. 이는 본디 오니가 인간계의 소산이라는 것을 말해주는 사실이다. 그 가운데는 처음부터 요괴연하는 오니가 있는가 하면, 무한정 인간에 가까운 오니도 있다. 현대인의 이미지로 본다면 후자는 유령이라고 하는 편이 맞을 것이다. 하지만 그러한 종류까지도 일괄해서 예전에는 모두 오니라고 칭했던 것이다.

그러다가 요괴라는 개념이 성립되는 과정에서 유령과의 차이가 인식되면서, 양자가 미분화로 내포된 오니라는 개념은 점차 요괴의 범주에 포함되어온 것이라고 할 수 있지 않을까. 그렇게 해서 근세에는 붉은 오니 또는 푸른 오니라든지, 호랑이 가죽을 입고 있다든지, 쇠몽둥이를 들고 있다는 등의 특정 이미지로 굳어져간 것으로도 보인다.

한편 유령은 유령대로 수의를 입고 있고 다리가 없으며, '원망스럽다'는 원념을 현세에 남기면서도 요괴화되지는 못하고 어디까지나 인간의 형태에 머물고 있는 존재로서, 곧 혼령靈의 일종이지 오니鬼의 일종은 아니라는 이미지로 고정되어왔다고 볼 수 있을 것이다.

그렇지만 아마도 일본의 특색이라고 생각되는 것은, 이상에서 본 것처럼 고대와 중세의 요괴는 '오니鬼'라는 개념으로 포착하는 것이 가능하리라는 점이다.

이제 오니와 그 주변에 대해서, 보다 설화문학에 입각해서 살펴보자. 그러면 불교설화라는 범주가 자연스럽게 부상될 것이다.

불교설화 속의 오니

일본 고전문학에 나타난 오니는 불교적 관점에서 다음의 세 종류로 구별할 수 있다.

㉠ 지옥에서 염라대왕의 지배 하에 있는 오니

㉡ 불보살의 관리 밖에 있는 오니

㉢ 불보살과 적대하는 오니

첫 번째(㉠)는 이른바 옥졸이다. 인간의 입장에서 보면 지극히 무서운 존재이지만 불보살에게는 대적하지 못한다. 옥졸은 인간을 공포에 떨게 하고 게다가 응징할 수도 있는 존재이다. 그래서 인간이 나쁜 일을 하지 못하도록 억제하는 역할을 맡고 있다. 그러나 염라대왕에게 절대적으로 충실한 사자인가 하면 그렇지는 않은 듯하다. 예를 들면 『일본영이기』(중권 24)에는 아래와 같은 옥졸 오니가 보인다.

그는 염라대왕의 명령으로 죽을 운명에 처한 사람을 맞이하러 현세에 왔지만, 배를 곯아서는 안 되었다. 그래서 인간은 그에게 음식을 대접하는 대신 죽음을 면제받을 수 있는 계약을 한다. 약속대로 명계에 돌아간 오니는 염라왕에게 거짓을 고하게 된다.

여기 나타난 오니는 염라대왕의 부하가 틀림없지만, 그러나 자기 사정으로 거짓말을 하는 점에서 부실한 부하임을 간파할 수 있을 것이다. 이 오니가 어떻게 되었는가 하면, 실은 염라대왕 쪽이 한 수 위여서 결국 거짓이 탄로나게 된 오니는 징벌을 받을 처지에 놓인다. 그러나 징벌을 예상하고 인간에게 독경의 약속을 미리 받아둔 덕분에 오니는 징벌의 고통에서 벗어날 수 있게 된다. 경전 독송의 공력은 허세가 아니라 오니조차도 구제하는 것이었다. 이렇게 불력의 비호 하에 있을 것을 미리 계산하고 악행을 한다는 점이 어딘지 약삭빠르다고나 할까. 인간다운 악동의 모습이 느껴지기도 한다. 이렇듯 유머가 있는 오니의 모습은 중세가 되면서 점차 자취를 감추게 된다.

민간전승의 오니 가운데는 '나마하게ナマハゲ'[12]가 있다. 그는 인간을 위협해서 악행을 억제하는 존재라고도 할 수 있다. 지옥에서 부리는 옥졸도 이것과 유사한 점이 있

---

12 '나마하게'는 아키타(秋田) 오시카(大鹿) 반도에서 전승되는 민속행사를 칭하거나 혹은 그 행사에서 탈을 쓰고 짚으로 된 옷을 입은 신의 사자를 가리킨다. 나마하게는 각 가정을 돌면서 액막이를 해주고 게으른 자를 훈계한다고 한다.

다. 옥졸이 그토록 무서운 것은 그렇게 함으로써 현세의 인간들이 악한 일을 행하지 않도록 한다는 의미도 있었을 것이다. 옥졸도 나마하게도 최초부터 이형의 요괴. 그러나 악한 존재는 아니다. 오히려 인간이 악행을 하면 이런 오니들에게 시달리는 것일 뿐, 악행을 한 인간이 오니가 되는 일은 없었던 것 같다. 따라서 인간이 사회생활을 잘하기 위한 필요에서 생겨난 오니라는 점도 고려하지 않으면 안 될 것이다.

다음으로는 무서운 존재이나 불보살에게는 대적하지 못하며, 그러면서도 인간을 두렵게 하고 응징할 수 있는 오니에 대해 살펴보자.

『금석 이야기집』이나 『우지습유 이야기宇治拾遺物語』[13]에는 실로 많은 오니가 나타난다. 기본적으로 이들은 인간을 공격하는 마물이다. 인간의 입장에서 보면 무섭기 짝이 없는 존재라고 할 수 있다. 그러나 이런 오니들도 대적할 수 없는 것이 불보살이며 불경이다.

두 책에는 오니에게 쫓기던 남자가 관음보살을 염송하면 오니로부터 모습을 감출 수 있다, 또는 오니의 잔치판과 맞닥뜨린 승려가 부동보살의 주문을 외면 오니에게는 그 승려가 부동존상不動尊像[14]으로 보이게 된다, 마찬가지로 백귀야행과 맞닥뜨린 남자가 부동보살의 주문을 외면 오니에게는 그가 부동존상의 모습으로 보이게 된다, 또는 산중에서 오니에게 쫓기던 남자가 부처에게 구원을 청하면 마침내 마을로 돌아올 수 있다 등등, 열거할 수 없을 정도로 오니에 대한 언급이 많다.

히고肥後의 산중에서 한 남자가 오니에게 쫓기고 있었는데, 오니가 남자가 타고 온 말을 먼저 잡아먹어버렸다. 그 사이에 남자는 도망쳤지만, 말을 먹어치운 오니에게 다시 쫓기게 되었다. 누군가 남자를 불러 세워 동굴 속에 숨겨주었다. 동굴 속에서 남자는 마음으로 관음보살을 염송하면서 떨고 있었는데, 오니가 가까이 왔다. 숨어 있는데도 불구하고 오니가 다가

---

13 가마쿠라시대 초기의 설화집으로 편자 미상이다. 『우지습유 이야기』라는 책명은 『우지 다이나곤 이야기(宇治大納言物語)』에서 빠진 이야기를 모아 편찬했다는 의미이다. 귀족설화·불교설화·민간설화에 걸쳐, 197화가 수록되어 있다.
14 대일여래의 화신으로 불교를 수호한다. 부동명왕으로도 불린다.

온 것이다.

"이게 오늘 내 양식이 될 놈이구나. 그렇지만 왠지 잡아먹어서는 안 되겠습니다. 이처럼 도리가 아닌 일을 늘 해왔사옵니다. 나는 서글프고 걱정됩니다." 오니가 갑자기 그런 불안을 토로했다. 그러자 남자에게는 모습이 보이지 않는 어떤 상대가, "이것이 오늘 내 식량이구나. 그렇다면 줄 수는 없지. 너는 먹던 말이나 먹어라."고 한다. 이 말로 오니를 물리친 상대는 바로 관음이었다.

이처럼 오니는 인간에게 무서운 존재이지만, 불력에는 적대적이지 않는 존재였다고도 알려져 있다. 게다가 위에서 보듯이 오니는 관음에 대해 존댓말을 사용하며, 경의를 표하고 있는 것을 알 수 있다. 또 오니가 '도리가 아닌 일을 항상 해왔다'라고 한탄하고 있다는 점에서 보면, 관음보살은 평소 오니의 식생활을 방해하여 인간을 구제하고 있었다는 사실이 드러난다. 곧 위 이야기 속의 습격 당한 남자처럼, 관음보살에게 기도하면 오니의 피해를 면할 수 있다는 것이다.

마지막으로 부처에게 대적하는 오니를 살펴보자. 불력에 대해 알고 있으면서도 그것에 적대적인 입장을 취하는 것이므로, 완전히 악역이 되는 구도이다. 그래서 부처의 조력을 얻은 인간에게 퇴치를 당하게 된다. 그 대표적인 예가 술꾼동자일 것이다.

앞서 언급한 오니는 관음보살을 공경하고 경어를 쓰며, 힘을 행사하는 일 없이 식량이 될 인간을 내려주십사고 간청하고 있다. 이러한 오니를 불적佛敵이라고 할 수 있을지는 의문이다. 인간에게 해를 끼치는 것은 틀림없지만, 불도를 공경하고 있기 때문이다. 그러나 술꾼동자와 같은 오니는 부처에 대해 적대적인 입장에 있다. 불력을 드러내도 두려워하지 않고 맞서온 것은 분수를 모른다고 해야 할까, 대담무쌍하다고 해야 할까, 어떻든 놀랄 만한 생존방식을 가지고 있다.

술꾼동자는 원래 이부키동자伊吹童子라고 하며 이부키산伊吹山에 살고 있었다고 전해진다. 그러다가 이부키 대명신大明神에게 추방되어 히에산比叡山으로 이주하여 살았는데, 전교대사 사이초最澄15와 산노곤겐山王權現16이 국가진호 사찰인 연력사延暦寺를 건립할 때 히에산에서도 다시 쫓겨난다.

에치고越後에도 술꾼동자의 전승이 있다. 국상사國上寺 소장의 에마키[17]에 따르면 게도마루外道丸(술꾼동자의 아명)는 능엄사楞嚴寺에서 쫓겨나 국상사로 갔는데 오니의 탈이 벗겨지지 않아 결국 산으로 들어가 숨었으며, 그 후로 요리미쓰 사천왕頼光四天王[18]과 대결하게 되었다고 전해진다. 이처럼 오니는 원래 부처나 신에게는 용납될 수 없는 존재였던 것이다.

인간에서 오니로

원래 인간이었던 것이 오니로 변해간 경우도 있다. 후처를 질투하여 오니의 탈을 썼다가 그것이 벗겨지지 않아서 오니가 된 여자, 원한이 쌓여 저주를 계속하다가 오니가 된 여자 등이 있다. 사람에 대한 원한으로 생령이 된 여자가 오니의 형상으로 상대 앞에 나타나는 것은 오래전의 『겐지 이야기源氏物語』 시대부터 있었던 일이다. 요시노산吉野山에는 4~500년 전에도 사람에게 원한을 품었다가 오니가 되어 살아간 자가 있었다(『우지습유 이야기』 제134화).

이러한 부정적 감정은 부처의 가르침에 반하는 것이고, 그 결과 부처에게 용납되지 못하는 존재로 이행해가게 된다. 그러면서 내면을 따라 외양도 또한 오니로 변화해가는 것이다. 때로는 살아가는 동안, 때로는 죽은 다음으로, 그 시기는 각각이지만, 인간이 오니가 되는 것은 원념이나 증오와 같은 어두운 생각을 깊이 하기 때문이다.

또한 사람을 사모하는 마음이 쌓이고 쌓여 죽어버리면 그 상대에게 들러붙는다고 말해진다. 실제로 오노노 고마치小野小町[19]는 그것 때문에 몰락한 것으로 전해진다. 이

---

15 헤안시대 승려로 중국에 유학한 후 히에산 연력사에서 천태종의 개조가 된 인물이다. 전교대사는 사이쵸의 시호이다.

16 히에산의 산악신앙과 신도(神道) 및 천태종이 융합한 신불습합의 신이다.

17 *야마다 겐나(山田現阿), 『에마키 술꾼동자 : 에치고에서 오에산으로』, 고고당서점(考古堂書店), 1994.

18 땅거미 퇴치 설화로 유명한 미나모토노 요리미쓰를 모신 4명의 무장들을 말한다.

19 헤안시대 전기의 여류시인이다.

처럼 사람에게 들러붙으려는 집념을 가졌던 영혼이 점차 발전해서 오니가 되는 경우도 있었다.

요약하자면, 부처의 가르침에서 벗어나버린 결과, 이렇게 오니가 된 사람들이 있었던 것이다. 이들 가운데는 다시 부처의 가르침에 접하여 정화된 오니가 있는가 하면, 술꾼동자처럼 인간을 버리고 완전한 요괴가 되어 부처와 적대하면서 소멸해간 오니도 있었다.

덴구 · 덴마 · 마귀

중세에 가장 세력이 컸던 요괴는 덴구天狗일 것이다. 덴구가 묘사된 대표적인 작품을 몇 가지 들면, 『태평기太平記』,[20] 『제가이보 에마키是害坊繪卷』, 『덴구 이야기天狗草紙』,[21] 『일곱 덴구 그림七天狗繪』 등이 있다.

덴구는 기본적으로 불법의 적으로 간주되는 요괴이다. 인간, 특히 지성이 높은 승려들이 아만심我慢心을 일으킨 끝에, 덴구도天狗道[22]에 떨어져 불교신자에게 해를 끼치는 요괴가 되어버리는 것이다. 이것은 마귀라고도 하며, 넓게는 오니의 일종으로도 인식되어왔다. 그런데 『사석집沙石集』[23]에 의하면 그런 나쁜 덴구만이 아니라, '젠덴구善天狗'도 있었던 것을 알 수 있다(권7-20).

덴구는 원래 별이었다. 이는 천문박사에 의해 인정된 사실이다. 그 후 불법에 적대적 성격을 가진 요괴로서 여겨지게 되었다. 원래는 뛰어난 승려였다가 덴구가 되는 경우가 많았다. 그 이유는 자신의 재주에 자만한 나머지 부처를 공경하는 마음을 잃었기

---

20 남북조시대 동란기의 불안정한 정세를 묘사한 군기물로 40권으로 이루어졌다. 저자 미상이다.
21 가마쿠라시대 여러 종파의 승려를 풍자하고 비판한 에마키이다. 승려들의 교만이나 독선적인 모습을 일곱 유형의 덴구에 비유해서 묘사했다. 『일곱 덴구 그림』도 같은 종류의 에마키이다.
22 덴구가 사는 세계를 불교의 6도(지옥, 아귀, 축생, 아수라, 인간, 천)에 비유한 표현이다.
23 가마쿠라시대의 불교설화집이다. 영험담이나 고승전 외에도, 서민생활에 관한 이야기나 우스개이야기도 수록되어 있다. 불교사상사나 일본문학사에서 중요한 평가를 받고 있는 책이다.

때문이다. 그렇게 해서 불도로부터 벗어나 적대하는 입장을 취하게 되었던 것이다.

신체적 특징으로는 붉은 얼굴과 높은 코에다, 등에 날개가 있는 덴구상이 흔히 알려져 있다. 날개를 가진 덴구는 오래전부터 보이지만, 붉은 낯빛과 높은 코의 조합은 중세 이후에 나타난 것이다. 그러나 높은 코의 덴구라면 이미 회화자료에서도 찾아볼 수 있다. 『제가이보 에마키』에는 날개와 부리가 있는 승려 형상의 덴구나 긴 코 외에는 이렇다 할 특징이 없는 덴구 등, 현대와는 상당히 다른 인상을 주는 덴구가 등장한다.

날개를 가진 모습은 덴구가 솔개나 까마귀와 관련이 있다고 말해지는 것과 무관하지 않다. 『우지습유 이야기』에는 나무 위에 앉은 금빛 부처의 모습으로 나타난 것이 실은 솔개였다고 하는 이야기가 실려 있다(제32화). 솔개가 사람을 미혹하게 하고 불교를 방해하는 덴구와 공통점이 있음을 확인하게 해주는 이야기이다. 사실 『금석 이야기집』에 수록된 설화에서는 그것이 솔개가 아니라 덴구라고 이야기한다(권20-3). 또한 『게초 견문집慶長見聞集』[24]에도 한참 설법 중에 까마귀가 우는 것을 본 청중들이 "야, 까마귀가 웃네"라며 소란스러웠는데, 보다 못한 설법사가 손에 쥔 부채를 펼치면서 조용히 시키려고 하자, 청중들은 "저기, 덴구가 날개 펼친 것을 보게"라고 하며 웃으면서 잇달아 일어나 가버렸다는 이야기가 실려 있다(권3). 이처럼 덴구 주변에는 불법을 방해하는 솔개나 까마귀가 있었던 것이다.

어느 중세인의 해설

원래 덴구는 어떤 존재인가. 이에 대해서는 여러 설이 분분하지만 그 가운데 간명한 해설을 하나 소개해보자. 곧 중세의 군기물[25]인 『겐페 성쇠기源平盛衰記』[26] 권제18

---

24 에도시대 초기, 미우라 시게마사(三浦茂正)에 의해 쓰여진 수필집이다. 에도의 풍속이나 풍경 등이 잘 묘사되어 있다.

25 군기물(軍記物)이란 역사 상의 전쟁을 제재로, 가마쿠라시대부터 무로마치시대에 걸쳐 이루어진 문학 작품을 말한다. 사실에 근거한 것도 있지만 설화적인 제재나 허구를 섞어 쓴 것도 있다.

「법황法皇,[27] 삼정사에서 관정을 받을 때의 일三井灌頂の事」에는 덴구와 유사한 덴마에 관한 해설이 보인다. '덴마天魔'란 일반적으로 제6천의 마왕을 가리키는 것으로 알려져 있지만, 중세에는 덴구의 별칭으로도 사용되었다. 기괴한 일이나 불온한 사건이 발생하기라도 하면, '덴마의 소행' 혹은 '덴구의 소행'으로 해석되었던 것이다.

우선 덴마가 불법을 방해하는 이유는 신통력을 가진 축류畜類이기 때문이다. 덴마에는 다음의 세 종류가 있다.

    ㉠ 부처의 가르침을 믿지 않는 교만한 지자智者가 사후 '덴마라는 오니'가 된다.
    ㉡ 덴구의 업業이 끝나면 하준波旬[28]이 된다.
    ㉢ 교만하고 무도심無道心이 있는 자는 반드시 덴구가 되는데, 본인은 알아차리지 못한다. 남을 이기려는 마음이 덴구를 끌어들여 스스로를 병들게 한다. 이것을 마엔魔緣이라고 한다.

이처럼 원래는 인간이었지만 마엔에 이끌려 오만해지면서 부처의 가르침으로부터 벗어나게 되고, 그 결과 죽어서 덴구가 되어버리는 것이다. 『겐페 성쇠기』에는 '덴마라는 오니'로 기록되어 있다. 곧 덴구도 또한 오니의 일종으로 인식되고 있음을 알 수 있다. 사령이 오니로 변하는 예는 많지만, 그 가운데서도 생전에 지자였던 사람이 깨달았다고 착각하고 자만심이 생긴 경우, 오니 중에서도 특히 '덴마(=덴구)'로 불리게 되는 것이다.

---

26   『헤케 이야기(平家物語)』의 여러 이본 중 하나로, 헤케의 번영과 몰락을 다룬 군기물이다.
27   일반적으로 천황이 황위를 양위하면 상황이 되고, 상황이 출가하여 불가에 들어가면 법황으로 칭해진다.
28   '하준'은 불교에서 사람을 죽이거나 선을 방해하는 악마를 말한다.

젠덴구善天狗

덴구는 산에 사는 요괴이지만 그 모습은 가지각색이다. 그 가운데 '야마부시山伏'[29] 모습을 한 것이 눈에 띈다. 생각해보면 구라마사鞍馬寺에서 우시와카마루牛若丸에게 신통력이나 병법을 전수받은 것도 덴구였다. 그것이 아니더라도 야마부시와 덴구는 관계가 깊다.

오슈奥州의 깊은 산 속 암자에 틀어박여 열심히 수행하고 있던 한 승려가 모습을 숨기는 결인結印으로 자신을 보이지 않게 했는데, 덴구가 그 방법이 잘못되었다고 지적하며 바른 방법을 가르치고 있다(『사석집』 권7-20). 이처럼 덴구 가운데도 불도에 뜻을 둔 것이 있다. 그러나 뜻이 있어도 집착심을 버리지 못하여 이같은 덴구가 되어버린 것이다. 불도에 지장을 주기만 하는 덴구와 구별하여, 이 경우는 젠덴구라고 부른다.

덴구는 전세에 지성이 높은 승려였기 때문에, 홀로 산악에서 수행에 매진하는 승려에게 몰래 불법을 전수傳授하는 경우도 나타난다. 불도뿐만 아니다. 신통력이나 병법을 전수하는 데서 나아가 검술을 수행하는 무리에게 비술을 전수하는 데까지 이르고 있다. 이면을 보자면 산악 수행을 하는 무리에게 있어서 덴구는 인간을 미혹케 하는 요괴가 아니라 인간에게 가르침을 주는 지도자와 같은 존재로 여겨졌을 것이다. 그러한 의식의 조짐을 『사석집』의 젠덴구 설화에서 읽을 수 있다.

오니로부터 사람 또는 혼령으로 되돌아가다

부처의 부하와 같은 오니[옥졸], 또는 부처를 두려워하면서 인간을 공격하는 오니는 인간에서 변한 것이 아니라 원래 요괴의 일종이었던 것으로 생각된다. 그러나 부처와

---

29   수험도(修驗道)의 종교적 지도자를 가리킨다. 산악에서 수행하여 얻은 초자연적인 힘을 이용하여 주술 종교적 활동을 한다. 산에 숨어서 수행한다고 해서 '야마부시'라고 불렸다.

적대하거나 부처로부터 이반하고 있는 오니는, 인간에서 변한 경우가 많은 듯하다. 그리고 그 가운데는 술꾼동자처럼 요괴화하는 것이 있는가 하면, 다시 불도에 귀의하여 인간 또는 혼령으로 되돌아가는 것도 있었다.

덴구도 지성이 풍부한 승려가 불교로부터 이반하여 몰락한 결과로 간주된다. 불교에 해가 되는 일을 행하는 요괴이지만, 그 가운데는 인간을 불도로 이끄는 것도 있었다. 이것은 전세에서 불도에 뜻을 두었으면서도 집착을 버리지 못하고 죽은 결과였다.

헨게變化하는 것

고대 및 중세 일본에 나타난 생물 요괴 가운데서 중요한 것 몇 가지를 들어보자. 원래 오니나 덴구는 축류로 자리매김된 면이 있지만, 신이나 혼령의 면모도 강하다. 여기서는 새·짐승·벌레·물고기와 같은 사생四生의 범주에서 포착되는 요괴를 살펴보고자 한다.

무엇인가로 변신하는 것을 '헨게變化'라고 하는데, 그것이 자발적인 동시에 어떤 목적이 있는 경우는 요괴의 능력으로 간주된다. 단순히 현상으로서 변신하는 것만으로는 요괴의 능력으로 간주되지 않았던 듯하다. 예를 들면 『직담인연집直談因緣集』에는 산의 뱀이 문어로 변신하는 이야기가 실려 있는데(권6-21),[30] 그 뱀이나 문어를 요괴의 헨게로는 간주하지 않을 것이다. 『예기禮記』나 후세의 『화서化書』에 나타난 많은 사례들과 산마가 뱀장어로 변하는 경우도 요괴가 한 것이라고는 보지 않는다. 어떤 목적, 특히 인간에게 해를 끼치기 위해서 변신하는 행위를 요괴의 헨게로 인식하는 것이 일반적이다. 여기서는 그 대표적인 사례인 여우와 너구리를 들어보자.

---

30 *히로카와 에이치로(廣川英一郞), 「세간화(世間話)와 목격체험-뱀이 문어로 변하는 이야기」, 『世間話研究』 18, 2008.

여우 설화

 짐승으로서는 여우요괴 설화가 풍부한 편이다. 그만큼 여우는 일본인의 생활과 밀접하고 또한 괴이를 행하는 것으로 여겨진 동물이었다. 일본에서만 그런 것은 아니다. 여우의 변신에 대해서는 백낙천白樂天도 시의 제재로 하였듯이, 중국에서도 여기저기서 산견되고 있다. 일본에서는 2차대전 전까지만 해도 문헌이나 구비전승에서 흔히 목격되어온 것이 여우나 너구리에게 속임을 당한 이야기였다.

 문헌으로는 일찍이 『일본영이기』에 여우의 변신에 대한 이야기가 나타난다(상권2). 또한 『후소략기扶桑略記』[31](제3), 『신명경神明鏡』[32] 등에 보일 뿐 아니라, 나아가 노能,[33] 고와카 마이쿄쿠幸若舞曲,[34] 고조루리古淨瑠璃[35] 등과 같은 예능의 소재가 되기도 했던 〈시노다즈마信田妻〉 설화도 오래전부터 전승되어온 것으로 알려져 있다. 이것은 음양사인 아베노 세메의 출생담으로 널리 유포되었던 것이다. 『소가 이야기曾我物語』[36](권제5)의 〈산겐야三原野 사냥에서 있었던 일〉도 아리와라노 나리히라在原業平와 암여우가 부부의 연을 맺는 '여우아내 이야기狐女房譚' 유형이다. 이처럼 여우가 인간과 교섭하는 설화가 적지 않다.

너구리 설화

 이에 비해 고대와 중세에는, 너구리 이야기는 그 수가 많지 않다. 『고금저문집古今

---

31 헤안시대 말기에 승려 고엔(皇円)이 저술한 역사서이며, 불교관계의 기사도 많이 포함되어 있다.
32 진무(神武) 천황부터 고하나조노(後花園) 천황 시대까지 서술한 역사서로, 남북조시대 말기에 이루어졌다.
33 '노'는 일본 전통예능의 한 분야로 일종의 가무극이다.
34 중세예능의 하나로 서사적인 이야기에 맞추어 추는 간단한 춤이다. 주로 군기물이 제재가 되었다.
35 조루리는 샤미센 반주를 동반한 일본의 이야기음악이다. 고조루리는 17세기 초 인형극에 사용된 조루리 가운데서 기다유부시(義太夫節) 이전에 성립된 유파들의 총칭이다.
36 가마쿠라시대에 있었던 소가 형제의 복수담을 제재로 한 군기물이다.

著聞集』권17에는 너구리가 변신해서 사람을 해치는 이야기가 실려 있다(제602, 603, 607, 608화). 『금석 이야기집』에도 여우와 너구리가 사람에게 장난치는 이야기가 보이지만(권17-33), 너구리의 변신담을 본격적으로 채택한 것은 앞 책이 더 빠를 것이다. 중국에도 '여우狐와 너구리狸'의 괴이에 대한 이야기가 있지만, 너구리의 괴이에 관해서는 특히 풍부한 화재話材로 넘쳐나는 나라가 일본이다.

무로마치시대의 오토기조시お伽草子[37]인 『12류 에마키十二類繪卷』에서는 십이지 동물들에게 복수하기 위해 너구리가 오니로 변신한다. 『고금저문집』에도 집채만한 크기의 요괴로 변신한 너구리 설화가 있다(제607화). 너구리가 여자로 변신하는 예는 무로마치시대에도 있지만(『간문일

〈그림 2〉 『수태평기(獸太平記)』

기看聞日記』[38] 오에應永 24년 5월 8일조), 너구리가 여우처럼 인간 남자와 부부의 인연을 맺는 설화는 나타나지 않는다. 설령 있다 해도 드문 사례일 것이다. 여우와는 변신하는 대상에서 다소 차이가 있는 듯하다.

완전히 변신하지 못하여 우스개이야기가 된 경우도 많다. 『12류 에마키』나 『수태평기獸太平記』에서는 오니로 변신하기는 하지만 개에게 들통이 나버린다. 앞서 언급한 『간문일기』에도, 주위 사람들에게는 들키지 않았지만 개에게 그 정체가 발각되었다는 이야기가 있다. 〈너구리 장단소리狸の腹鼓〉나 〈사슴 기다리다 만난 너구리鹿待つ所の

---

37 무로마치시대부터 에도시대에 걸쳐 이루어진 3백여 편의 단편이야기의 총칭이다.
38 무로마치시대 귀족인 고스코인(後崇光院)의 일기이다. 당시의 궁정이나 막부, 세속에서 일어난 사건들이 기록되어 있다.

〈그림 3〉 히샤쿠(脾積)　　　　　〈그림 4〉 규칸(牛癇)

狸)³⁹ 등에서 보듯이, 너구리는 변신하는 것이기는 해도 여우만큼 무서운 것으로는 여겨지지 않았고, 오히려 골계미가 있는 요괴설화의 캐릭터로 취급되는 경우가 많았다.

　　근세의 대표적 요괴 에마키인 『이노물괴록』에 나타난, 너구리가 변신한 요괴들은 다양하고 오락성도 풍부하다. 라쿠고落語 〈바케모노 부리기化け物使い〉⁴⁰도 다르지 않다. 마찬가지로 다양한 요괴들이 나타나 주인공을 놀라게 하는 이야기 에마키로 『오이시 효로쿠 이야기大石兵六物語』⁴¹가 있는데, 여기서도 너구리요괴는 주인공을 공포로

39　기대에 반해 시시한 것을 얻는다는 의미의 비유적 표현이다.

40　일을 많이 시키기로 소문난 은퇴한 무사가 새 집으로 이사가게 되었는데, 그 집에 바케모노가 나온다는 소문을 듣고 하인이 떠나버렸다. 이사간 첫날 밤부터 바케모노가 나와서 집안일을 해주었다. 4일째 되는 날, 어떤 바케모노가 나올까 기다렸더니, 너구리가 나와서 지금까지 일한 바케모노는 전부 자신이 변신한 것이고, 일이 너무 힘들어 휴가를 받고 싶다고 했다는 내용이다.

41　여우에 홀려 머리를 깎이는 사람이 많다는 소문을 듣고 가고시마의 한 젊은 무사(오이시 효로쿠)가 담력시험 삼아 나섰다. 이에 여우들이 갖가지 요괴로 변신하여 효로쿠를 위협하고는 마침내 그를 붙잡아

몰아넣고 우롱하는 성격을 지니고 있어서, 여우요괴와는 대조적인 모습이다.

미확인 생물

전국시대의 침구서인 『침문서針聞書』(규슈국립박물관 소장)에는 체내에 사는 여러 가지 벌레가 묘사되어 있는데, 그 중에는 말이나 소, 거북, 뱀 등을 닮은 다양한 모습들이 있다. 이들은 인간을 병들게 하며, 또한 미확인 생물이기도 하다. 사람의 말을 하는 벌레, 노래를 부르는 벌레, 염라대왕의 부하 벌레 등도 있어서, 이들을 요괴의 일종으로 간주해도 좋을 것이다. 그렇지만 설화문학 속에 등장하는 것은 '경신庚申의 벌레'[42] 정도이다(『경신의 유래本地』에 등장한다). 이 책 외에도 유사한 의서醫書가 몇 가지 확인되고 있지만, 이처럼 눈에는 보이지 않는 작은 생물까지도 묘사해내는 상상력이 일찍부터 있었던 것이다. 이들 가운데 유명한 두 요괴에 대해 다루기로 한다.

괴조 '누에鵺' 설화

새 종류로는 뭐니뭐니해도 누에일 것이다. 가끔 궁궐의 상공에 나타나 천황을 병들게 했던 새이다. 이 새는 자시子時 지나서 나타나는 검은 구름 속에 숨어 있는 마물이었다. 『헤케 이야기平家物語』 등에는 다이라노 기요모리平清盛나 미나모토노 요리마사源賴政가 이 새를 퇴치했다는 이야기가 실려 있다. 머리는 원숭이, 몸은 너구리, 꼬리는 뱀, 손과 발은 호랑이의 모습이었다고 한다. 『겐페 성쇠기』에서는 등은 호랑이, 꼬

머리를 밀어버렸다는 내용이다.
42 일본의 민간에서는 경신일에 신불에게 철야로 제사를 지내면 장수하게 된다는 '고신마치(庚申待ち)'라는 습속이 있다. 이날 잠을 자버리면 그 사람의 몸속에 사는 산시(三尸)라는 벌레가 빠져나가서 천제에게 그 사람의 악행을 고하여 수명을 줄인다고 한다.

리는 여우, 발은 너구리이고 울음소리는 누에였다고 하고 있다. 이것을 보통 누에라고 하지만 울음소리가 누에라고 기록하고 있으므로, 『젠안善庵 수필』에서 설명하듯이 요리마사가 퇴치한 것은 누에가 아니라 명칭 미상의 괴조로 보는 것이 옳다. 날개를 가지고 하늘을 나르는 이 요괴는 예로부터 괴조로 간주되어왔다.

땅거미 설화

땅거미도 유명하다. 이것도 퇴치되어야만 하는 요괴로서 설화화되어왔다. 퇴치가 행해진 것은 고대의 일로, 그 가운데서도 미나모토노 요리미쓰源賴光의 퇴치담이 유명하다. 요리미쓰와 와타나베노 쓰나渡邊綱가 렌다이노蓮台野에서 하늘을 나는 해골의 뒤를 쫓아 가구라오카神樂岡에 이르자, 290세 된 노파가 사는 고옥이 보이고, 이어서 이형 이류의 존재들과 더불어 미색이 수려한 여자요괴가 나타났다. 그 여자요괴를 벤 칼에 흰 피가 묻어 있어서 그 혈흔을 따라가보니, 노파가 사는 고옥으로 되돌아와 있었다. 더 따라가보았더니 이번에는 동굴이 나타나고 그 속에는 거대한 거미가 있었다. 그 정체를 본 요리미쓰와 쓰나가 그 거미의 목을 쳐서 퇴치했던 것이다. 거미의 뱃속에서는 목이 잘린 머리가 1,990개나 나왔고, 어린아이만큼 큰 거미새끼들도 무수히 기어나와 설쳐댔다. 결국 그 거대한 거미의 머리를 굴 속에 묻고 고옥을 불태우는 것으로 퇴치가 마무리되었다. 땅거미의 모습은 단일하지 않다. 큰 거미로 묘사된 것, 또는 두 발로 걷고 좌우에 팔이 두 개씩 붙은 것이 그것의 정체라고 하는데, 요리미쓰 앞에 나타난 땅거미는 여자였다고도 하고, 손바닥에서 실을 내뿜는 승려의 모습이었다고도 한다.

인간의 생물화

인간은 오니, 덴구, 축류, 또는 유령이 될 뿐 아니라, 벌레로 변모하기도 한다. 여기서는 그 점에 대해 논의해보자.

예로부터 남녀를 불문하고 인간은 사후에 소나 말이 되어 다른 인간에게 사역을 당하는 것으로 믿어져왔다. 이러한 믿음은 근대 이후에도 여전히 지속되고 있다. 이에 대해서는 물론 축생도에 떨어진 결과라는 불교적인 해석도 있지만, 군이 불교적인 전생轉生의 논리가 아니어도 일반적으로 믿어지고 있었던 듯하다. 이를테면 인간은 인간에게 사역 당하는 가축 이외의 다른 존재로도 전생하는 존재로, 작은새의 전세담前世譚[43]에서 보듯이 사람이 작은 새가 되었다는 이야기들도 드물지 않게 보인다.

뱀 설화

첫 번째로는 뱀이다. 근대의 분류의식에서 본다면 뱀은 파충류에 속하지만, '나가무시ナガムシ'(긴 벌레)라는 이명異名이 있듯이, 예로부터 일본에서는 뱀을 곤충의 일종으로 간주해왔다. 오토기조시『벌레들의 노래대결歌合』에서도 뱀은 개구리와 함께 노래를 부르고 있다. 인간이 뱀이 되는 사례는 근세 괴담집의 유행과 더불어 늘어나게 된 듯하다. 그 이전의 것으로는 가마쿠라시대의 『사석집』에 수록된 〈망집妄執 때문에 뱀이 된 여자〉(권7-2) 이야기가 대표적이다.

가마쿠라의 와카미야 하치만若宮八幡에 사는 어린 소년을 연모했던 한 처녀가 병에 걸렸는데, 이를 보다 못한 부모의 간청으로 소년은 처녀의 집을 드나들게 된다. 그러나 소년의 왕래가 차츰 소원해지면서 딸은 다시 병이 재발하여 결국 죽어버린다. 그로부터 머지않아 소년도 미쳐서 죽었는데, 그 소년의 관에 뱀이 달라붙어 있었다. 딸

---

43 *다카하시 노부카쓰(高橋宣勝), 「작은 새의 전세담(前世譚)과 자발적 변신」, 『昔話傳說硏究』16, 1991.

의 유골이 작은 뱀이 되었다거나, 뱀이 되다 말았다고 하고 있다. 이야기의 결미에서 "사랑에 집착하는 마음만큼 무서운 것은 없다"고 논평하고 있듯이, 애집愛執의 마음이 여자의 유골을 뱀으로 만든 것이었다.

이와 유사한 이야기가 『도성사 연기道成寺緣起』일 것이다. 일찍이 『법화험기法華驗記』 나 『금석 이야기집』에도 유사한 이야기가 보인다. 승려의 이름이 안친安珍으로 된 것 은 『원형석서元亨釋書』가 처음이지만, 여자의 이름이 기요히메淸姬로 된 것은 근세에 이르러서다. 이 설화에는 자신의 곁에서 도망친 승려를 뒤쫓는 여자의 몸이 점차 뱀 으로 변해가는 모습이 묘사되고 있다.

예를 하나 더 들어보자. 역시 가마쿠라시대의 『고금저문집』에 수록된 이야기이다. 시라뵤시白拍子[44]의 집에 드나드는 남편을 질투한 본처가 생령이 되어 뱀의 모습으로 변하여 남편의 남근을 깨물어버린다. 뱀이 거기서 떨어지지 않자 남편이 칼로 쳐서 죽였지만, 그길로 남편은 심신이 병들어 폐인이 되고 만다. 본처도 그날 밤부터 병이 들어 죽어버렸다(제720화).

사후에 또는 살아가면서 뱀이 되는 경우는 이 외에도 많은 예를 찾아볼 수 있다. 어느 쪽이든 뱀은 망집妄執의 화신으로 볼 수 있는 것으로, 특히 여자가 남자에 대한 애집에서 벗어나지 못하면 살아 있더라도 또는 죽어서라도 뱀이 되어서 상대를 죽이 려고 한다.

상대를 생각하다 죽는 것을 '상사병으로 죽는다'고 하는데, 이런 연유로 죽게 되면 그 상대에게 들러붙어 불행한 일을 겪게 한다. 이것이 실체화하면 뱀의 모습이 된다 고 생각한 것은 아닐까. 죽은 자가 남자인 경우에는 뱀이 되는 사례가 드물다. 그래서 뱀의 몸은 여자의 몸과 끊을래야 끊을 수 없다고 하는 것이다. 뱀과 여자와의 결속은 〈용녀성불龍女成佛〉[45]의 고사처럼 불교적 사고를 반영하는 것이면서도, 그 이상으로

---

44 '시라뵤시'란 헤안시대 말기에서 가마쿠라시대에 걸쳐 생긴 가무의 일종, 또는 그 가무를 행하는 무녀 (舞女)를 의미한다.
45 법화경에 실린 설화로 용왕의 8세된 딸이 용신·여성·연소함의 악조건에도 불구하고 한순간에 변성 남자를 이루어 성불했다는 이야기이다.

저변이 넓은 것으로 생각된다.

벌레 설화

이제 뱀과는 다른 벌레에 대해서도 다루어보자. 중세 여성들 사이에서는 남자로부터 연서를 받고 답신을 하지 않으면, '7생 동안 입 없는 벌레로 태어난다'는 말이 있었다. 살생의 죄를 범하면 사후에 축류로 환생하고, 남에게 금품을 빌렸다가 갚지 않고 죽으면 사후에 소나 말로 환생하여 사역을 당함으로써 그 빚을 갚게 된다.

사후의 사례로는, 라이고賴豪라는 고승이 쥐가 되어 불경을 마구 갉아먹었다고 하는 이야기가 있다. 겐페 전쟁源平合戰[46] 당시 백발을 검게 물들여 젊어 보이게 해서 화살을 맞았던 사이토 벳토 사네모리齊藤別當實盛도 사후에 벌레, 특히 벼해충이 되었다. 마찬가지로 사라야시키皿屋敷[47]의 하녀 오기쿠お菊도 벌레가 되어, 오기쿠 벌레로 불렸다. 그 외에 기치로쿠무시吉六虫라는 벌레도 있다(『괴담 도시오토코登志男』). 구마노곤겐熊野權現[48]의 유래에 의하면 구마노곤겐이 와카야마和歌山에 강림했을 때, 전에 살던 천축국에서 모후를 살해한 999명의 부인后들이 사후 붉은 벌레가 되어 구마노에 살게 되었다. 근세, 쓰시마의 법사法者가 읽었던 제문 중 한 구절에는 사람은 마음에 따라서 학이나 딱따구리, 제비, 참새 등의 갖가지 새로 환생한다고 한다.[49] 가미스기上杉의 승도僧都[50]인 한 승려가 제자에게 불법을 가르치는 것을 게을리하여, 사후에 손 없는 오

---

46 헤이안시대 말기 미나모토(源) 씨와 타이라(平) 씨 사이에 정국의 주도권을 둘러싸고 일어난 대규모 내란이다.
47 억울하게 죽은 오키쿠의 망령이 우물에서 밤마다 '한 장, 두 장' 하며 접시를 센다는 내용의 괴담이다.
48 구마노산잔(熊野三山)에 모셔진 신이다. '곤겐'이란 일본 고유의 신의 여러 칭호 중 하나로, 부처가 중생을 구하기 위해 지상에 모습을 드러낸다는 힌두교의 권화(權化) 신앙의 영향을 받은 것이다.
49 *도쿠다 가즈오(德田和夫), 「〈이치모리 장자(一盛長者)가 새가 된 유래〉 제문에 관하여 : 작은새 전세담(前世譚) 〈참새의 효행〉 이야기 부록 및 번각」, 『國語國文論集』 27, 學習院女子短期大學, 1998.
50 승도는 승려를 통괄하는 관직의 하나로, 승정(僧正)에 이은 제2위의 지위이다.

니가 되었다는 이야기도 있다(『고금저문집』 권제15-495화). 벌레든 오니든, 모두 인과응보의 결과로 생각되었다. 곧 인간은 오니나 덴구, 유령뿐 아니라 다른 생물이 되기도 했던 것이다.

노즈치野槌 설화

인간이 사후 노즈치라는 생물로 환생한 경우도 있었다. 『사석집』에 의하면, 깊은 산에 사는 노즈치라는 희귀한 짐승으로 환생한 승려가 있었다(권5-3). 이것은 깊은 산에 있어서 거의 목격되지 않는 생물체로, 큰 덩치에 눈코와 손발이 없고 입만 있다고 하는 점이 특징으로 열거된다. 그리고 그 입으로 사람을 잡아먹는다고 한다. 인육을 먹을 정도이므로 꽤 상당한 크기가 아닌가 생각된다.

그러면 왜 노즈치가 되는 것일까. 명리를 위해 불도 수행을 하는가 하면, 다투고 분노하고 원망하고 교만심을 일으키고 망집에 사로잡힌 자가 노즈치가 된다는 것이다. 눈코와 손발이 없고 입만 있는 것도 그 응보이다. 지혜의 눈도, 믿음의 손도, 계율의 발도 없이 다만 입만 주제넘게 붙어 있는 것이다. 무로마치시대 후기의 설법담의說法談義에 관한 책인 『직담인연집』에도 노즈치가 등장하는 설화가 두 편 있다. 하나는 앞서 언급한 『사석집』에서 가져온 것이고(권7-8), 다른 하나는 재물에 눈이 먼 승려가 노즈치가 된 이야기를 기록한 것이다(권7-7).

이처럼 본래 노즈치는 불교적인 교훈담에서 다루어졌던 것으로 생각된다. 그러던 것이 차츰 인과응보 사상에서 벗어나, 근세에는 단순한 희귀 생물이나 일종의 미확인 생물로 일반화된 듯하다. 근대의 쓰치노코는 이 노즈치의 파생형이라고 말해진다.

동물과 요괴의 애매한 경계

　새·짐승·벌레·물고기의 사생 가운데 여기서는 아주 조금밖에 예시하지 않았지만, 일본에는 그 외의 모든 것들이 요괴가 될 수 있는 문화가 있다. '한 치 벌레도 그 몸의 반은 영혼'이라는 속담이 보여주듯이, 이虱나 벼룩조차도 설화의 주인공이 되었던 것이다. 오토기조시 『하쿠신보白身房』는 이虱에 관한 이야기로, 그 한 예가 될 수 있다. 『고금저문집』에도 인간에게 원수를 갚는 이虱 이야기가 있다(제696화). 곧 영혼이 깃든 것이라면 무엇이든 요괴가 될 여지가 있는 것이다. 유정有情물뿐 아니라 비정非情의 초목이나 기물도 괴이를 행하는 존재가 되었다.

　그런데 어떤 괴이를 행하는가는 각 요괴의 특성에 따라 다르다. 본고에서는 많은 요괴들에 나타나는 것은 아니지만, 여우나 너구리와 같은 동물이 특기로 하는 헨게變化에 대해 다루었다. 여우나 너구리는 마을 가까이 서식하므로 가끔 마을로 들어오는 일도 있으며, 야생동물 중에서도 특히 친근한 존재이다. 그런만큼 여우나 너구리에 관련된 설화도 고금을 통해 풍부하게 만들어졌다.

　그런 이유로 동물과 요괴의 경계는 애매하다고 하지 않을 수 없다. 단순한 동물이라고 생각했는데, 헨게를 통해 괴이를 나타내는 것도 있기 때문이다. 늑대나 곰과 달리 그 자체로 사람을 공격할 힘이 약한 동물들은 특수한 능력으로 사람에게 해를 끼치는 것이라고 믿어왔던 것이다.

　실재하는 동물은 외견상으로는 알 수 없는 능력을 발휘하지만, 실제로 본 적이 없는 동물, 곧 미확인 동물은 외견상으로 큰 특징이 있다. 누에나 땅거미가 대표적인 경우라고 할 수 있다. 그들과 인간은 마을과 그 바깥으로, 원칙적으로 사는 곳이 나누어져 있다. 불운하게도 그들과 맞닥뜨리면 공격을 받게 되지만, 기본적으로 마을 안에서 습격을 당하는 일은 드물다. 그들은 인간과는 무관하게 살아가는 생물로, 인간을 보면 공격하지만 대부분은 인간이 부재하더라도 살아갈 수 있는 존재이다.

　그런 한편으로, 불교의 사후축생도와는 별개로 인간이 축류나 벌레로 환생하는 경우도 많이 볼 수 있다. '응보'라고 하면 불교적 인상을 받지만, 전생의 인연에 따라 원하든 원하지 않든 생물로 환생하는 일이 많았던 것이다. 『고금저문집』에는 스스로 원해서 개가 된 사람의 이야기가 실려 있지만(제689화), 대개는 자신의 의지와는 무관하게 전생의 어떤 행위에 상응하는 생물의 모습으로 환생한다.

신앙에서 오락으로

지금까지 오니를 일본 요괴의 중심에 두고 기술해왔다. 오니는 본래 다의적인 속성을 지녔던 것이지만, 점차 혼령의 성격이 희박해지면서 실체로서의 요괴이미지가 강화되어간다. 특히 설화문학에서 오니는 인간을 해치는 요괴로 등장하고 있다. 한편으로 오니는 불적佛敵일 뿐 아니라 부처의 손바닥 안에서 노는 존재로도 묘사되고 있다. 그것은 곧 인간을 불도로 이끌기 위한 도구에 지나지 않았다고 말할 수 있을 것이다. 그러나 그 오니들이 부처의 손바닥을 벗어나게 되었을 때, 인간으로서는 어찌할 도리가 없는 부조리한 이야기, 곧 괴담이 생겨났던 것이다.

덴구는 불적이라는 명확한 위치에 있었지만, 본래 지성이 풍부한 승려였으므로 산악수행자 무리를 몰래 돕는 성격을 지닌 존재가 나타난다. 끝내는 전쟁에서 전령의 역할까지 자발적으로 행하는 것도 나타나고 있다(『태평기』 권10).

어쨌든 이처럼 불길한 모습이 되고자 원하는 인간은 거의 없으므로, 동물과 마찬가지로 악의 응보로서 환생하거나 혹은 변모하는 대상이 되었다. 동물이나 벌레와 같은 생물도 응보로서 환생하는 대상이 되고 있다. 살아가면서 변하는 것이 있는가 하면, 사후에 변하는 것도 있다. 또한 생물 중에는 그러한 인과와 관계없이 또는 인간의 생활과도 무관하게 우연히 조우한 것에 지나지 않는 것이 있는 한편, 적극적으로 해를 끼치려고 하는 것도 있다.

삼라만상에서 요괴가 되지 않는 것은 없지만, 그 중에서도 고대 및 중세의 설화문학에서는 오니가 주류를 이루고 있다고 할 수 있다. 그리고 중세에는 덴구가 무성하게 이야깃거리가 되기에 이른다. 한편 생물 중에는 여우나 너구리의 괴이가 화제성이 풍부하여, 항간의 소문으로부터 이야기 장르들 또는 이야기 에마키物語繪卷에 이르기까지 두루 제재로 다루어졌다.

소화笑話 속의 요괴

그런 과정에서 오니는 단순히 두려운 존재가 아니라 차츰 바보스럽고 귀여운 캐릭터로도 파생되어간다. 원래 오니는 인간을 해치는 것은 물론, 부처에게조차 적대하는 마물로 묘사되기도 했던 존재이다. 따라서 그것은 이야기에서는 당연히 영웅적 캐릭터(미나모토노 요리미쓰, 와타나베노 쓰나 등)에 의해, 혹은 고승의 법력이나 불보살에 의해 최종적으로는 퇴치되는 존재로 묘사된다. 오니가 인간에게 퇴치되고 불력에 대적하지 않는 존재임을 전제로 한다면, 오니를 얼마나 무섭게 말할까라고 하는 서술의 문제에 연연해할 필요도 없어질 것이다. 긴박한 싸움의 전개가 아니라 익살조의 서술로 고쳐도 지장이 없는 것이다. 실제로 중세 후기가 되면 사람을 잡아먹으려던 오니가 오히려 정화되어버리는 이야기가 드문드문 보이기 시작한다.

또한 우스개이야기라고는 할 수 없지만, 『직담인연집』에서는 종래의 불교설화에 나타나는 오니와는 조금 다른 모습의 오니를 만날 수 있다(권8-33). 대장 오니가 부하 오니들에게 사람을 잡아오라는 협박조의 명령을 내린다. 그래서 오니들은 도읍으로 나가 사람을 잡으려 하지만, 『법화경』의 공덕을 설하는 설법을 듣고는 모두 금빛으로 변해버린다. 이들보다 앞서 금빛으로 변한 귀녀鬼女가 교토의 히가시산東山에 있었는데, 그녀는 오니들에게 부탁하여 자신을 대장 오니의 먹이로 바치도록 하였다. 오니들은 벌을 받지 않고 끝날 수 있다고 여겨서 그 제안을 받아들였다. 예상대로 이 귀녀는 대장 오니에게 먹혀버렸다. 그러나 귀녀는 오니들에게 『법화경』을 사경하도록 부탁해둔 덕분에 사후 극락왕생의 숙원을 이루었다. 이처럼 오니일지라도 자신을 희생함으로써 스스로를 정화하고, 한편으로는 권속인 오니들에게도 불도에 입문할 기회를 주었던 것이다.

여기에 나오는 대장 오니와 그 부하들의 관계에 골계를 보태면, 라쿠고 〈오케치먀쿠お血脈〉[51]에서 염라대왕과 이시가와 고에몬石川五右衛門의 관계가 된다. 선광사善光寺의 오케치먀쿠로 인해 지옥에 떨어지는 인간이 없어지게 되자, 염라대왕은 고에몬에게 명하여 선광사의 오케치먀쿠를 뺏기로 했다. 그러나 이것을 만진 고에몬이 그길로 극락으로 가버렸다는 것이다. 이로 미루어보면, 대장 오니와 그 권속들을 염라대왕과 옥졸로 치환할 수 있을지도 모르겠다. 혹은 그와 유사한 이야기가 이미 있었던 것일까.

『직담인연집』이든 〈오케치먀쿠〉이든, 대장 오니[염라대왕]가 자기 뜻을 이룰 수 없다는 점이 웃음을 유발한다. 전술한 대로 오니는 인간을 해치는 일은 있어도 불력에는 대적하지 않는 존재로 묘사되는데, 여기서도 그 원칙을 따르고 있다. 한편 오토기조시 『강도귀신強盜鬼神』에는 역시 죄인들이 지옥으로 오지 않게 되자, 염라대왕의 눈을 피해 옥졸들이 삼도천三途の川[52]이나 시데노산死出の山,[53] 또는 삼도천변의 모래밭賽の河原에서 산적이나 노상강도 행위를 거듭하게 되었다고 기록되어 있다. 아미타여래의 요청을 받은 염라대왕은 그들을 벌 주기로 하지만, 여기서도 염라대왕의 권위를 땅에 떨어뜨리는 듯한 설정이 이루어지고 있다. 일찍이 『일본영이기』에도 염라대왕에 대한 옥졸의 불성실한 일면이 묘사되고 있지만, 중세가 되면 그러한 설정은 더 이상 보이지 않게 된다. 그러나 전국시대 무렵부터는 다시 익살스러운 오니 이야기가 늘어간다.

『세스이醒睡笑』에는 지옥의 붉은 오니를 귀여운 캐릭터로 형상화한 이야기(권5), 오다 노부나가織田信長 밑에 있던 누마노 후지로쿠沼の藤六라는 익살꾼에 의해 웃음거리가 된 괴조 누에鵺의 이야기(권6) 등도 보이는데, 이와 같이 오니는 무로마치시대부터 서서히 그 편린을 드러내기 시작하여, 에도시대에 들어서서는 웃음거리의 소재로 변해가게 된다. 그것와 함께 괴이를 즐기는 행사도 늘어간다. 설화문학으로 말하자면,

---

51 선광사에 돈(100문)을 내고 오케치먀쿠라는 도장을 이마에 찍으면 어떤 죄를 지어도 극락왕생한다는 내용으로, 라쿠고의 상연 목록 중의 하나이다.
52 인간이 사후 7일째에 건넌다고 하는 명도에 있는 강이다. 원문의 '삼도천변의 모래밭(賽の河原)'도 같은 공간, 곧 이승과 저승의 경계공간에 대한 다른 표현으로 보인다.
53 인간 사후에 간다는, 명도에 있는 험한 산이다.

백물어百物語[54]나 괴담집怪談集이 유행하게 된 것이다.

또한 『금석 이야기집』이나 『우지습유 이야기』 등과 같은 오래된 설화집에 나타난 백귀야행이 무로마치시대에는 에마키로 그려지게 되며, 근세 이후로는 수많은 유사작품들도 나타나게 된다. 『쓰쿠모신 에마키』도 동류로 볼 수 있다. 무로마치시대의 도쿠에본德江本 『이세 이야기 주석伊勢物語註』[55]에서, "쓰쿠모신이란 백귀야행 신을 말한다. 또한 사람의 집에 있는 도구는 무엇이든 백 년이 지나면 배반해서 사람을 괴롭힌다"라고 한 것처럼(제63화), 후세에는 『쓰쿠모신 에마키』로 오인되는 캐릭터들이 도처에 묘사된 『백귀야행 에마키』도 나타난다(사나다眞田보물관 소장). 거기다가 스토리성을 갖추지 못한 『백귀야행 에마키』도 나타나고, 온통 바케모노들로 가득한 회화도 파생되어 나타난다. 그러한 과정에서 고대와 중세의 요괴들은 무서우면서도 유머를 지닌, 다양한 요괴화의 해설자 역할을 떠맡게 된다.

---

54 민간에 전해지는 괴담회의 한 형식이다. 밤에 사람들이 모여 돌아가며 괴담을 이야기하는 모임으로, 백 가지 이야기가 끝나면 반드시 진짜 요괴가 나타난다고 여겨졌다. 이때 이야기된 괴담들을 모아서 만든 『제국 백물어(諸國百物語)』, 『오토기 백물어(御伽百物語)』, 『태평 백물어(太平百物語)』 등의 괴담집이 알려져 있다.

55 『이세 이야기』는 아리와라노 나리히라(在原業平)를 연상케 하는, 한 남자의 일대기를 묘사한 단편 이야기이다. 와카를 중심으로 구성되었다. 헤안시대 작품으로 작자 미상이다.

오토기조시お伽草子와 요괴

도쿠다 가즈오德田和夫

오토기조시를 개관한다

대체로 15세기(무로마치 초기)에서 17세기 후반(에도 초기)에 걸쳐, 엄청난 양의 단편 이야기들이 만들어졌다. 족히 400종을 넘을 정도이며 현재도 신종 작품이 발견되고 있으므로, 그 수는 더 늘어날 전망이다. 텍스트의 대부분은 에마키나 나라에혼奈良繪本이라 불리는 그림이 들어간 필사본이다. 에도 초기 무렵에는 그림이 들어간 판각본으로 유통되기 시작했다. 이런 종류의 이야기들을 오토기조시お伽草子(또는 무로마치 이야기)라고 부른다.

가마쿠라시대까지의 이야기문학物語文學[1]은 주로 귀족의 연애담이 중심이었다. 이에 비해 오토기조시는 실로 다양한 내용으로 구성되어 있다. 주요 인물의 계층, 이야기의 소재, 이야기 무대에 따라, 귀족 이야기(주로 가인歌人[2] 전설·연애), 영웅·무가武家 이

---

1   헤안시대에서 가마쿠라시대에 걸쳐 성행한, 가나 산문으로 쓰여진 창작문학의 총칭이다. 대표적인 것으로 『다케토리 이야기(竹取物語)』, 『우츠보 이야기(うつぼ物語)』, 『오치쿠보 이야기(落窪物語)』, 『이세 이야기(伊勢物語)』, 『겐지 이야기(源氏物語)』 등을 들 수 있다.

2   가인(歌人)은 와카나 단가를 전문적으로 짓는 시인을 가리킨다. 대개 황족이나 승려, 관리, 무가 등의,

야기(전쟁·모험·괴물 퇴치), 종교 이야기(절이나 신사의 연기緣起·발심 출가·승려의 남색男色), 서민 이야기(입신출세·축언祝言), 이류異類 이야기(이류혼인·동식물의 의인화에 의한 전쟁·연애·출가), 이국·이향 이야기(인도나 중국의 설화·이계 방문)로 나눌 수 있다. 실로 다채롭고도 다양한 이야기의 보고라 할 만하다. 이러한 풍요로움은 무로마치·모모야마시대의 정치 경제적 동향이나 문화적 상황과도 상응한다.

무가武家는 귀족의 학문과 예술을 존숭하여 적극적으로 수용했다. 수호대명守護大名[3]이나 전국대명戰國大名은 자국의 번영을 꾀하고자 물자의 교역을 권장했다. 거리에는 종교인, 예능인, 순례자들의 왕래가 빈번해지고 경향京鄉간의 정보 교류도 활발해졌다. 수도에서는 서민 위주의 상공업이 발달하였으며, 서민들 가운데는 직업상의 필요에서 귀족과 무가의 저택에 드나드는 사람도 있었다. 또한 불교의 여러 종파들이 경쟁하듯 포교를 행하여, 귀족과 서민층 모두 전생이나 피안을 강하게 의식하게 되었다. 대외적으로는 명나라와 조선의 문물을 받아들였으며, 16세기 말기에 이르러서는 유럽문화도 유입되었다.

이러한 시대의 새로운 국면들이 이야기 문예의 획기적 전개를 더욱 추동하였다. 무가武家나 서민층에 속한 여성이 주인공으로 설정되기도 했다. 이야기는 지식계몽을 위주로 하면서도, 신불의 유래, 영웅예찬, 입신출세 등의 폭넓은 테마를 다루었다. 당시의 쾌활한 기풍을 반영한 듯, 교카狂歌나 하이카이 연가俳諧連歌[4] 등과 같이 웃음을 주는 이야기들이 유행하였고, 예능으로 교겐狂言[5]이 성행하기도 했다.

두세 작품을 제외하고는 대부분이 작자 미상이다. 그러나 대체로 귀족이나 무사, 승려를 작자로 보는 것이 타당할 것이다. 또한 전문적인 문인으로 볼 수 있는 연가사

신분이 높은 사람들이었다.

3　대명은 영지를 소유한 지체높은 무사를 가리킨다. 수호대명은 무로마치시대에 지방의 치안과 경비를 위해 막부가 임명한 수호가 대명화한 것인데 비해, 전국대명은 전국시대에 각 지방에서 패권을 장악한 영주를 가리킨다.
4　원래 한시나 와카의 용어로 골계나 기지, 해학을 주된 내용으로 한다.
5　일본의 전통적 연극형식인 노(能)의 막간에 펼쳐지는 짤막한 소극이나 희극이다. 골계미 있는 흉내내기 요소가 가미된 것이 특징이다.

連歌師[6]들도 그 작자군에 포함되어 있었으리라 생각된다. 절이나 신사 또는 다른 성소聖所의 신불에 관한 이야기들 가운데는 애초에는 떠돌이 종교인들이 이야기한 것도 있다. 이 작품들의 향유층은 주로 귀족이나 무가의 청장년들이었는데, 에도시대가 되면서 부유한 조민町民들도 여기에 합류하게 된다.

본격적인 요괴 에마키의 등장

요괴 에마키 텍스트들의 형태상 특징은 기본적으로 그림을 수반하고 있다는 점이다. 그림에 등장인물의 대사를 써 붙인 것도 많다. 이른바 가추시畵中詞[7]라고 하는 것이다. 장면의 회화화와 더불어 그림 속에 가추시를 덧붙임으로써, 이야기를 생생하게 만들어준다. 이야기책物語書이란 원래 그림을 수반하는 것이다. 이야기는 사건을 전하는 것인데, 그 시작부터 끝까지의 흐름이 장면을 늘어놓음으로써 구성된다. 장면이란 이미지와 다르지 않다. 바꾸어 말하면 이야기는 장면별 그림[화면]을 가지고 있다. 그 것을 구체화한 것이 에마키 형식으로, 어른 아이 할 것 없이 그러한 이야기그림物語繪을 가까이 두고 즐겼다.

이야기 애호가들은 계속해서 새로운 제재를 추구한다. 현실의 에피소드뿐만 아니라 기이하고 괴이한 사건에도 관심을 갖는다. 오토기조시는 이러한 것들을 적극적으로 다룬다. 당시의 민간전승이나 지역의 설화에서 취재取材한 것도 많다. 그래서 신불의 영험과 이적異跡, 이계에 대한 동경과 두려움, 동물이나 이형적 존재들의 세계를 이야기로 만들고 회화로 표현했다. 그 선구가 12세기 말에 이루어진 『조수인물희화鳥獸人物戲畵』(갑·을권)이며, 이러한 경향은 가마쿠라시대의 설화계통 에마키를 거쳐서 무로

---

6   연가란 와카의 윗구(上句)와 아랫구(下句)를 다수의 사람이 서로 돌아가며 지어서, 하나의 시를 만드는 것이다. 연가사는 연가를 전문적으로 짓는 사람이다.
7   에마키에 설명을 붙이는 화기(畵記)에는 두 가지 유형이 있다. 가추시(畵中詞)는 그림 속에 설명이 들어있는 것인 데 비해, 고토바가키(詞書)는 그림의 전후에 설명을 붙인 것이다.

마치시대의 오토기조시에 이르러 더욱 왕성해진다. 그 과정에서 마침내 요괴나 바케모노가 시각적으로 조형화되면서 눈부신 활약을 하게 되었다. 현대 애니메이션이나 만화에서 보이는 이형異形의 인물 조형이나, 그것을 모방한 코스프레, 또는 지역홍보용 캐릭터의 유행 등과 같은 서브컬처subculture는 여기에 뿌리를 둔 것이다.

오토기조시 중에서 요괴가 발호하고 있는 대표적인 작품은 다음 네 편이다. 곧 『쓰쿠모신기付喪神記』(숭복사崇福寺 소장)와 그 별본(간분寬文 6년 옥서본奧書本[8]의 에도 후기 모사본), 『땅거미 이야기土蜘蛛草紙』(도쿄국립박물관 소장), 『바케모노 이야기化物草子』(미쓰노부 에마키光信繪卷, 보스톤미술관 소장)이며, 어느 것이나 모두 에마키이다. 내용이나 특색을 간단히 기술해 보자. 『바케모노 이야기』에 대해서는 후술할 것이다.

『쓰쿠모신기』

이 작품의 의의는 책 제목에서 처음으로 '쓰쿠모신つくも神'이라는 용어를 사용한 점이다. 이것으로 쓰쿠모신은 문화사와 문학사 상에서 시민권을 얻었다. 본래는 '99발髮'이라고 쓰고 백발의 노파를 의미했던 것이지만, 그 의미가 바뀌어서 오래된 도구나 기물류를 가리키게 되었다. 게다가 그것들에는 영혼이 있다고 보고, 이형의 존재로 변한다고도 생각하게 되었다. 또한 18세기에 도리야마 세키엔鳥山石燕이 저술한 『백귀도연대百鬼徒然袋』에 등장하는 요괴는 대부분이 쓰쿠모신이다. 그 첫머리를 인용해 둔다.

『음양잡기陰陽雜記』에 이르기를, 기물이 백 년이 지나면 변하여 정령을 얻게 되어 사람의 마음을 미혹하게 한다. 이것을 쓰쿠모신이라 부른다고 한다. 이에 따라 세속의 인가에서는 매년 입춘을 앞두고 오래된 도구를 찾아내어 길에 버리는 일이 있다. 이것을 스스하라이煤拂

---

8 옥서본은 전사된 책 안에 옥서(奧書), 곧 책 끝에 저자명, 필사 년월일, 내력 등에 대해 써놓은 것이 첨부된 것을 가리킨다.

い라고 한다. 이는 곧 백 년에 1년이 모자라서, 쓰쿠모신의 재난을 입지 않게 된다.

『음양잡기』라는 책의 소재는 확인되지 않는다. 이야기는 다음과 같이 전개된다. 기물은 백 년이 경과하면 쓰쿠모신이 되어 사람의 마음을 미혹시킨다고 한다. 그래서 그것의 헨게變化를 두려워한 사람들은 99년째라면 괜찮을 것이라고 여겨, 입춘 전의 대청소에서 오래된 기물 도구류를 버렸다. 그런데 버려진 도구들이 밤이 되자 한자리에 모여 인간에 대한 원망을 토로하고 마침내 변신하여 요괴가 되었다….

여기 보이는 무로마치인의 '쓰쿠모신'관觀은 에쇼永正 5년 1월 2일의 년기를 가진 『교카 아와세狂歌合』 제2번의 좌·우가나, 그것을 평하는 말判詞[9]에서도 잘 엿볼 수 있다.

> **좌가左歌** 봄이 오려고 하는데 3년 전에도 안개가 짙더니 오늘 아침에는 보이려나.
>
> **우가右歌** 세쓰분節分[10]에도 미처 변신하지 못한 헌 옷, 새 봄이 오니 이상하구나.

> …(중략)… 우가는 세쓰분날 밤의 백귀야행이라는 존재物(もの), 수많은 오래된 물건들이 너무 나이가 많은 연고로 자연의 생명을 받아 바케모노가 되어 오늘밤 나다닌다고 한다. 오노노 미야小野宮 공께서 세쓰분 날 밤에 입궐하려는데 그 수레 앞으로 각양각색의 바케모노가 지나가고 있는 것을 보시고, 백귀야행의 현형顯形을 실재하는 일로 받아들이셨다고 한다. 그런고로 미처 변신하지 못한 헌 옷, 곧 원래 모습으로 봄을 맞이하는 것은 실로 이상한 풍정風情이었을 것이다.

세쓰분 날 밤에 '백귀야행'이라는 것이 있는데, 그것은 오래된 도구가 나이를 많이 먹어서 자연의 섭리로 바케모노가 되어 걸어다니는 것이라고 하고 있다. 또한 오노노

---

9 와카(和歌), 한시, 하이카이(俳諧) 등의 우열을 판정하는 글귀이다.

10 각 계절의 시작일인 입춘, 입하, 입추, 입동의 전날을 의미하며, 에도시대 이후로는 특히 입춘(매년 2월 4일 경) 전날을 가리키게 되었다.

미야(후지와라노 사네스케藤原實資) 공이 세쓰분 날 밤에 궁에 입궐하려는데, 그 수레 앞에 백귀야행이 있었다고 한다. 이 설화는 헤안 및 가마쿠라시대의 설화집들에도 비슷한 이야기가 있고, 『쓰쿠모신기』별본에 나오는 장면(곧 관백關白[11]이 요괴 무리와 맞닥뜨리지만 진언 다라니경의 호신부적이 화염을 일으켜 그들이 퇴치되었다는 이야기)과도 통하는 것이다.

숭복사본崇福寺本은 15세기 말~16세기 초기 작품으로, '비정성불회非情成佛繪'라고도 한다. 이 글 가운데도 '백귀야행'이란 구절이 있다. 별본은 19세기의 모사본이 열 권 이상이나 전해지면서 인기를 넓혀가고 있었다. 양자는 구성이 거의 유사하나 본문에는 차이가 많고, 그 선후관계에 대해서도 이견이 있다. 두 본 모두 요괴를 '바케모노妖物'로 표기하고 있으며, 그 가추시畵中詞에는 골계미가 있다. 또한 별본에는 여우 등의 동물요괴도 등장하고 있으며, 수도의 후나오카산船岡山 속에서 행해지는 '헨게 대명신變化大明神'[12] 제례 때도 요괴 행렬이 펼쳐진다. 요괴의 출현은 행진하듯이 묘사하는 것이 일반적인데, 이는 이 시기에 성행한 풍류있는 가장행렬이 반영된 것이다.

더 덧붙이자면 도구류가 변신해서 인간과 같은 감정을 지닌다고 생각하고 밤중에 와카和歌를 지어 서로 주고받았다는 이야기로, 『도구調度들의 노래대결』이 있다. 이 이야기는 자연만물에는 영혼이 깃들어 있다고 인식하고 그것을 숭배하는 애니미즘을 기저로 하고 있다. 그러나 작품 자체는 중국 당대의 전기소설인 〈원무유元無有〉(『태평광기太平廣記』 396 「정괴精怪」 2, 『현괴록玄怪錄』 1)에 근거를 둔 것으로 생각된다. 동진시대(4세기 전후)에 편찬된 『수신기搜神記』에도 일본 요괴 이야기의 원류로 볼 수 있는 괴이담들이 많이 실려 있다. 예를 들면 헤본샤平凡社 동양문고본 제438화는 민간설화昔話 〈바케모노 문답化物問答〉과 상응한다.[13]

---

11 관백은 천황을 보좌하는 최고위 대신이다.
12 대명신이란 신의 이름 밑에 붙이는 존칭이다.
13 비슷한 이야기로 「동양야괴록(東陽夜怪錄)」(『태평광기』 490)이 있다. 이상 도쿠다(德田) 논문 1989.

『땅거미 이야기』

『땅거미 이야기』는 영웅 미나모토노 요리미쓰의 바케모노 퇴치담이다. 제작시기는 14세기로 거슬러 올라간다고 하며, 무가의 우두머리인 마나모토源 가문을 찬탄하는 내용으로 되어 있다. 무사 시대에 존중된 작품으로, 그 사조는 15~16세기의 오니 퇴치담인 『술꾼동자』 에마키에도 나타나고 있다.

> 10월 20일이 지나고 일어난 일로, 요리미쓰와 쓰나가 도읍의 기타야마에서 렌다이노로 가는데, 해골이 하늘을 날아 가구라오카에 떨어졌다. 그곳에는 폐가가 있었다. 또 한 노파가 있었는데 나이가 290세라고 했다. 키가 90cm 남짓 되어 보이는 노파는 갑자기 사라져버렸다. 게다가 마당으로 가니, 세상에나! 키가 60m나 되는 오니가 나타났다. 날이 저물자, 번개가 치면서 '바케모노'나 '이류 이형의 것들'이 나타나더니 웃음을 터뜨리고는 사라져갔다. 날이 밝으니 미녀귀신[게닌化시][14] 이 나타나서는 공 크기 만한 흰 구름을 던져댔다. 그것을 칼로 치니 혈흔이 보였다. 그것을 좇아 서쪽 산에 다다르자 동굴이 나타났다. 칼을 휘두르니 감촉이 느껴져, 자세히 보았더니 '산거미山蜘蛛'라는 것이었다. 그 산거미를 칼로 벤 자리에서 죽은 사람의 목이 1,990개나 나왔다. 또 7~8세 남짓 되는 아이만큼 큰 새끼거미가 어지럽게 설쳐댔다.

그림 속의 거구 오니, 노파 그리고 이상한 모습의 거대한 땅거미는 아주 기분 나쁜 존재들이다. 이 그림은 쓰쿠모신이 묘사된 가장 오래된 에마키이다. 더 후대의 에도 초기에 이르면 외양은 다르지만 내용이 비슷비슷한 '땅거미' 에마키들이 만들어진다. 더욱이 요리미쓰의 땅거미 퇴치는 노能와 가부키의 레파토리나 풍속화(우키요에浮世繪)의 화제畫題가 되기도 했다. 노로 공연된 『땅거미』는 '가쓰라기산에 사는 연로한 땅거미 정령'이라고 하며, 이 요괴('게쇼化生')는 키가 7척(약 210cm)이고 몸통이 한 길(약 300cm)이라고 한다.

---

14 '게닌'은 귀신이나 축생 등이 사람으로 변신한 것을 이른다.

『백귀야행 에마키』

교토의 대덕사 진주암에 소장된 것으로 진주암본이라고 한다. 16세기 작품으로 보이며, 이것이야말로 오토기조시 시대에 만들어진 요괴 에마키의 최고 걸작이다. 그림 속에는 쓰쿠모신이나 동물의 헨게變化 등 온갖 것들이 날뛰고 있는데, 오니도 또한 빠지지 않는다. 실로 역사상 최초로 이루어진 요괴들의 대집합이자 이형異形들의 대행진이다. 교묘한 구도와 선명한 색채로 이루어진 기발한 조형이 눈을 뗄 수 없게 한다.

고토바가키詞書[本文]는 없다. 빠진 것이 아니라 원래부터 없었던 것이다. 책을 열면 요괴들이 밤이 되어 행렬을 지어 몰려나온다. 권말에는 새빨간 공 모양의 물체가 보이고, 그것을 감지한 녀석들이 우왕좌왕 달아났다가 되돌아오는 모습이 그려져 있다. 이것으로 보면 이 에마키는 분명 일어난 사건의 시종始終을 표현하고 있다. 요괴 설화나 다른 요괴 에마키와 비교해보면 스토리성이 감득된다. 근대 이전은 괴이나 영위靈威에 관한 화제話題가 풍부한데, 진주암본은 요괴의 출몰을 설명하는 데 주력하고 있는 것으로 파악된다. 어느 쪽이든 고토바가키가 없으므로, 이것이 오히려 후대 화공들의 상상력을 자극한 측면이 있다. 전사본이나 개편본이 극히 풍부한 것도 그 때문이다.

진주암본은 아직 해명해야 할 것이 많다. 이를테면, 처음부터 『백귀야행 에마키』로 명명되어 있었던 것일까. 또한 권두부터 당돌한 인상인데, 전사과정에서 착간錯簡이 생겨났을 가능성도 없지 않다. 그렇다면 원본은 어떤 구성이었을까. 게다가 앞서 언급한 『쓰쿠모신기』와는 관련이 있는 것일까. 한편으로는 '백귀야행'을 테마로 해서 편찬된 에마키나 새로이 고토바가키를 갖춘 에마키도 전해지고 있어 상호 영향관계 등에 대한 검토가 필요한데, 이제 겨우 시작 단계에 있을 뿐이다. 중세적 요괴형상의 완성이라 해도 과언이 아닌 이 에마키에 대해서는 더 심도있는 접근이 기대된다.

오토기조시의 요괴, 바케모노

오토기조시에는 각양각색의 요괴와 바케모노, 또는 그에 준하는 이형의 존재가 등장하고 있다. 아래에서 이들을 분류하고 해당작품을 열거해두었다. 여기서는 넓게 신의 화신, 신의 사자, 그리고 그 이형화로 간주될 수 있는 것도 포함하였다. 또한 요괴설화 및 오토기조시의 요괴물은 제재나 전개가 이류물異類物과도 유사하다. 이류물은 동식물을 의인화한 이야기로, 민간전승과 내용이 비슷한 작품도 많고 그 결말이 『백귀야행 에마키』의 그것과 유사한 것도 있다. 그런 관점에서 이류물의 대표작품도 병기해두었다.

오토기조시 에마키에서는 동식물 등의 이류를 의인화하여 표현할 때, 본래 모습을 시사하는 것을 머리 부분에 얹어서 묘사한 경우가 많다. 『오코제をこぜ』, 『가쿠레자토隠れ里』, 『대흑무大黒舞』, 『다와라노 도다 이야기俵藤太物語』[15] 등이며, 그림이 들어간 판본으로는 『어태평기魚太平記』, 『제충태평기諸虫太平記』, 『스미조메 자쿠라墨染櫻[草木太平記』 등이 있다. 이것은 쓰쿠모신의 요괴 표상 방법과 유사하다. 이러한 표상은 옛날 제천諸天과 용왕 등의 조형에서도 확인되며, 교겐과 같은 예능에도 동일한 연출이 보인다. 16세기의 제례 풍류의 가장행렬도 그러한 취향을 띠고 있었던 것으로 보여, 다방면으로 파악할 필요가 있다.

〈표 1〉 오토기조시의 요괴 · 바케모노 일람

쓰쿠모신	땅거미 이야기, 쓰쿠모신 에마키(숭복사본), 동·별본(간분6년 옥서본의 에도 후기 모본), 바케모노 이야기에마키(미쓰노부 에마키)제2·3화, 백귀야행 에마키(진주암본 계통) [참고] 사쿠라우메 이야기 (제2화, 게소부미懸想文·필), 도구들의 노래대결
오니 · 귀신, 귀녀	아메와카히코天稚彦 이야기(오로치 혼인 계통), 잇슨보시, 이부키동자, 온조시 시마와타리御曹司島渡, 가나와, 원흥사元興寺 연기, 기만국きまん國 이야기, 술꾼동자, 스와신사 연기(요리카타 계통), 청원사淸薗寺 연기에마키, 다무라 이야기(스즈카), 다테에보시立烏帽子,

---

15 헤안 전기의 무장인 후지와라 히데사토(藤原秀郷)가 미카미산(三上山)의 지네를 퇴치한 이야기이다.

	땅거미 이야기, 천지삼국지 단야지총계도력연장, 도성사 연기에마키(지역전승 계통), 도가쿠시산戸隠山 에마키, 도모나가, 닌란국にんらん國(시야우하우), 바케모노 이야기·별본, 하시히메, 하세오 이야기, 백귀야행 에마키(진주암본 계통), 라쇼몽羅生門 에마키 [지옥의 오니] 아사히나朝ひな, 아사히나朝比奈 이야기, 염라대왕 이야기, 강도귀신, 요시쓰네의 지옥 파쇄義經地獄破り
우시오니	라쇼몽 에마키 [참고] 마쿠라노소시枕草子, 태평기, 도리야마 세키엔『화도백귀야행』, 이요伊予의 우시오니牛鬼 축제
가고제	원흥사 연기 [참고] 도리야마 세키엔『화도백귀야행』(원흥사), 요괴 에마키(『백괴도권百怪圖卷』 등)
와자와이(禍)	학 이야기(일권본一卷本 계통)
뱀·오로치	아쓰타熱田 신사의 신비, 아메와카히코 이야기(오로치 혼인 계통), 이부키동자, 군마群馬 다카이高井의 이와야巖屋 연기, 흥복사 유래이야기, 사요히메, 지장당地藏堂 이야기, 칠인동자七人童子 에고토바繪詞, 다무라 이야기(스즈카), 다와라노 도다 이야기, 천지삼국지 단야지총계도력연장(이치교아지야리一行阿闍梨의 오로치 퇴치), 도성사 연기에마키, 하루나산榛名山 연기御本地, 후지富士 히토아나人穴 동굴 이야기, 호묘法妙동자, 호리에堀江 이야기, 요코부에 이야기(청량사본)
덴구	아카기산赤城山 연기, 구루마조車僧 이야기, 일곱 덴구 그림, 제가이보 에마키, 새로 들어온 남자시중稚兒いま参り, 덴구의 궁궐天狗の内裏, 폐불 이야기에마키破佛物語繪卷, 후나오산船尾山 연기
유키온나	유키온나 이야기(본성은 '늙은 너구리')
여우	여우 이야기, 짐승들의 노래대결, 고와타 여우木幡狐, 다마미즈玉水 이야기, 다마모노玉藻 이야기, 헨게變化 자랑하기, 유키온나 이야기, 간문10년 필사·12류 에마키(국회도서관 소장) [참고] 조수인물희화, 혼괴 이야기에마키 [여우불狐火], 쓰쿠모신 에마키(간분6년 옥서 에도 후기 모본), 백귀야행 에마키(교토예술대학본)
너구리	12류 에마키, 헨게變化 자랑하기, 유키온나 이야기, 짐승들의 노래대결
원숭이·사루가미	신요코申陽候 에마키, 후지부쿠로藤袋 이야기 [참고] 어설프게 사루가쿠猿樂를 흉내내는 바케모노, 박자도 안 맞는 너구리 배 두드리는 소리狸腹鼓(덴분9년경『이누쓰쿠바슈犬筑波集』잡雜)
게·거미(다족계통)	이와타케, 땅거미 이야기, 땅거미, 천지삼국지 단야지총계도력연장, 번신番神 에마키('마루모노') [참고] 다와라노 도다 이야기, 닛코산日光山 연기(지네)
까마귀	칠인동자 에고토바

〈표 2〉 오토기조시 이류물

원숭이 이야기, 12류 에마키, 제가이보 에마키, 도구들의 노래대결, 하나히메花姬 이야기, 후쿠로후ふくろ
ふ(작은 새와 사랑에 빠진 부엉이 이야기), 벌레들의 노래대결 등 수십 종 [참고] 조수인물 희화

〈표 3〉 이류異類의 인간으로의 헨게變化 + 혼인형

식물	머리에 꽃을 꽂은 공주かざしの姬君, 사쿠라우메 이야기(제1화), 그 외 [헨게變化만 하는 것] 가조花情 이야기, 나비胡蝶 이야기
동물	아메와카히코 이야기(오로치 혼인 계통), 매 이야기, 여우 이야기, 고와타 여우, 다마미즈 이야기, 다무라 이야기(스즈카), 학 이야기, 쥐 이야기, 쥐 이야기(곤노카미權頭 계통), 대합 이야기, 그 외
무생물	큰 비석(大石), 바케모노 이야기에마키·제5화(허수아비)

거미 요괴

그런데 오토기조시는 요괴나 바케모노를 어떻게 표현하고 있을까. 지면의 사정상 극히 일부에 지나지 않지만, 구체적으로 살펴보자.

18세기 화가인 가노 무네노부狩野宗信가 그린 『바케모노 도감圖鑑』에 '오니거미鬼蜘蛛'가 등장한다.[16] 현대에는 튼튼하고 다리가 굵고 긴 거미를 '오니구모オニグモ'[왕거미](번개거미, 대명거미)라고 부르고 있는데, 위 도감의 오니거미는 큰 몸집에 오니의 얼굴을 하고 있다. 이 형상은 기분 나쁜 다족 생물을 관상한 경험에서 기인된 것이다.

거미에 대해서는 독특한 전승이 있다. 이것은 예로부터 와카和歌의 신神 소토오리히메衣通姬[17]와 결부되었고, 히메가 미녀라는 점에서는 오노노 고마치小野小町와도 관련지어져왔다. 또한 그 꼬리에서 실을 뽑는 기이한 모습에서 많은 설화가 생성되었다(키

---

16 *『닛케 아트(日経アート)』 11권 9호, 특집 「요괴 천지(妖怪づくし)」.
17 『고사기』와 『일본서기』에 전하는 매우 아름다운 여성으로, 그 아름다움이 옷을 통해 빛난다고 하여 이러한 이름이 붙여졌다. 와카에 뛰어나서 와카신으로도 추앙되었다.

비노 대신吉備大臣의 야마다이野馬台의 시詩 독파, 기온사祇園社의 신역神域 유래, 미나모토노 요리토모源賴朝 주종主從의 동굴 은거洞籠り 등). 나아가 거미 집[巢]의 그물 형상이 신의神意의 현현으로 감득되어, 점복에도 사용되었다.

사랑하는 그대가 오실 것만 같은 밤, 사사가니 거미가 미리 그 조짐을 알려주네.
(『고금와카집古今和歌集』 가나 표기 서문, 노能 『땅거미土蜘蛛』 등)

그대 오실 밤을 다른 이에게 말하고 싶지만, 우리가 만날 날은 점칠 수도 없네.
(『벌레들의 노래대결歌合)』 14번 좌, 거미)

거미의 출현을 무언가의 예조로 보는 것은 민속사회에서도 행해져왔으며, 아침거미 · 저녁거미로 길흉을 판단하는 속신도 잘 알려져 있다. '오니거미'는 이러한 거미의 영이성靈異性과 더불어, 조용히 먹이를 기다리다가 일단 잡으면 결코 놓치지 않는 생태에서 오니다운 집념이 연상되어 만들어졌을 것이다. 오니 형상은 또한 집착심을 여성의 죄업으로 인식하고 그것을 뱀에 비유해온 역사[18]도 반영하고 있다. 민담 〈먹지 않는 아내食わず女房〉[19](거미형蜘蛛型)나 전설 〈거미 연못蜘蛛淵〉[20]도 그러한 거미에 대한 두려움과 함께 전승이 지속되어온 이야기이다.

거미의 요괴화는 무엇보다도 그 기이한 형태에서 착상된 것이다. 『다와라노 도다 이야기』의 대형 지네에는 미치지 못하지만, 다족이라는 이형성에 근거하고 있다. 보검寶劍의 전승을 모은 『천지삼국지 단야지총계도력연장天地三國之鍛冶之惣系圖歷然帳』에는 셋쓰국攝津國 다다多田에 세거지를 둔 미나모토노 미쓰나카源滿仲의 무용담이 실려 있는데 여기에도 대형 거미가 등장한다. 그것은 '잠자리 같은 것'이 '길이 7척 정도 되

---

18 *쓰쓰미 구니히코(堤邦彦), 『여인 사체(蛇体)』, 가도카와(角川) 총서.
19 야마우바나 오니, 거미 등에서 변신한 여자를, '밥을 먹지 않는다'는 이유로 아내로 맞았다가 화를 입는 이야기이다.
20 연못에 사는 큰 거미가 물가에 있는 사람이나 나무를 거미줄로 감아 연못 안으로 끌어들인다는 이야기이다.

는 오뉴도大人道'[21]로 변신한 것인데, '거대한 거미로, 높이가 5척 정도 되고 발이 8개 달려 있다'. (같은 책에는 겐 이치보玄一坊의 〈적색 귀신〉, 〈커다란 날다람쥐 모양의 짐승〉이라는 퇴치담도 실려 있다.)

게 요괴

그런데 앞의 와카和歌에서 보았듯이, 거미와 관련된 수식어는 작은 게 「사사가니笹蟹」[22]이다. 이렇게 쓰는 것도 거미와 게의 생태나 형상이 유사하기 때문이다. 둘 다 여러 개의 긴 수족이 있고, 또 다산이다. 그리고 게는 바닷가나 물가에 서식하며, 거미 중에도 습지를 선호하는 것이 많다. 그렇다면 게 요괴라는 것이 있을까. 민간설화에 〈게의 문답〉이라는 이야기가 있다. 떠돌이승려나 수험자修驗者가 해가 저물어 폐사에 묵는다. 깊은 밤이 되자 이물異物이 나타나, 큰 눈동자가 두 개이고 발이 여덟 개 달린 것은 무엇인가라는 수수께끼를 낸다. 승려가 '게'라고 대답하자 그 이물이 사라졌다는 이야기이다. 무로마치시대에는 이 이야기가 교겐으로 만들어졌다. 곧 『게 야마부시蟹山伏』이다. 16세기의 교겐 대본인 덴쇼天正 교겐본에는 '게 바케모노かに化物'라고 하고 있다.

게 바케모노는 『이와타케巖竹』라는 오토기조시에도 등장한다. 17세기에 나타난 횡형橫型의 나라에혼에서는 동굴을 등진 게가 큼직하게 묘사되어 있다. 이름은 '이와다케巖嶽'이다. 쓰쿠시筑紫 서쪽 바다에 오랫동안 살고 있었는데, 새끼가 살해된 원한을 풀려고 나타나서는 다카쿠라 추나곤高倉中納言의 딸히메을[23] 데려가버렸다.

---

21 몸집이 크고 승려 모습을 한 남자 요괴이다. 2m 정도 되는 것에서부터 산처럼 거대한 것에 이르기까지 크기가 다양하다.
22 '사사가니'란 작은 게라는 의미이다. 고어에서는 거미가 작은 게와 비슷한 데서 거미를 사사가니라 불렀다.
23 '히메'는 귀족이나 영주 등 높은 신분인 사람의 딸에 대한 경칭이다.

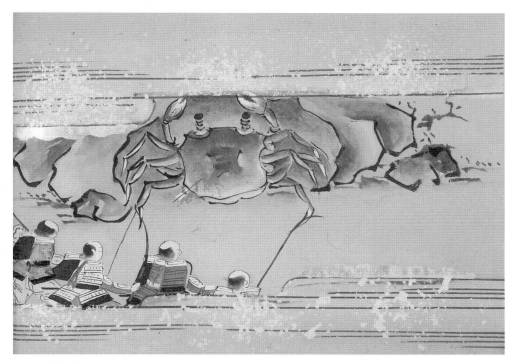

〈그림 1〉 『이와타케(巖竹)』의 게 요괴

눈을 보면 일월산보다 더 튀어나온 것 같다. 손발이 여덟 개 있고, 길이가 5척 남짓 된다.
너무나 무서워서 그 무엇과도 견줄 수 없다.

이와다케는 4척 남짓한 집게발을 세워 공격해오지만 4명의 무사에 의해 붙잡히고
만다. 추나곤의 딸은 무사히 돌아와 순조롭게 혼례를 치루었다. 이런 전개는 『술꾼동
자』나 『다무라 이야기田村の草子』[24]와 유사하다고 지적되고 있다. 또한 민간설화의 '미
녀탈환' 모티프에 대응되며, 세계적으로 널리 알려진 〈잃어버린 신부花嫁〉 설화를 바

---

24 연못에 사는 큰 뱀과 인간 사이에 태어난 사람이 오니에게 자기 아내를 빼앗겼다가 다시 되찾아온다는
이야기이다.

탕으로 한 『스와諏訪 신사의 유래』(요리가타諏方 계통) 전반부와도 상당히 유사하다. 고가 사부로甲賀三郎의 아내인 가스가히메春日姬는 아름다운 세 권의 책에 정신을 빼앗긴다. 책은 순식간에 세 사람의 젊은 남자로 변하여 히메를 데리고 가버렸다. 그것은 시나노국信濃國 다테시나산立科山의 동굴 속에 있는 '온키국御鬼國' 주인인 마왕이 꾸민 짓이었다.(『신도집神道集』에서는 '덴구의 소행'이라고 하고 있다.)

이와다케의 그림은 14세기 『땅거미 이야기土蜘蛛草紙』에 나오는, 황폐한 저택에 숨어든 거대한 거미의 그림과 겹쳐진다. 이쪽은 미나모토노 요리미쓰와 와타나베노 쓰나에 의해 퇴치되었다. 또한 『땅거미土蜘蛛』도 연상된다. 예전에는 '사사가니 거미笹蟹の蜘蛛'라고 불렸듯이 거미와 게는 동류의 것으로 간주되었다. 사실 거미과의 일종으로 가니구모('게거미'라는 의미)로 불리는 종류가 있다. 일본에만 23속屬 약 60종이 서식한다고 한다(세계에는 160속, 약 2,000종). 크지는 않지만 두 개의 앞발이 특히 길게 발달하여 좌우로 뻗어 있으며, 그것으로 먹이를 잡아먹는다. 게와 꼭 닮아서 그런 이름이 붙었지만, 예전부터 있던 호칭이다. 17세기의 『제충태평기諸虫太平記』에는 다양한 거미가 등장한다. 그 중 하나의, 의인화된 이름이 '게거미 재주꾼蟹蜘の才藏'이다. 삽화에는 머리에 거미를 이고 있는 네 명의 무사가 묘사되어 있다(같은 책 제3 그림). 그 가운데 한 사람이 이고 있는 거미는 앞발 두 개가 발달해 있다. 아마도 가니구모일 것이다.

다족多足의 바케모노라면 16세기 작품인 『번신 에마키番神繪卷』에 등장하는 '마루모노'도 마찬가지다. 궁술을 음양사상으로 설명한 이 에마키에, 〈중국에서 있었던 일〉이라는 제목의 바케모노 퇴치담이 실려 있다. 고대 중국에서 있었던 사건으로 가장하고 있지만, 일본에서 만들어진 설화일 것으로 짐작된다. 겐잔미 요리마사源三位賴政의 누에 퇴치담(『헤케 이야기』 권4)이나 후지와라 오키노히로아리藤原氏隱岐廣有의 괴조 퇴치 설화(『태평기』 권12)와도 비슷하다. 후자의 '괴조怪鳥'는 불길하게 끝없이 울었다고 한다. 후일 도리야마 세키엔의 『금석화도 속백귀今昔畫圖續百鬼』에도, '누에鵺'의 이름과 더불어 '끝없이'라고 표기해두고 있다. 검은 구름이 드리워진 지붕 위에 흰 요기妖氣와 함께 출현한 모습은 용과도 유사하다. 날개 끝은 여러 겹으로 뾰족하게 돌출해 있고, 얼굴은 오니와 같다.

〈중국에서 있었던 일〉의 내용은 이러하다. 어느 날 해질녘 검은 구름이 궁궐로 흘러 들어와 머물러 있었다. 왕이 중병에 걸렸고, 고승들의 기도에도 낫지 않았다. 무사가 퇴치해야 한다는 음양박사의 점괘에 따라, 궁술에 뛰어난 돈쿠보頓窪라는 자가 선발되었다. 돈쿠보가 종자인 시마쿠니嶋國와 함께 검은 구름을 향해 달려들었다. "희미한 소리로, '마루모노 마루모노'라고 울부짖으며 구름이 소용돌이치는 것을 보고, 몸의 털이 솟구치고 정신도 잃게 될" 지경이었다. 돈쿠보는 틈을 놓치지 않고 화살을 쏘았다.

> 화살 하나 구름 속으로 쏘았더니 구름이 흔들리며 우는 소리를 낸다. 쉴 틈도 없이, 곧이어 두 번째 화살을 적중시킨다. 무언가 마루에 떨어지자 시마쿠니가 이어서 그 숨통을 끊었다. 여덟 치 정도의 조그만 얼굴에, 눈이 하나, 손이 여섯 개 있었다. 이름은 알지 못하고 우는 소리를 따서 마루모노라고 한다.

이 바케모노는 '손(=사지肢)이 여섯 개'인데, 거미와 같은 다족 생물에서 착상했을 것이다. 실은 앞의 『땅거미 이야기』도, 가노 무네노부의 '오니거미'도 손발이 여섯 개이다. 세키엔이 그린 〈조라우구모絡新婦〉[25](조로구모女郎蜘蛛, 『화도백귀야행』)도 마찬가지이다. 특히 이것은 뒷모습으로 그려져 있는데 긴 흑발이 여체를 연상시킨다.

여섯 개의 발을 가진 바케모노가 사람의 말을 한다는 것이 실로 기괴하다. '마루모노'란 화살 과녁의 일종으로 둥근 형태의 물건일 것이다. 가죽을 댄, 큰 북 모양의 과녁이다. 바케모노는 "과녁이다, 과녁이다"라고 부르짖으며 왕성을 수비하는 무사에게 쏘아보라고 도발했다. 그것은 왕조를 조롱하고 비웃는 것이나 다름없다. 앞에 든 '끝도 없이'가 천하의 쇠망을 예언한 것처럼, 그 울음소리는 왕조의 전복을 비는 주문이었다. '마루丸, 円'의 고어는 '마로まろ'이며 이것을 사용한 동사로 '굴리다轉ばす', '넘

---

25 큰 거미요괴로, 미녀로 변신이 가능하여 '조로구모(女郎蜘蛛)'로도 표기된다. 『화도백귀야행』에서는 불을 뿜어 새끼거미를 조종하는 여자의 모습으로 묘사되고 있다.

어지다轉ぶ'가 있다. 현대어의 굴리다轉がす, 넘어지다轉ぶ 쓰러지다倒れる의 의미이다. 곧, '마루모노'는 '마로모노まろもの'이며, '넘어지는 자轉者'와 통한다. '마루모노'는 왕조나 정권의 붕괴를 예고한 불길한 울음소리였던 것이다.

개미와 진드기

거미는 두흉부와 복부 사이가 잘록하다. 이와 흡사한 것이 개미로, 가슴과 배 사이가 아주 심하게 잘록하고 발이 여섯 개이다. '마루모노'나 '오니거미', '조로구모'의 형상은 오히려 개미를 모델로 한 것인지도 모른다. 개미의 턱은 몸에 비해 크고 무언가를 씹어 부수는 힘이 강하다. 또한 머리에서 튀어나온 두 개의 더듬이도 좌우로 뻗어서 끊임없이 움직이고 있는데, 다리로 착각할 정도로 크다.

나아가 불길한 느낌을 주는 다족 생물에는 진드기蟎(蜱)도 있다. 진드기는 거미 강綱으로 분류되며, 네 쌍의 다리가 있다. 개미는 독침으로 찌르는 재주가 있고, 진드기는 인간에게 달라붙어 피를 빤다. 둘 다 인간에게는 혐오의 대상이다. 그렇다면 개미나 진드기가 헨게變化해서 요이妖異를 발하는 이야기가 상상된다. 과연 양자가 어린아이로 변해서 씨름을 했다는 이야기도 전해진다. 아래는 15세기 도사노 미쓰노부土佐光信가 그린 『바케모노 이야기에마키化物草子繪卷』(보스톤미술관 소장)의 권두에 나오는 이야기이다.

초가을 어두운 밤 궁중 호위를 맡은 남자가 정원을 바라보니, 12~3세 가량 되어보이는, 몸집이 야윈 사람과 살찐 사람이 씨름을 하고 있었다. 괴이하게 여겨 말을 걸었더니 숲 속으로 사라졌다. 하인을 불러 살펴보게 했지만, 그런 사람의 자취가 없었다. 다음날 밤에도 똑같이 나타나 씨름을 하고 있었다. 이것은 바케모노임에 틀림없다고 화살을 쏘았더니 손에 감촉이 느껴졌다. 사람을 불러 불을 밝히고 살펴보았지만 알 수가 없었다. 날이 밝아 그곳을 가보니 큰 개미와 진드기가 죽어 있었다. 이들의 소행임을 알게 되었지만, 실로 불가사의한 일이었다.

자연계의 생물이 모습을 바꾸어 나타난 것이다. 말하자면 동물요괴이며, 인간 변신형이라 해도 좋겠다. 오토기조시에는 동식물이 인간으로 변하여 나타나거나, 또는 부부가 되었다는 이야기가 많다. 예로부터 민간에 전승되어온 이류혼인담[이류혼]이다. 동물도 인간과 마찬가지로 영혼을 가진 존재로 생각하고, 신의 화신으로 받아들여 존숭해온 자연숭배 관념이 배경에 있다. 뱀이나 여우 등의 헨게變化설화가 두드러진 가운데, 개미나 진드기의 경우는 극히 이례적이다. 역시 다족이라는 기이한 형태에서 착안했을 것이다. 그림에서 그 사체는 사람머리보다 크게 묘사되어 있다. 나이 먹은 동물(고양이 등)이 둔갑한다는 속신이 있지만, 거대화한 것도 헨게로 여겨졌던 것이다.

이 『바케모노 이야기에마키』는 다섯 편의 이야기로 구성되어 있다. 제1화는 위에서 소개했고, 제2화는 주걱이 인간의 손으로 변한 이야기이다. 주걱은 모양부터 인간의 팔과 손을 연상시킨다. 덧붙이면, 고대 중국의 『수신기搜神記』18(동양문고본, 제413화)에도 주걱이 부뚜막과 대화하는 괴이담이 실려 있다. 제3화에서는 술병이 높이 솟은 귀를 가진 법사로 변한다. 술병 양쪽에 있는 두 개의 부리는 두 귀처럼 보인다. 주걱과 술병 모두 버려진 도구의 헨게로, 곧 쓰쿠모신이다. 제4화는 영혼이 체내에서 유리되어 파리가 되었다는 이야기이다. 민간전승의 민담 〈꿈과 벌(등에)〉·〈잠자리 장자長者〉[26]와도 같은 이야기이다. 제5화는 허수아비가 무사가 되어 여자 앞에 나타난다는 일종의 이류혼인담이다. 이야기 전편에서 '불가사의'라는 말이 아홉 번이나 사용되며, 비몽사몽의 분위기가 있다(본문을 부록으로 게재한다).

『바케모노 이야기에마키』로 불리는 작품에는 별본도 있다. 별본 제1·2화는 황폐한 저택에서 바케모노를 퇴치한 이야기로, 특히 제1화는 『금석 이야기집』 권27의 제31화를 바탕으로 한 것이다.

---

26 이와테현(岩手県)에 있는 요네시로강(米代川)의 지명 유래담이다. 부부의 꿈에 한 노인이 나타나 이 강의 상류로 이사를 가면 부자가 될 것이라고 알려준다. 이사한 후 어느 날, 자고 있던 남편의 입에 잠자리가 날아와 닿았다. 잠이 깬 남편이 맛있는 술을 마셨다며 그 잠자리의 뒤를 쫓아갔다가, 술이 쏟아져나오는 샘을 발견하고 부자가 되었다는 이야기이다.

기요히메淸姫의 유래

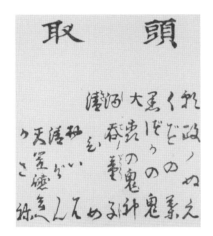

<자료 1> 『바케모노명 경합(變化名の見立角力)』

에도 말기(19세기)에 간행된 것으로 보이는 한 장짜리 인쇄물인 『바케모노노명變化名 경합見立角力』이 여기에 있다(가장架藏). 거의 모든 요괴, 유령, 오니의 이름들이 열거되고 있다. 골계미도 섞여 있어 에도인의 요괴관을 엿볼 수 있는 좋은 자료이다. 그 「우두머리頭取」 부분에는 '다마모노마에玉藻の前',[27] '야마토 겐쿠로大和源九郎',[28] '요리미쓰 땅거미頼光土ぐも', '스즈카 귀신すずかの鬼神',[29] '라쇼몽의 오니羅生門の鬼',[30] '복을 주는 차솥分福茶釜',[31] '요리마사의 누에頼政のぬえ', '구즈노하くずの葉',[32] '구로즈카의 오니黒づかの鬼',[33] '오우라 귀신大裏の鬼神', '술꾼동자酒呑童子'와 같은 쟁쟁

---

27 도바(鳥羽) 천황의 총애를 얻었다는 전설상의 미녀이다. 구미호의 화신으로, 음양사에 의해 정체가 탄로난 후 살생석이 되어 그것을 만진 사람에게 해를 입혔다고 한다.

28 미나모토노 요시쓰네(源義經)가 형 요리토모(頼朝)와의 싸움에서 패하여 도망갈 때, 몇 번이나 흰 여우에게 도움을 받게 되자, 이 여우에게 겐쿠로(源九郎)라는 자신의 이름을 주었다는 전설에서 유래되었다. 노인 모습을 한 여우로 겐쿠로 이나리신사(稲荷神社)의 수호신으로 모셔져 있다.

29 스즈카는 주로 스즈카산(鈴鹿山)에 살았던 귀녀로 묘사되고 있지만, 전승에 따라서는 여자도적, 천녀(天女), 혹은 제6 천마왕(天魔王)의 딸이라고 하는 설화도 있어 그 정체와 묘사가 다양하다. 무로마치 시대 이후의 설화에서 무장 사카노우에노 타무라마로(坂上田村麻呂)의 오니 퇴치담과 결부되어 등장하는 경우가 많다.

30 헤안쿄의 정문인 라쇼몽에 터를 잡고 살면서 세상을 어지럽히는 오니이다. 요리미쓰의 부하인 와타나베노 쓰나에게 한쪽 팔을 잃고 퇴치된다.

31 너구리가 자신을 도와준 사람에게 은혜를 갚기 위해 차솥 등 다양한 것으로 변신하여 그 사람에게 복을 준다는 내용의 우스개이야기이다. '분부쿠(分福)'란 차솥의 물이 끓을 때 나는 의성어이기도 하다.

32 전설상의 여우 이름이다. 이나리 대명신(稲荷大明神)의 사자이며 음양사 아베노 세메의 어머니이다. 아베노 야스나(阿部保名)가 사냥꾼에게 쫓기는 흰 여우를 도와주려다 자신도 상처를 입게 되자 구즈노하라는 여성이 나타나 야스나를 치료해준다. 두 사람은 부부가 되어 아들을 얻었는데, 그 아들이 5세 되었을 때 구즈노하가 여우인 것이 탄로나서 숲으로 돌아가게 된다.

33 구로즈카는 사람을 잡아먹는다고 하는, 노파 모습을 한 오니의 묘이다. 사는 곳의 이름을 따서 '아다치 가하라(安達ヶ原)의 오니바바(鬼婆)'로도 전해진다.

한 면면과 더불어, '기요히메'도 기재되어 있다.

'기요히메'는 이른바 도성사道成寺 설화(〈안친安珍과 기요히메〉 이야기)의 여주인공이다. 일찍이 11세기 『본조법화험기本朝法華驗記』에 실린 이야기인데, 12세기 말기에 『금석이야기집』 등으로 이어졌고, 후에는 노能나 가부키의 레파토리도 되고 있다. 또한 기이국紀伊國(와카야마현和歌山縣 다나베시田邊市 나카헤지정中邊路町, 히다카군日高郡 이나미정印南町, 고보시御坊市 등)에서는 전설로도 널리 유포되었다. 여기서는 기요히메가 요괴로 다루어지게 된 이유를 살펴보자.

오니 기요히메

『금석 이야기집』에 의하면, 여자(기요히메)가 구마노熊野에 참배하러 가는 젊은 법사(안친)를 연모한다. 법사는 재회를 기약하고 도망가서는 돌아오지 않는다. 낙담한 여자는 집에 틀어박혔다가 결국 큰 뱀이 되어 법사를 뒤쫓는다. 법사가 도성사로 도망가니, 그 절의 승려가 매달려 있는 종을 내려서 그 안에 숨겨주었다. 뱀이 그것을 알아차리고 종을 휘감자, 법사가 뱀을 불로 태워 죽여버렸다. 그 후 도성사 주지의 꿈에 작은 뱀 두 마리가 나타나 집착의 죄로 괴로워하고 있다고 말했다. 절에서 법화경으로 공양을 올리자, 다시 꿈에 남녀가 나타나서 죄가 멸하여 극락으로 간다며 예를 표했다고 기록되어 있다.

여기서 뱀의 몸은 인간의 집착심을 나타낸다. 원한이나 질투를 뱀의 변신이라는 형태로 서술하고 있는 것이다. 물론 이것은 오래된 도구나 동물의 헨게變化는 아니다. 또한 불가사의한 현상(괴이 현상)을 설명하기 위한 요괴조형도 아니다. 그러면 기요히메는 왜 '바케모노'가 되었던 것일까. 혹은 기요히메는 원래 인간이 아니라 다른 무언가의 화신이었을까. 그것은 『도성사 연기에마키道成寺緣起繪卷』를 살펴보면 밝혀질 것이다. 서사성이 풍부한 작품으로는 16세기의 에마키(도성사 소장)가 유명하다. 이야기의 원형은 15세기에 만들어졌다고 한다. 이를 기반으로 지역의 기요히메 전설을 수용해서 만든 에마키(지역전승 계통 에마키)도 있다. 이것은 17세기 말경부터 만들어지기 시작해서 다수가 전해지고 있다.

16세기 에마키에서 안친을 쫓아가는 기요히메는 고토바가키(본문)에도 '뱀', '큰 독사'라고 적혀 있듯이, 역시 뱀의 형상을 하고 있다. 구체적으로 말하면 서서히 변신하며, 얼굴에서 변형이 시작되어 상반신으로 이행해가는 것을 그림에서도 볼 수 있다. 그리고 도성사 바로 앞에 있는 히다카강을 건널 때는 완전히 큰 뱀[용체]이 되어 있다. 더불어 주목할 것은 뱀이 종을 휘감는 장면의 가추시畵中詞이다. 승려들衆徒은 다음과 같이 말하고 있다.

　　그 일입니다. 이쿠타生田의 숲에 몸을 던진 여자도 죽어서 오니가 되었다고 들었습니다.

'이쿠타의 숲'이란 고베시神戸市의 이쿠타강을 말한다. 그 강에 몸을 던진 여자가 죽어서 오니가 되었다고 한다. 이것은 노[요쿄쿠謠曲]³⁴ 『모토메즈카求塚』에 나오는 이야기이다. 두 남자에게 청혼을 받은 여자가 고민 끝에 물로 뛰어들었다. 떠돌이승려가 그 묘소인 '모토메즈카'에 가보니, 여자의 망령이 나타나 지옥에 떨어진 괴로움을 토로했다. 그 모습은 '화염'을 뿜는 '비하쿠飛魄 오니'였다…. 이러한 일화를 도성사의 승도들은 방금 전 경내에서 일어난 사건과 겹쳐 생각했다. 이것은 에마키 작가의 감개에 지나지 않는 것이지만, 어떻든 15세기 경에는 기요히메의 집념과 사체 변신을 '오니'의 소행으로 보았다는 것이다.

지역전승 계통의 에마키를 살펴보자. 거기에는 뒤쫓는 기요히메가 오니의 모습으로 묘사되고 있다. 예를 들면 겐로쿠 5년(1692) 작품인 산토리미술관본은 '목 위가 뱀이 되는 장면'(가추시), "순식간에 큰 뱀이 되어 12개의 뿔을 흔들며 큰 강을 거뜬히 건너간다"(고토바가키) 등으로 기술하고 있는데, 그림에는 두 개의 뿔이 달린 오니의 형상이다. 도하渡河 장면의 얼굴은 반야³⁵의 모습이다. 메이지대학도서관본이나 미나미가타

───

34　요쿄쿠는 노(能)의 대본이다.

구마구스현창관본南方熊楠顯彰館本(다나베시田邊市)도 마찬가지이다. 국제일본문화연구센터 소장 A본도 두 개의 뿔을 가진 얼굴이다. 어느 것이나 기요히메를 오니로 묘사하고 있다. 기요히메를 바케모노 곧 요괴로 간주하고 있는 것이다. 오니는 16세기의 진주암본『백귀야행 에마키』나 각종 요괴 에마키에서는 요괴와 함께 등장하고 있다. 무로마치 후기에는 오니는 요괴와 동류로 인식되고 있었다. 덧붙이면, 도리야마 세키엔이 그린 〈도성사 종鐘〉(『금석백귀습유今昔百鬼拾遺』)에서는 몸은 뱀이고 얼굴은 반야이며, 긴 머리를 풀어헤친 모습이다.

기요히메가 오니로 변신하는 것은 얼굴에서 시작하여 상반신으로 이어지고, 마지막에는 전신으로 옮겨간다. 이에 비해서 세키엔이 그린 〈누레온나濡女〉(『화도백귀야행』)는 뱀의 몸이지만 여자의 얼굴을 하고 있다. 『괴기담 에고토바怪奇談繪詞[36]』의 〈뱀의 몸을 한 여자〉[37]도 마찬가지로, 이 경우는 둘 다 하반신부터 변신[헨게變化]하고 있다. 또한 중세 에마키에서는 죄를 범한 자를 뱀의 모습으로 그리는 일도 흔히 있었다. 『하코네곤겐箱根權現 연기에마키』에서는 의붓자식을 학대한 계모가, 『지도사志度寺 연기그림緣起繪』의 〈도간보토當願暮頭 연기그림〉에서는 살생을 범한 사냥꾼이 하반신부터 뱀의 꼬리를 내비치고 있다. 우선은 '꼬리를 드러내는' 것이다. 사체蛇體 변신의 표출은 이러한 형태가 통상적이다. 옛날로 거슬러 올라가면 빗물을 관장하는 여신의 하반신을 뱀의 몸으로 묘사한 만다라도 있다(12세기, 메트로폴리탄미술관 외 소장).

그런 점에서 『도성사 연기에마키』는 독자적인 변신과정을 보여주는 사례이다. 아마도 이것은 당시의 노가쿠能樂 방식(연출·의상·소품)에서도 영향을 받았을 것이다. 『도성사』는 물론이고 『아오이노 우에葵上』 등, 이른바 오니가 등장하는 노能에서는 얼굴에는 반야 가면을 쓰고, 상반신은 흰 바탕에 비늘 문양이 그려진 넓은 소매의 옷을 입었다. 그래서 무대 위의 오니 모습은 강렬한 인상을 주게 된다.

---

35 '노' 가면의 하나로, 2개의 뿔과 크게 찢어진 입을 가진 귀녀(鬼女)의 모습을 한 것이다.
36 에고토바(繪詞)는 에마키의 화기(畵記 : 고토바가키), 또는 고토바가키가 적혀 있는 에마키를 의미한다.
37 『닛케아트(日經アート)』 11권 9호, 특집 「요괴 천지(妖怪づくし)」.

여우가 여자로 변하는 오토기조시 중 하나로, 『고와다 여우木幡狐』가 있다. 에마키 텍스트에서는 얼굴은 여자이지만 하반신은 여전히 여우의 모습이다. 또한 『12류 에마키十二類繪卷』에는 너구리가 오니로 변신해서 복수하는 장면이 있다. 도모토가본當本家本의 그림에서는 이미 전신이 오니가 되어버려서 그 변신과정을 알 수가 없다. 그러나 스펜서컬렉션본이나 체스터비티도서관본에는 상반신은 오니가 되고 하반신은 여전히 너구리인 채로 있다. 굳이 말하자면 이것은 '기요히메'형이다.

뱀 기요히메

그런데 '오니 기요히메'를 16세기 에마키에서는 왜 뱀의 형상으로 묘사했을까. 질투나 집착심을 뱀으로 표상하는 것은 보편적인 방법이지만, 특히 기요히메 전승에서부터 설명해야 할 것이다.

기요히메의 출생지로 알려진 지역의 전설에는 그녀의 어머니가 뱀과 사통하여 태어난 아이가 기요히메라고 하는 이야기가 있다.[38] 이것은 이류혼인담 유형을 이용하여, 기요히메를 특이한 여자로 설명하는 것이다. 기요히메가 살았다는 나카헤지정의 구舊마나고眞砂는 돈다富田강의 언덕에 있다. 기요히메가 그 강에서 불에 뜨거워진 몸을 식혔다든가, 그녀가 의복을 건 소나무를 '의궤송衣掛松'이라고 한다는 등의 이야기도 전하고 있다.

이 지역 복암선사福巖禪寺에는 지역전승 계통의 『기요히메清姬 유서由緒에마키』(내제內題 「기요히메 유서도회由緒圖繪」)가 소장되어 있다. 우선 권두에서는 안친이 기요히메의 집에서 묵다가 일단 구마노에 참배하러 떠나기까지의 과정에 대해서 대강 이야기한다. 이어서 그림은 구마노熊野에 있는 세 곳 신사의 신神인 구마노산쇼곤겐熊野三所權現,[39] 마나고眞砂의 쇼지庄司 댁에서 안친이 주인과 대면하는 장면을 묘사한다. 더 주목

---

38   『일본전설대계』 제9권, 미즈우미쇼보(みずうみ書房).

할 것은 기요히메가 강에서 수영하는 정경을 묘사하고 있다는 사실이다. 그리고 그 그림 속에는 '쇼지 댁 웅덩이'라는 설명이 있다. 기요히메가 뱀의 아이라고 하는 전승의 회화화이다. 또한 국제일본문화연구센터 A본에는 마나고의 쇼지 댁에서 안친이 기요히메의 방을 엿보는 장면이 있다.

어느 날 밤 안친이 기요히메의 침실을 엿보았는데, 뜻밖에도 기요히메의 형상이 전혀 인간이 아니라 무섭게 변신한 모습이다. 안친이 깜짝 놀라 물러서지만, 후에 기요히메가 나오는 모습을 보니 특별히 변한 데가 없다.

이 그림에서는 기요히메가 방에서 거울을 보며 화장을 하고 있다. 그녀의 옷소매에서는 뱀 꼬리를 연상시키는 것이 보인다. 그리고 거울 속에는 똬리를 튼 뱀이 비치고 있다. 안친은 이것을 보고 도망을 치게 된다.

이와 같이 지역에서는 기요히메가 원래 뱀이었던 것으로 인식하고 있다. 바로 이류가 인간으로 변신[헨게變化]한 것이다. 말하자면 기요히메가 서서히 뱀으로 변신하는 것으로 보이지만, 실은 본성으로 되돌아간 것이다. 이 지역전승은 의외로 오래된 것인 듯하다. 이야기의 여주인공을 뱀의 화신으로 하는 것은 무로마치시대까지 거슬러 올라갈 수 있다. 요코부에橫笛라고 불리는 여자도 마찬가지다.

오토기조시 『요코부에 이야기橫笛草紙』는 여러 권의 『헤케 이야기』에 실린 삽화(유포본·권10 「요코부에」)를 바탕으로 한 이야기이다. 궁중의 호위무사[40] 사이토 도키요리 齊藤時賴와 궁녀 요코부에橫笛의 비극적인 사랑을 담고 있다.

두 사람은 서로 이끌려 정을 통하고 밀회를 거듭한다. 그런데 도키요리의 아버지가 이를

---

39 와카야마현(和歌山縣)의 구마노 3사(熊野本宮大社、熊野速玉大社、熊野那智大社)에 주신으로 모셔진 신이다.
40 궁중 호위무사를 다키구치(瀧口) 무사라고 하며, 다키구치를 성 뒤에 붙여 이름의 일부로 사용하기도 한다.

책망하며 아들을 출가시킨다. 요코부에는 슬픔에 빠지지만 체념하지 않고, 마침내 사가노嵯峨野에서 도키요리 뉴도時頼入道[41]가 출가한 암자를 찾아낸다. 그러나 그곳에서도 쫓겨나고 만 요코부에는 결국 가쓰라강桂川[오오이강大堰川]에 몸을 던진다. 도키요리 뉴도는 그 죽음을 조상弔喪한 뒤 고야산高野山에 은거한다.

이 작품의 테마는 남녀의 슬픈 사랑과 궁중 호위무사의 발심 수행이다. 더불어 요코부에의 어찌할 수 없는 원통한 심정을 서술하고 있다. 요코부에는 투신할 수밖에 없었으며, 결국 이 세상에 원한을 남기게 되었다. 그 투신에는 그녀가 물과 관련된 특이한 여자였다는 관념이 작용한다. 그리고 그것은 기요히메의 히다카강 도하 장면과도 겹쳐진다.

『헤케 이야기』의 이 삽화는 텍스트에 따라 다소 차이가 있다. 이는 그 자체로 일찍부터 다양한 전승들이 파생되어왔음을 의미한다. 마찬가지로 『요코부에 이야기』도 여러 이본들이 있다. 그 가운데 특히 청량사본清凉寺本(책명『다키구치 연기瀧口緣起』)은 주목할 만하다. 여기서는 놀랍게도 요코부에가 뱀의 아이로 설정되고 있다. 어머니가 미조로가 연못의 큰 뱀과 사통하여 낳은 것이 요코부에였다. 청량사본은 16세기로 거슬러 올라가는 에마키(원래는 나라에혼奈良絵本)로, 무로마치시대에는 요코부에가 그렇게 이야기되기도 했던 것이다.

전술한 『쓰쿠모신』의 고토바가키는 이 요코부에를 소재로 하고 있다. 별본의 그림 속에는 늑대와 오니의 대화가 기재되고 있다.

> [늑대] 들어라. 그 요코부에가 오니가 되었다고 해서, 예전처럼 콩을 두려워하지 마라.
> [오니] 그런 겁쟁이 오니는 없다. 콩을 던지면 참한, 차 시중 드는 동자茶子를 시켜 주워서 맛보면 된다. (와세다대학도서관본)

41　뉴도는 불도에 들어 수행하는 승려를 가리킨다.

늑대가 오니에게, "요코부에는 오니가 되었지만, 그녀가 인간이었을 때 세쓰분의 콩던지기를 두려워하지 않은 것처럼 콩을 두려워하지 말라"고 하자, 오니는 "그런 겁쟁이 오니는 없다. 콩을 던지면 주워서 과자처럼 맛봐주겠다"고 응수하고 있다.

이 〈오니가 된 요코부에〉는 『헤케 이야기』에 나오는 요코부에의 슬픔을 동정한 사람들이 그 원령의 발동을 두려워하고 원령을 위무하기 위해 이야기하기 시작했을 것으로 짐작된다. 『겐페 성쇠기』는 "이설이 분분하다"고 하면서 다음의 일설을 인용하고 있다(권40).

> 요코부에는 두발을 늘어뜨리고 동산東山 쌍림사雙林寺로 들어갔다. 다키구치로부터 "출가
> (そる)를 원망하지 마라"[42]라는 와카가 그곳으로 도착한다. '소루そる'는 '삭발하다剃る'에, 본인
> 의 의사에 '반하다反る'는 의미가 걸쳐 있다. 요코부에는 "출가를 원망하여 상사병으로 죽었으
> 나, 진정한 구도의 길로 들어가 기쁘다"라는 시로 화답했다.

이 2수의 시는 요코부에의 슬픔과 분노를 투영한 것이다. 바꾸어 말하면 요코부에를 오니로 만들어가는 과정을 드러낸 것이다. 따라서 청량사본 『요코부에 이야기草紙』의 기이한 출생설화도 무로마치인들에게는 이해되고 수용되었던 것이다.

요코부에 전승은 에도시대 초기에는 노能(요쿄쿠)로도 만들어지고 있다. 번외편 요쿄쿠인 『요코부에』로, 『유령 요코부에』라는 제목을 붙인 것도 있다. 여기에도 요코부에가 이승에 미련을 버리지 못하고 원령이 되었다고 하는 인식이 드러나 있다. 그 중의 하나인 존경각尊敬閣 문고본[43]에는 '옛 요코부에의 유령'이 떠돌이승려의 제도濟度로 구제되어, '다시 성불에 이르렀다'고 기뻐하면서, "다시 치도리千鳥 연못으로 들어갑니다. 연못 바닥에 있습니다"라고 말하고 사라졌다고 한다. 요코부에를 유령으로 인식

---

42 와카의 수사법에 동음이의어를 가나로 표기하여 양의적인 의미를 내포하는 기법이 있다. 'そる'는 剃る(삭발하다), 反る(몸이 뒤로 젖혀지다＝본인 의사에 반하다)의 두 가지 의미가 있다.

43 존경각문고는 가가(加賀) 번주인 마에다(前田) 가문의 문고이다.

해가는 과정은 오토기조시에도 나타난다. 나카노 소지中野莊次 씨가 소장했던(현재는 오사카 오타니대학도서관 도모야마문고 소장) 『요코부에 이야기横笛草紙』에서는 후일담으로 도키요리와 망자 요코부에와의 재회를 이야기하고 있다.

다시 기요히메 이야기로 되돌아가자. 기요히메는 요코부에와 마찬가지로 뱀 같기도 하고 오니 같기도 하다. 『도성사 연기』와 청량사본 『요코부에 이야기』는 직접적인 영향관계는 없었을 것이다. 우선 여자의 비애와 집착심을 이야기할 때 취해지는 보편적인 방법이다. 앞서 기술한 『모토메즈카求塚』의 여자도 오니가 되었는데, 모두 있을 수 있다는 인식에서 전승이 이루어져, 기요히메와 유사한 여자로 『도성사 연기에마키』의 가추시에 기록되었다. 그 지역전승 계통의 에마키는 바로 뱀의 자식인 기요히메의 전기였다. 물론 그 원형에 해당되는 지역전승에서 기요히메를 그렇게 이야기하고 있다. 기요히메는 뱀의 화신이다. 그래서 동물의 헨게變化에 의한 요괴, 곧 동물요괴라는 면도 가지고 있다. 그것이 오니로도 된다면 바케모노로 취급되는 것도 당연하다.

『바케모노 이야기에마키』(15세기, 도사 미쓰노부 그림)

제1화

궁중 병위사兵衛司로 있는 한 사람이 7월 즈음에 발을 걷어올리고 멀리 바라보고 있다. 밤이 깊어가고 바람은 서늘한데 싸리잎이 살랑거려 가을인 것을 알 정도이다. 서글픈 마음이 드는데 달은 없고 별빛만 희미하다. 12~3세 정도로 보이는 키가 작고 몸이 여윈 남자, 또 한쪽은 비할 바 없이 옆으로 퍼지고 살쪄 몸이 퉁퉁한 남자, 둘이 나와서 씨름을 한다. 참으로 이상하게 여겨 자세히 보니 서로 다가섰다 떨어졌다 하며 여러 번 붙어도 승부가 나지 않는다. 무엇인지 알 수 없는데, "거기 누구야?"라는 소리를 듣고는 싸리와 갈대가 무성한 숲으로 서둘러 들어간다. 너무나 이상하여 종자를 불러 살펴보게 하니 "아무도 없다"고 한다. 참으로 이해하기 어렵다.

이 사람 홀로 살다 보니 늘 풍경을 바라보게 되어 홀로 밤을 지새며, 오늘밤도 어젯밤처럼 나가서 보고 있었는데, 밤이 깊어갈 즈음 마찬가지로 두 사람이 나와서 또 씨름을 한다. 그 모습이 분명 바케모노라고 생각하고 옆에 있던 화살을 살며시 쥐고

팽팽하게 해서 두 사람을 겨냥하여 쏘았다. 감촉이 느껴지고 넘어지는 것이 보였다. 사람을 불러 불을 밝혀 보게 하니 아무것도 없다. 문은 닫혀 있어 갈 데가 없다. 여기 저기 살펴보았지만 없다. 매우 이상하게 생각되어 날이 밝아 몸소 그 둘이 넘어진 곳을 자세히 보니, 너무나도 큰 개미와 진드기가 둘이서 씨름하다가 죽어 있었다. '이들의 소행이라니' 참으로 이상하도다.

제2화

교토 9조대로 부근의 허름한 집에서 쓸쓸하게 사는 여자가 있다. 사람에게 밤勝栗을 갖고 오게 하여 먹고 있는데 마주 놓인 사각화로 있는 곳에서 새하얀 손을 내밀며 마치 달라고 애걸하는 듯 보인다. 너무 이상하지만 손이 귀여워 보이고 그다지 무서

운 생각도 들지 않아서, 밤 하나를 가져가게 했다. 받아가서는 또 내밀고 내밀고 하여, 그때마다 하나씩 갖게 해서 너댓 번을 주었더니 그 후로 보이지 않는다. 이상하게 생각되어 다음날 아침 그 밑을 보았더니 주걱이라는 희고 작은 물건이 떨어져 끼워져 있다. 준 밤도 그대로 옆에 있다. 참으로 이상하도다.

제3화

여자들이 사는 곳에서, 모두 조용해진 뒤 한 남자가 오직 홀로 염불을 외고 있다. 툇마루의 미닫이문이 열리면서, 귀가 높이 솟은 법사가 머리를 조금 내밀어 엿보며 몇 번이나 들어오려고 한다. 너무 무서워서 "도둑이 몸을 웅크리고 잠들기를 기다리는구나" 하고, 어찌할 바 몰라 남자였지만 비틀거렸다. 혼자 일어나 살펴보았지만 아무도 없다. 또한 근처에도 사람 같은 것이 나올 만한 데가 없고 이해가 되지 않은 채

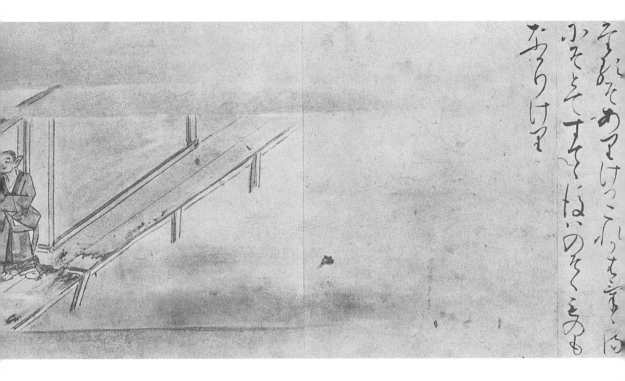

날이 밝았다. 다음날 밤에도 똑같이 보이는 법사가 엿본다. 거듭 이상해서 이른 아침에 자세히 살펴보니 언제 그랬는지 낡고 부서진 술병의 손잡이가 부러져 있다. "이것이 변신하였구나" 하고 버렸더니 그 후로는 엿보는 것도 사라졌다.

제4화

한 사람이 낮잠을 자고 있는 옆에 물이 담긴 주전자가 놓여 있다. 여기에 파리가 빠져 죽게 된 것을, 또 다른 한 사람이 꺼내주었다. 또 이 파리가 날아서 낮잠을 자는 사람의 코에 우연히 들어갔다. 이 사람이 놀라서 땀을 흘리며 "지금 한없이 넓은 바다에 빠져 죽을 뻔했는데 누군가 구해주어 살았다"라고 말한다. 너무 이상하다.

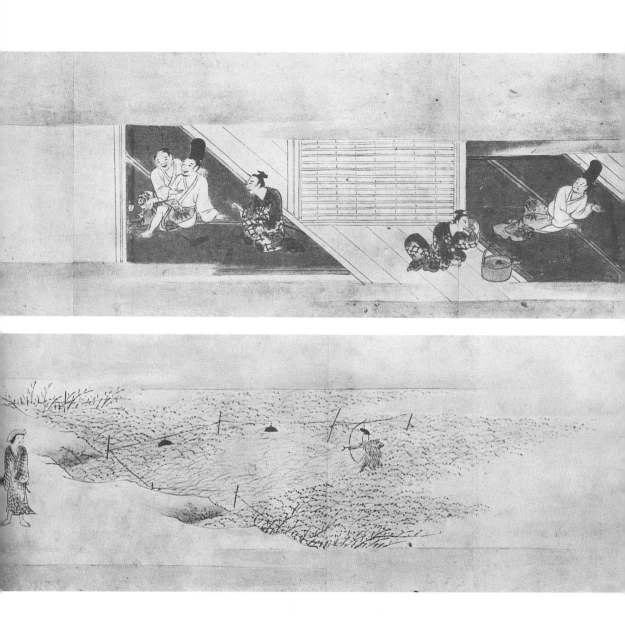

제5화

옛날 어느 산촌에 혼자 사는 여자가 있었다. 집이 부서져도 고쳐줄 사람도 없다. 점점 가을바람도 몸에 사무치고 마음도 쓸쓸하여 문 앞 논두렁에 서서 멍하니 바라보면서 "허수아비라도 와서 내 남편이 되었으면"하고 말했다. 며칠 지난 어느 날 저녁 문 쪽에 부드러운 에보시[44]를 쓰고 활과 화살을 가진 사람이 '하룻밤 재워 달라'고 하며 머물렀다. 이런저런 말을 걸어와 그날 밤은 이야기로 지새웠다. 그래서 밤에 찾아오는 일이 그치지 않았다. 어느 날 새벽 '헤어지겠다'며 가볍게 몸을 일으키더니, "하늘을 나는 새도 보이지 않고, 내 정체도 드러나서는 안 된다"라고 말한다. 여러날 밤을 머물렀는데도 기억하지 못하는 기색도 이해가 안 된다. 또한 그 혼잣말도 이상하게 여겨져 긴 실을 달아 돌아갈 때 매어두고 슬슬 걷고 걸어서 멈춘 곳을 보니 논 가운데 있는 허수아비라는 것에 가 있다. 거듭 거듭 두렵고 놀랍게 생각되었다. 변신이 들켰다고 생각하여 그 뒤로 보이지 않게 되었을 것이다.[45]

---

44 옛날 귀족이나 무사가 쓰던 두건의 일종이다. 원래 명주나 비단으로 만들었지만, 후세에는 종이에다 옻칠을 하여 단단하게 만들었다고 한다.
45 제1~5화의 저본(底本)은 보스톤미술관본, 『新收日本繪卷物全集』 별권2 영인도판에 의거하였는데, 이 저본이 무라마치 후기 이후의 어법으로 되어 있어서, 부분적으로 보완하여 독해의 편의를 도모하였다는 첨기가 붙어 있다.

제6장

요괴가 출현하는 장소

사사키 다카히로佐々木高弘

요괴는 출현장소가 정해져 있다

야나기타 구니오는 『요괴담의』에서 그 유명한, 요괴와 유령의 차이를 지적한 바 있다. 그 요지는, 유령은 사람을 지목해서 나타나는 데 비해서 요괴는 '출현하는 장소가 정해져 있다'는 것이었다. 그 후로 여러 가지 이견도 나타났지만, 여전히 요괴와 장소의 관계는 밀접하다고 말해도 좋을 것이다.

그래서 이 장에서는 요괴의 출현장소에 초점을 두고 연구할 경우의, 기초적인 순서나 방법, 또는 사고방식에 대해 구체적인 사례를 통해 제시하고자 한다.

과거의 장소를 복원한다

이러한 연구에 착수하기 위해서는 우선 문헌 혹은 구전에서 요괴가 출현했다고 하는 장소를 추출하고, 그 출현이 있었다고 하는 시대에 그 장소가 어떠한 특성을 가지고 있었는가를 복원하는 것에서 시작하지 않으면 안 된다. 이같은 장소 복원작업에는 역사지리학적 방법이 유효하다.

역사지리학은 과거의 모든 문화가 인간과 환경의 상호관계에서 생겨난 점을 강하게 의식하여 연구하는 지리학의 한 분야이다. 따라서 요괴문화에 관해서도 그것을 이야기로 향유하고 있는 사람들과, 그 주변 장소 및 환경과의 관계에 주목하고자 한다.

역사지리학은 문헌자료, 고고자료, 구비전승을 폭넓게 다루며, 여기에는 대체로 세 가지 연구영역이 있다. 하나는 과거의 현실세계를 복원하는 것이다. 여기서는 문헌자료나 고고자료에 따라 가능한 한 충실하게 과거의 지리를 복원하는 것을 목적으로 한다. 예를 들면 에도시대에 그려진 그림지도나 문헌기록, 또는 발굴된 유적 등을 토대로 에도시대의 조카마치城下町[1]나 촌락경관을 복원하는 연구이다.

두 번째는 과거 사람들이 가지고 있었던 이미지세계에 대한 연구이다. 우리들의 지리적 행동의 근간에는 풍부한 공상세계가 펼쳐져 있다. 예를 들면 헤안쿄平安京는 풍수사상을 바탕으로 세워진 고대도시인데, 그 배후에는 장대한 용의 기운이 흐른다고 여겨지는, 용맥龍脈이라는 공상세계가 자리잡고 있다. 요괴문화 자료도 이 영역에 포함될 것이다.

세 번째는 인류에게 보편적으로 존재하는 것으로 보이는 추상적 개념의 공간적 표현에 대해서, 여러 분야의 성과나 방법론을 구사하여 수행하는 연구영역이다. 예를 들면 여러 문화나 시대에 통용될 수 있는, 도시에 있어서 중심과 주변의 패턴이나 형태를 찾아내기 위해서는 사회학이나 경제학의 방법론을 사용하고, 수직공간이나 방위 관념의 심볼리즘과 같은, 공간에 관한 추상적 개념에 대해서는 문화인류학이나 심리학, 또는 언어학의 성과를 참조하여 연구하는 것이다.

이 세 가지 연구영역 또는 다양한 형태의 자료를 조합해보면, 요괴문화를 둘러싼 인간과 환경의 관계가 여러 각도에서 드러나게 될 것이다.

---

1 무가(武家) 시대에 영주의 성을 중심으로 발달한 시가지를 의미한다.

에도시대 기록들에 묘사된 쓰쿠모신

〈그림 1〉『백기야행 에마키(百器夜行繪卷)』에 묘사된
절굿공이 요괴 (효고(兵庫)현립역사박물관 소장)

역사지리학에는 다양한 기법이나 방법론이 있지만 가장 기본적인 작업은 연구대상을 지도 화하는 것이다. 예를 들면 쓰쿠모신으로 보이는 요괴와, 무사가 조우한 이야기가 『성성괴담록聖城怪談錄』(간세寬政 11년(1799))에 남아 있다. 아래에 소개한다.

오모리 쇼지베大森小治兵衛의 아버지도 쇼지베라는 이름으로 불렸다. 그의 집 부근에 도야마 긴고土山金吾가 살고 있었는데, 둘은 항상 바둑을 같이 두며 서로 친하게 지내는 사이였다. 어느 날 긴고가 쇼지베의 집에서 날이 저무는 것도 모르고 바둑을 두고 있었는데, 저녁 무렵이 되자 입구의 노렌[2] 아래로 누군가 얼굴을 내밀었다. 누구냐고 물어도 대답이 없다. 자세히 보니 쌀을 찧는 절굿공이였다. 이상하게 여긴 두 사람이 그길로 나와 보니, 머리에 수건을 쓴 절굿공이가 입구에서 조금 떨어진 곳에 넘어져 있었다. 두 사람은 심히 놀라고 괴이하게 여겼다고 한다. 그 후에는 아무런 이변도 없었다고 한다.

무사의 집에 절굿공이 요괴가 출현한 기록이다. 에도시대, 특히 이 기록이 이루어진 18세기 후반은 도리야마 세키엔의 『화도백귀야행』시리즈나 괴이를 테마로 한 문학, 그리고 백물어百物語도 유행했던 시기이다.
이 절굿공이 요괴는 에도시대에 그려진 『백기야행 에마키百器夜行繪卷』(효고兵車현립역

---

2   햇빛을 가리기 위해 처마 밑에 다는 천으로, 오늘날에는 가게 입구에 흔히 붙어 있다.

사박물관 소장)나 『백귀야행지도百鬼夜行之圖』(사나다보물관 소장)에도 등장한다.

위의 〈그림 1〉은 『백기야행 에마키』에 묘사된 절굿공이 요괴인데, 수건을 쓰고 있는 모습이 앞의 기록과도 유사한 것으로 보아, 이 요괴화의 영향이 있었을지도 모르겠다.

조카마치 지도에 나타난 요괴의 출현장소

『성성괴담록』은 다이쇼지大聖寺 번주藩主인 도시야스利恭가 간세 11년 정월, 숙직하는 호위무사들을 모아 백물어百物語를 하게 했을 때의 기록이다. 다이쇼지번은 현재의 이시카와현石川縣 가가시加賀市 다이쇼지정大聖寺町[3]에 있으며, 만약 당시의 조카마치 지도가 남아 있으면 이 무사의 집 위치를 현재 지도에 복원할 수 있을지도 모른다. 다행히 가가 시청은 「다이쇼지정 그림지도면大聖寺町繪圖面」(제작년대는 이주자의 이름으로 미

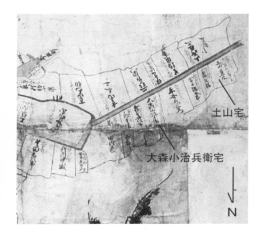

〈그림 2〉 다이쇼지정(大聖寺町) 그림지도면의 무가저택(武家屋敷)
(화살표 우상(右上)은 '도야마댁', 좌하(左下)는 '오모리쇼지베댁')

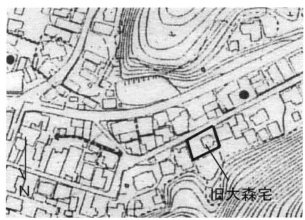

〈그림 3〉 현재의 가가시(加賀市) 도시계획도(1만분의 일)(굵은 선 부분은 '오모리댁')

---

3   일본의 행정단위는 현(縣)을 최고 단위로 하고 규모에 따라 시(市) · 정(町) · 촌(村)으로 세분된다. 특히 정은 촌보다는 크고 시보다는 작은 지역을 구분하는 행정단위이다.

<표 1> 『성성괴담록』 괴이 장소 일람의 일부

이야기번호	제목	장소	현재 장소	괴이
41	에치젠야 젠자부로越前屋善三郎의 아내가 유령이 되어 후처를 죽이다	에치젠야 젠자부로의 셋집	불명	3년 전에 죽은 주인집 아내가 찾아와서, 주인집 대문의 기도 부적을 떼어달라고 한다. 부적을 떼어내자 집에서 소란스런 소리가 들리고 후처가 죽는다
42	오모리 쇼지베가 절굿공이가 둔갑한 것을 보다	오모리 쇼지베의 집	다이쇼지 니시키정	바둑을 두고 있는데 입구의 노렌 아래로 무언가가 얼굴을 내밀었다. 자세히 보니 절굿공이였다. 절굿공이가 머리에 수건을 두르고 입구에서 조금 떨어진 곳에 넘어져 있었다
43	가쓰기 소우에몬勝木惣右衛門이 밤중에 괴이한 일을 만나다	히가시노주로東十郎 집의 모밀잣밤나무 밑/ 센스케千助 집 앞의 담/ 니와센조丹羽淺丞의 집	다이쇼지 미미키키야마정 耳聞山町	모밀잣밤나무 밑을 지날 때, 갑자기 깜깜해져서 앞으로도 뒤로도 가지 못하게 되었다

루어 분카文化 11년(1814)~고카弘化 원년(1844)으로 추정된다)을 소장하고 있고, 또한 『가가시사加賀市史 통사通史』 상권에는 「덴메天明 6년(1786) 다이쇼지 그림지도」가 첨부되어 있다. 그래서 이들 조카마치 그림지도에서 오모리의 집과 부근에 있는 도야마의 집을 찾았는데, 번주 저택 남쪽의 무가 저택에서 두 집을 발견할 수 있었다〈그림 2〉.

나아가 이 그림지도의 마을 구획町割을 현대 지도에 복원함으로써 옛날의 출현장소를 확인할 수 있다. 이와 같은 작업은 문헌과 그림지도로 집을 특정하여 현재 지도에서 에도 시기의 그림지도를 어느 정도 복원한 다음에, 그것을 현재 주택지도에서 확인하고, 마지막으로 1만분의 1의 백지도에 표시하는 것으로 이루어진다〈그림 3〉.

이와 같이 하나하나의 괴담을 지도화함으로써 최종적으로는 『성성괴담록』의 분포를 완성하게 된다. 이 괴담록에는 101편의 괴담이 기록되어 있으므로, 처음에는 〈표 1〉과 같이 몇 개의 항목을 설정하여 일람표를 작성하고, 필드워크를 통해 장소를 확

시간	등장인물	결말	비고
남자가 행상을 떠나고, 아내 혼자서 집을 지키고 있던 저녁, 다음날 밤	에치젠야 젠사부로와 그 셋집에 사는 부부 약재상(다케야 시치사에몬竹屋七左衛門)	전처는 어린아이가 성인이 될 때까지 후처를 들이지 않기로 약속한 남편이 그녀 사후 3년이 지나 후처를 들였으므로, 유령이 되어 나타나 후처를 죽였다. 에치젠越前에도 유령에게 끌려가 목이 잘린 일이 있다고 한다	이 상인은 사람을 죽이는 데 가담했다고 느껴 누구에게도 말하지 않았으나, 후에 다케야 시치사에몬에게 처음으로 말했다
도야마 긴고가 오모리 집에 바둑을 두러 가서 시간가는 줄 모르고 바둑을 두다 어두워졌을 무렵	오모리 쇼지베의 아버지인 쇼지베, 도야마 긴고	두사람이 놀라 괴이하게 여겼지만 그 후 아무 일도 없었다.	
해질녘: 가쓰기 시치노조勝木七之丞의 친부인 소우에몬惣右衛門이 미미키키야마 부근에 이야기하러 가려고 집을 나서는데, 해질 무렵이어서 사물의 색도 희미하게 밖에 보이지 않는다	가쓰기 시치노조의 아버지 소우에몬	칼로 앞을 치면서 센스케 집 앞 담에 붙어서 겨우 갈 수 있었다. 옆집에 사는 니와센조 집 앞에 오니 길이 그대로 잘 보이고 무서움도 사라졌다.	

인한다. 여기에서 설정한 항목은 이야기번호, 제목, 장소, 현재장소, 괴이, 시간, 등장 인물, 결말, 비고의 8항목이다. 101편의 이야기를 항목별로 표로 정리해보면 장소뿐만 아니라, 이를테면 괴이가 일어난 시간, 등장인물, 또는 그들간의 상호관련성 등의 경 향까지도 명확하게 드러날 것이다.

이 괴담록의 경우 이야기꾼은 다이쇼지번의 번주와 직접 면담이 가능한 상급무사들이 다. 이야기들을 살펴보면, 그들이 야간에 자주 고기잡이나 새사냥을 하러 외출했던 것을 알 수 있고, 또한 그들이 몸소 체험한 이야기이긴 하나 괴담이라고는 할 수 없는 착각한 이야기가 많은 데 대해서, 이른바 도시전설의 특징인, 친구의 친구에게 들은 이야기, 곧 잡역꾼이나 조민町民으로부터 온 전문형傳聞形 괴담일수록 보다 무서운 이야기인 것도 드러 난다. 또한 앞서 기술한 바와 같이 역사지리학은 문헌이나 그림지도뿐만 아니라 구비전승 자료도 다루기 때문에 필드워크에 나갈 때는 구비전승에 대한 채록 조사도 하게 된다.

구비전승의 요괴를 지도화한다

구비전승의 요괴를 지도화할 경우, 오래된 전승임을 고려해서 현재의 행정구획이 아니라 구 촌락별로 일람표를 작성해서 지도화하는 방법이 좋다. 왜냐하면 구비전승의 경우는, 옛 공동체가 전승모체일 가능성이 높기 때문이다. 그리고 이러한 과거의 이미지세계를 연구할 때는 그 공상을 품은 주체가 어떤 집단이었는가를 확실히 파악해 둘 필요가 있기 때문이다.

〈표 2〉 구 이시이촌 〈목 잘린 말〉 전설 일람　　　　기호 : ○…촌락경계　△…소자 경계　◎…옛날 방위

사례 번호	이야기꾼 생년	촌락명	소자명	배회장소 (기호는 〈그림 3〉의 기호와 대응)	등장인물명	기타	
Ⅰ-1		이시이 石井	다테이시 立石			토지가 비싸서 그런 이야기는 하지 않는다.	
Ⅰ-2	T14 (1925년)	이시이	노하라 野原	후다노쓰지(■)부근, 육지장네거리六地蔵の辻▲…	패잔병 농민	모내기철. 벼가 희게 세었다. 말과 패잔병의 공양을 음력 6월 30일에 한다.	△◎
Ⅰ-3	T4 (1915년)	이시이	리호 利包				
Ⅰ-4	T2 (1913년)	이시이	이모토 井元				
Ⅰ-5	M38 (1905년)	이시이	나카무라 中村	이 부근의 숲	마타(また), A 이치(いち)	딸랑 딸랑 방울소리를 내며 달린다.	○ ◎
Ⅰ-6	S6 (1931년)	이시이	나카무라	무네 지장むねの地蔵▼ ～ 저수지 가장자리 ～경찰서(⊗) 한가운데 ～ 다테이시강立石川 ～ 오야마(大山) (마의 길)		마의 길 양쪽의 논 하나 정도 되는 부분에는 집을 세워도 번성하지 않는다(화재·병·부상). '목 잘린 말'이란 목이 잘린 사람이 탄 말이란 의미.	○ ◎
Ⅰ-7	S7 (1932년)	이시이	나카무라	이 부근이 아니다		딸랑 딸랑 방울을 단, 목 없는 말	
Ⅰ-8		이시이	나카무라	이시이 경찰서(⊗) 동남쪽 대나무숲		방울소리를 내며 달리고 있었다. (주①)	○ ◎
Ⅰ-9	S7 (1932년)	이시이	이케다 池田	국도 192호선의 오카만 네거리オカマンの辻 (육지장 네거리六地蔵の辻▲)	패잔병 무사	금기(장례 행렬이 이 네거리를 남북으로 지나면 목 잘린 말이 출현한다고 해서 지나지 않는다.) 말의 목을 지닌 무사가 방울소리를 내며 왔다 갔다 했다. 그 무사를 위해 육지장을 권청했다.	△◎

(주①) 우에다 도시오(上田利夫), 『속 이시이 민담과 쪽의 역사(續石井昔話と藍の歴史)』, 德島縣染織學会, 1988, 18항.

〈표 2〉는 도쿠시마현德島縣 이시이정石井町 구 이시이촌石井村에서의 〈목 잘린 말首切れ馬〉(야나기타 구니오, 『요괴담의』의 「요괴명휘」에서는 '목 없는 말クビナシウマ')이라는 요괴의 구비전승을 채록한 결과의 일람이다. 사례번호Ⅰ-2의 전승을 소개해보자.

옛날에 한 패잔병 무사가 혼조本條의 한 농가에 와서 도움을 청했다. 그러나 그 농가에서 도와주지 않아 그 무사는 잡혀서 참수를 당했다. 때마침 벼를 수확하던 시기였는데, 웬일인지 그곳의 벼가 갑자기 모두 하얗게 세어버렸다. 그 후 후다노쓰지札の辻[4]에서 카챠카챠하는 마구馬具 소리가 나서 주민이 조심조심 가보니, 그 패잔병이 타고 있던 말이었는데 목이 잘리고 없었다.

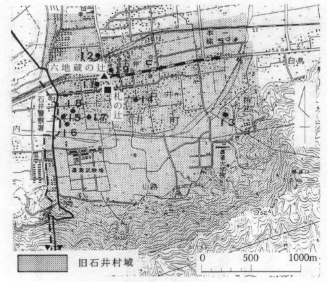

左. 〈사진 1〉 후다노쓰지(札の辻)
右. 〈그림 4〉 구 이시이촌 〈목 잘린 말〉의 전승자와 출현장소 분포도. 그림 내의 실선은 『일본전설대계(日本傳說大系)』 12권에 있는 〈목 잘린 말(首切れ馬)〉의 출현장소 참조. (그림 내 흰 칸 속의 도로명은 '육지장 네거리', '후다노쓰지')

---

4 에도시대에 왕래가 많은 장소(주로 시내의 중심가 네거리, 출입구, 다리가 끝나는 곳 등)에 관제 후다 (민중에 알리기 위해 법령을 적은 판자)를 세운 곳으로 현재도 많은 지명에 남아 있다.

구비전승을 청취 조사할 때는 전승자가 알기 쉬운 주택지도 등을 지참하여 출현장소를 확인 받고 곧바로 사진촬영을 해두는 것이 좋다. 〈사진 1〉은 이 전승에 등장하는 후다노쓰지이다. 이 네거리 부근에서 목 잘린 요괴가 출현한 것이다. 바로 현실세계와 이미지세계가 이 장소에서 겹쳐져 만나게 된다.

이와 같이 장소를 확인하여 구舊 촌락마다 일람표를 작성한다. 일람표는 사례번호, 화자의 생년, 촌락명, 소자小字[5]명, 배회장소, 등장인물명, 그 밖의 항목 등으로 구성한다. 〈그림 4〉는 그것들을 지도화한 것으로 구 이시이 마을의 이야기꾼과 요괴의 출현장소를 나타낸 분포도이다〈그림 4〉와 〈표 2〉의 기호는 서로 대응된다).

다음으로 당시의 현실세계를 가능한 한 충실히 복원하여 요괴의 출현장소라는 공상세계와 겹쳐보는 작업을 한다. 이런 농촌에는 앞서 본 조카마치 그림지도와 같은 에도시대의 상세한 지도가 남아 있는 경우가 별로 없다. 그래서 이용되는 것이 지적도이다.

지적도로 보는 요괴의 출현장소

지적도란 토지대장이나 토지등기부에 첨부되어 있는 지도로서, 소자 단위별로 토지구획을 나타내는 경계(필계筆界), 지번, 토지 이용 등이 기입되어 있는 것이다. 일본에서 전국적으로 통일된 지적도가 작성된 것은 메지 6년(1873)의 토지세地租 개정 이후로, 자한도字限圖 · 자절도字切圖 · 분간도分間圖 등으로도 불려왔다.

이 지적도는 보통 해당지역 관청의 세무과에 보존되어 있다. 이시이정의 세무과에는 메지 9년(1876) 작성된 것으로 보이는 지적도가 보존되어 있었다〈그림 5〉). 구 이시이촌의 소자도小字圖를 모두 촬영하여 거기에 묘사된 당시의 지리 정보를 1만분의 1의 백지도에 옮겨 적는다. 구 이시이촌만 해도 20개의 소자가 있었는데 지금의 이시이정이 되면서 150개 가까운 소자가 되었으므로 전부 복원하는 것은 대단히 힘든 작업이다.

---

5   소자란 행정구획 하나로, 시(市) · 정(町) · 촌(村)을 더 세분화한 단위이다.

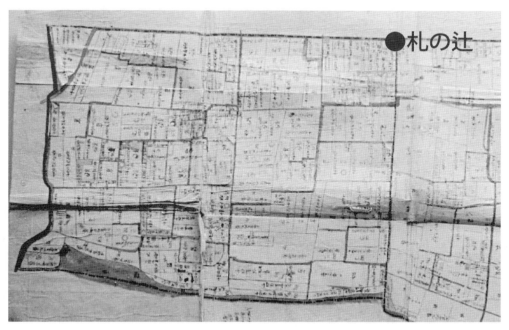

〈그림 5〉 구 이시이촌 · 지추촌(字中村)의 지적도와 후다노쓰지(札の辻)의 위치

그러나 이 지적도에서 얻어진 토지 정보, 곧 메지 초기의 현실세계를 복원한 것과 그 당시를(다른 전승에서는 후다노쓰지에서 목 잘린 말이 출현한 것은 메지 이후라고 한다) 살았던 사람들이 말한 공상세계를 겹쳐봄으로써, 요괴가 출현한 장소에는 현재 지도로는 알 수 없었던 어떤 법칙이 존재한다는 사실이 분명해졌다.

복원도에서 요괴의 출현 경향을 본다

청취 조사가 가능했던 71사례 가운데 목 잘린 말의 출현과 배회장소가, ①구 촌락 경계와 일치하는 전승이 19사례, ②소자 경계와 일치하는 전승이 25사례, ③촌락 경계와 소자 경계의 양쪽에 걸쳐 있는 전승이 9사례, ④촌락 경계나 소자 경계와 일치하지 않는 전승이 5사례, ⑤장소를 확실히 기억하지 못한다는 전승이 13사례이다. 또한 촌락 경계나 소자 경계를 목 잘린 말이 달렸다고 하는 전승이 71사례 중 53사례, 나머지 18사례 가운데 출현장소를 기억하고 있지 않다는 전승이 13사례이므로, 명확히 기억되고 있는 전승의 대부분이 이러한 '경계'라는 공통점을 가지고 있는 것이다.

다른 공통점도 찾아질 수 있다. 이 목 잘린 말의 출현 및 배회장소는 소자나 촌락의 경계라면 어디라도 좋다는 것은 아니다. 〈그림 5〉의 지적도를 보면 구 이시이촌이 비교적 깨끗한 바둑판 모양의 방격方格 토지구획[地割]을 남기고 있음을 알 수 있다. 〈그림 6〉은 구 이시이정의 지적도를 1만분의 1의 백지도에 복원한 것이다. 예를 들면 후다노쓰지 부근은 가장 깨끗한 방격 구획이 보인다. 백지도에 그 구획을 겹쳐보면 길이가 약 109m인 것을 알 수 있다.

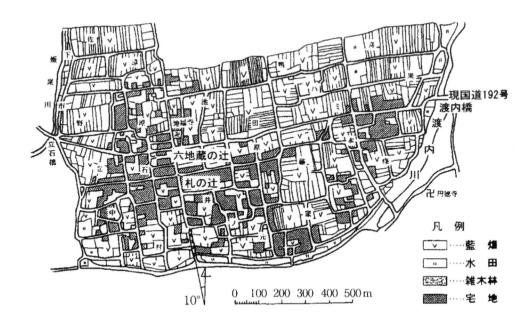

〈그림 6〉 메지 초기 지적도에 의한 구 이시이촌(石井村)의 경관복원도

곧 이 지역에는 109m를 한 변으로 하는 정방형으로 이루어진 바둑판 모양의 방격 토지구획이 펼쳐져 있는 것이다. 109m가 1정町이므로, 곧 사방 1정으로 이루어진 분할은 고대의 조리제條里制 토지구획地制을 의미한다. 조리제 토지구획이란 반전수수법 班田收授法[6]을 실시하면서 채택한 것으로, 군郡[7] 또는 하나의 평야를 단위로, 그 어딘가의 지점을 기점으로 하여 가로 세로 6정 간격으로 직교하는 도로나 수로에 의해 구획한 고대의 계획 농촌이다.

더욱이 이 토지구획의 방위가 정남북에서 10도 서쪽으로 기울어져 있는 것을 〈그림 6〉의 복원도에서 파악할 수 있다. 실은 이것이 요시노강 하류지역 일대의 통일된 조리방위이다. 그리고 이러한 점이 시사하는 바는 이 토지구획이 고대로까지 소급될 수 있을 것인가와는 별도로, 적어도 상당히 오래 전 시대의 것을 답습하고 있다는 사실이다.

앞에서 서술한 바와 같이 〈그림 6〉의 후다노쓰지札の辻 주변은 비교적 바둑판 모양의 토지구획이 잔존하고 있는 데 비해, 그 서쪽의 촌락 경계나 남쪽의 토지구획은 붕괴된 것을 알 수 있다. 이와 같이 이 지역 대부분은 요시노강의 홍수로 인해 토지구획이 여러 차례 붕괴되어, 이 방위가 유지된 촌락 경계나 소자 경계는 별반 남아 있지 않다. 그런데도 목 잘린 말 요괴는 촌락 경계나 소자 경계 가운데서도 정남북에서 10도 서쪽으로 기울어진, 고대의 조리제 토지구획만을 골라서 출현하고 있다.

이 요괴는 신출귀몰해서가 아니라 어떤 일정한 법칙에 따라 출현하고 있었던 것이다. 현지조사를 통해 목 잘린 말의 출현장소를 지도화하고 메지 초기의 촌락경관을 복원하는 작업을 함으로써 이 점이 명확해졌다.

---

6   고대 율령제 하에서 행해진 토지제도로, 국민에게 일정 토지를 대여하여 경작하게 하고 수확한 벼를 세금으로 징수하는 것이다. 토지의 집중을 막고 조세 수입을 확보하기 위한 목적이 있었다. 당의 균전법을 기반으로 한 것이다.
7   고대 율령제 하에서 행해졌던 행정구획의 하나로, 리(里)・항(鄕)・촌(村)을 포괄하는 단위이다.

근세 도시의 괴이공간을 탐색한다

이와 같이 역사지리학적 방법을 이용하면 과거의 현실세계 복원작업과 과거의 이미지세계 복원작업을 겹쳐보는 일이 가능하다. 곧 요괴 출현장소의 의미를 탐구하기 위한 기초적인 작업이 어느 정도까지 진전될 수 있다. 그리고 이러한 작업의 성과를 바

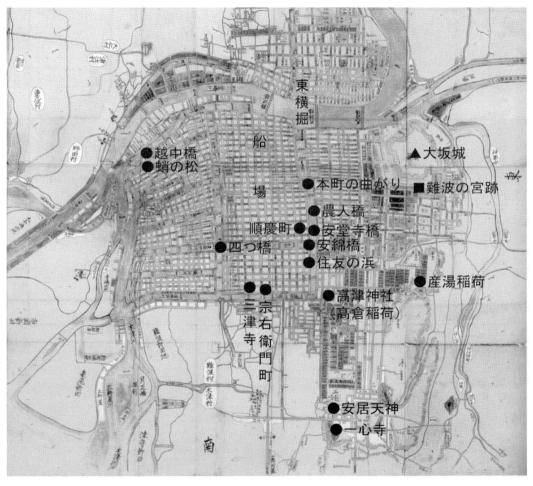

〈그림 7〉 가미가타 라쿠고(上方落語)에 묘사된 오사카성(大坂城)의 괴이 장소

탕으로 역사지리학은 또 하나의 추상적인 세계의 연구로 들어가게 된다. 여기서도 역사지리학은 다양한 학문 분야의 이론이나 사고방식을 광범위하게 응용한다.

앞에서 문헌에 기록된 요괴의 출현장소를 조카마치 그림지도에 표시하는 작업을 했는데, 그 작업을 반복해가면 최종적으로는 에도시대 어느 한 도시의 괴이공간이 드러나게 된다.

근세 오사카의 사례를 소개해보자. 괴이를 제재로 한 것으로 가미가타 라쿠고上方落語[8]가 있다. 라쿠고는 문헌에도 남아 있는 예능으로서, 스승師匠에서 제자에게로 구두로 전해지는 이야기이다. 이른바 문헌전승과 구비전승의 양면을 아울러 지니고 있다고 해도 무방하다.

전부를 소개할 여유는 없지만 〈표 3〉은 가미가타 라쿠고에서 괴이를 다룬 이야기들 가운데, 오사카성大坂城 주변으로 장소가 특정된 것들을 일람으로 만든 것이다. 여기서도 몇 가지 항목을 설정해서 일람표를 작성했다. 이 장소들을 에도시대의 오사카 그림지도에서 일일이 확인해서, 현대 지도와 비교해보고 필드워크를 통해 장소 확정을 한 후, 마지막으로 에도 시기의 그림지도에 분포도를 작성한 것이 〈그림 7〉이다.

여기서도 이미지세계의 주체가 누구였는지 확인하지 않으면 안 된다. 당시의 오사카는 성주 부재의 조카마치城下町로 불렸듯이, 가미가타 라쿠고를 즐겼던 주체는 오사카성이 아니라 상인들이 사는 센바船場였다. 그리고 이 센바를 중심으로 요괴가 출현한 장소를 보면, 동남 방향에 편중되어 있음을 알 수 있다. 왜 서쪽에서는 출현이 드문 것일까. 이것은 근세 오사카에서만 생긴 특이한 현상일까. 아니면 단순한 우연일까.

---

8 오사카와 교토 지역에서 연행되는 라쿠고이다.

〈표 3〉 가미가타 라쿠고의 괴이 장소(오사카 시내·특정)

	제목	장소	등장인물	시대
1	만주가 무섭다 饅頭こわい	노닌바시農人橋 안도지바시安堂寺橋	나가야長屋[9] 세입자(죽·갑·을·병·정·정·광·미) 주인	에도
2	다음 재판일御用日 (딸꾹질 재판 しゃっくり裁判)	스미토모住友 해변· 야스와타바시安綿橋 혼정本町 굽은 길 나나쓰구라 나카노시마 다코의 소나무七つ倉中之島蛸の松	센바船場의 상점 주인(가시와키야 사베에堅木屋佐兵衛· 안도지정 2정목安堂寺町二丁目), 딸(이토糸), 하인(쇼키치常吉) 소방일 하는 남자(덴노지야 도키치天王寺屋藤吉·가시와키야 세입자) 니시정 관리西町奉行	에도
3	덴진야마天神山	일심사一心寺 고즈진치高津新地 야스이 천신安居天神	나가야 세입자(겐스케源助·야스베에安兵衛) 유령(니시진 비단 직조가게 아오베에青兵衛의 딸 이토糸) 가쿠에몬角右衛門(가와치河内)	메지
4	이나리 인력거 稲荷俥	고즈高津 신사 우부유이나리産湯稲荷 신사	인력거가게(우메키치梅吉·고즈바시高津橋 북단 동편 입구, 오 우라大浦 쌀가게 앞길 입구) 나가야 사람들, 신사神士(상인)	메지
5	괴담怪談 이치가와 쓰쓰미 市川堤	엣추바시越中橋 일심사一心寺 고즈바시	니시진 비단도매가게 장남(에치고야 지로키치越後屋次郎吉) 사쓰마의 무사(몬토베 사에몬藤兵左衛門) 도박꾼(구마고로熊五郎) 게사藝者(곤紺, 이누카미군태부犬上軍太夫의 첩)	에도
6	몸통 잡기 胴とり	엣추바시	나가야 세입자 시골 무사	에도
7	몸통 찌르기 胴斬り	엣추바시	나가야 세입자 시골 무사	에도
8	다카쿠라 기쓰네 高倉狐	고즈신사 다카쿠라 이나리高倉稲荷 신사	여우가 둔갑한 여자 남자	
9	풀리지 않는 시모노세 키미즈 解けやらむ下関水	요쓰바시四つ橋	게샤(우메노梅乃, 시모노세키 이나리마치稲荷町의 유곽 송학루 松鶴楼) 전당포집 아들(도시베에利兵衛, 난부초 오노미치야南部町 尾道屋)	메지
10	새끼너구리 요괴 まめだ	미쓰사三津寺 주변	배우(미쓰사 주변 연고가게의 우사부로右三郎) 이치가와 우단지市川右團治	메지
11	다 타버린 향 たちぎれ線香	소우에몬정宗右衛門町	상점주인집 장남, 하인, 반토(우두머리 하인), 안주인(센바의 큰 상점), 기녀(고이토小糸), 남자하인들	에도
12	쓰지우라辻占 찻집	요쓰바시	대장간의 겐공源公(가지와라 겐타梶原源太) 기녀(우메노梅野, 난바신지의 간자키야灘波新地の神崎屋) 진베에甚兵衛	에도

---

9 '나가야'는 길게 이어진 주택을 이른 말이다.

에도 라쿠고와의 관계	원래 소재	비고
전반부는 「구로조 기쓰네九郎蔵狐」	『소부笑府』(중국 명대의 소화집笑話集) 「노마후지로쿠의 딸을 속여 떡을 얻어먹는 일」 『이구치 이야기爲愚痴物語』(1662년)	여우에게 속은 이야기는 나라현奈良縣
딸꾹질 정담政談으로 에도에 전해짐		센바:혼마치바시本町橋 서쪽 끝에서 남으로, 가라모노정町唐物町의 해변, 혼정本町의 굽은 길 남쪽: 스미토모 해변 서쪽:가가加賀 저택 옆, 사쓰마보리薩摩堀 간교지顯教寺 뒤쪽, 에도보리江戸堀 4정목, 나나쓰구라 7 ツ蔵, 나카노시마中之島, 다코 소나무蛸の松
야스베에 기츠네安兵衛狐(가메이도龜戸에서 무코우지마向島로 싸리꽃萩을 보러 하기시萩寺에 감) : 계곡에 있는 묘지	『아시야 도만오우치카가미芦屋道滿大内鑑 구즈노하葛の葉가 자식과 이별하는 이야기』	고즈신사는 「숭덕원(崇德院)」의 무대이기도 하다.
가미가타에서 에도로 전해짐		에도에서는 전반부가 목 제등首提灯과 같다. 장소는 시바노 야마우치芝の山内(조조지增上寺 앞)
	쓰유노 고로베에露の五郎兵衛 저서에 원래 이야기가 있다	
에도에 전해져서 오지 기쓰네王子狐로		장소는 오지 이나리王子稲荷신사와 오기야扇屋(지금도 있다.)
		산유테 엔초三遊亭円長의 『목단 등롱牡丹燈籠』이나 『신케 가사네가 후치眞景累ヶ淵』을 의식한 가미카다 쿠고에서는 진귀한 장편 인정물人情噺 이야기
	도톤보리道頓堀 경계지역의 전설을 원전으로, 미타 준이치三田純一 창작(1966)	
가미가타에서 에도로 전해짐 (「타치키리(斷ち切り)」)	쇼후쿠테 쇼치쿠松富久亭松竹 작(막부 말기) 초대 가쓰라 분지桂文治 『라쿠바나시 가쓰라의 花落噺桂の花』	
에도에 전해져서 「타쓰미의 쓰지우라辰巳の辻占」	안라쿠안 사쿠덴安楽庵策傳 『세스이쇼醒睡笑』	「히라가나 성쇠기ひらがな盛衰記」를 패러디. 에도에서의 장소는 다쓰미辰巳가 유곽지인 후카가와深川로 바뀜. 투신장소는 아즈마바시吾妻橋

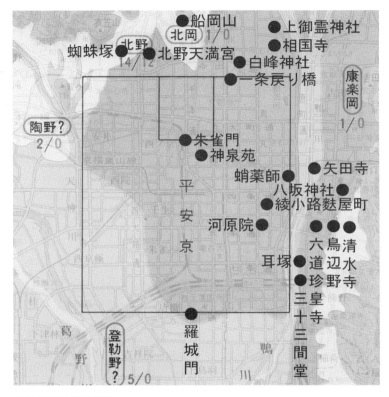

〈그림 8〉 교토의 괴이공간

　이 점을 확인하기 위해 이번에는 교토의 괴이공간을 살펴보자. 〈그림 8〉은 『교토의 마계魔界 안내』및 가미가타 라쿠고에서 교토를 무대로 한 요괴 출현장소의 분포도이다. 교토의 경우, 헤안쿄를 중심으로 보면 괴이공간은 역시 동남쪽 혹은 북쪽에 편향된다. 지카마쓰近松의 심중물心中物[10]이 괴이에 포함될 수 있다면, 오사카에서도 괴이공간은 역시 북쪽에 편향되어 있다.

10　'심중'이란 사랑하는 남녀가 함께 죽는 것[정사(情死)]를 의미하며, 심중물은 이를 제재로 한 인형극(人形淨瑠璃)이나 가부키 작품을 가리킨다. 지카마쓰의 인형극이 대표적인 심중물이다.

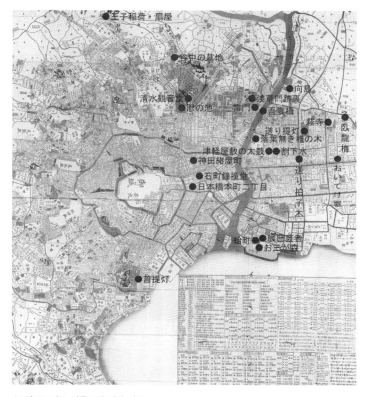

〈그림 9〉 에도 라쿠고의 괴이 장소

그렇다면 에도에서는 어떨까. 〈그림 9〉는 분큐文久 2년(1862)의 「분간에도 대회도 分間江戸大繪圖」에 에도 라쿠고의 괴이공간을 나타낸 것인데, 에도성을 중심으로 보면 역시 동남쪽에서 동쪽으로, 그리고 북쪽으로 치우쳐 있다. 이렇게 공통적으로 도시 중심부의 동쪽으로 괴이공간이 치우쳐 있는 이유는 무엇일까.

추상적인 공간개념을 탐구한다

추상적인 공간론으로 설명하자면, 다음과 같은 점을 지적할 수 있다. 지리학자인

이 후 투안Yi-Fu Tuan은 자신의 저서인 『공간의 경험』에서, 다양한 문화에 공통되는 인간의 보편적인 공간개념을, 인간의 신체에 기초하여 상정하고 있다.

그는 다양한 문화의 언어표현이나 건축공간, 의례, 가치관 등을 고려하면서, 우리들이 신체를 바탕으로 공간을 인식하고 있다는 점을 지적하고, 그것을 〈그림 10〉과 같은 개념도로 제시하였다. 그에 따르면 우리 인간은 보편적으로 신체를 기준으로 공간을 분절화하고 언어화하여, 그것을 자신의 가치영역으로 받아들인다는 것이다. 그 결과로 우리 신체의 윗부분은 가치가 증대되고 아랫부분은 가치를 상실한다. 마찬가지로 전방에는 미래의 밝은 전망이 펼쳐져 있고 후방은 어두운 과거가 된다. 여기서 밝은 전방이란 태양의 빛, 곧 남쪽을 의미하게 된다. 또한 오른쪽이 플러스 가치를 띠며, 대조적으로 왼쪽은 마이너스가 된다. 이와 같이 원래 막연한 자연의 지표면에다, 우리 인류는 자신의 신체를 그 중심에 두고, 공간을 분절화하고 방위에 가치를 부여하면서 혼돈된 세계에 질서를 세워나갔던 것이다.

투안이 말하는 대로 이 개념도가 상당히 보편성을 지니고 있다면, 바로 도시의 동쪽은, 북을 등지고 신체를 도시의 중심부에 두었을 때 왼쪽에 위치하는 마이너스 공간이 되는 것이다. 또한 북쪽에도 괴이공간이 집중해 있는데 이것도 마이너스 공간이

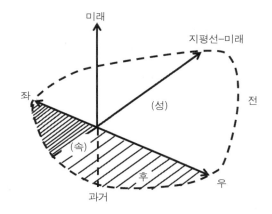

〈그림 10〉 직립한 인간의 신체와 공간 · 시간
신체에서 투사된 공간은 전방과 우방에 편향된다. 미래는 전방과 '위'에 있다. 과거는 후방과 '아래'에 있다.

다. 따라서 오사카, 교토, 에도의 어느 도시에서도 중심에서 동쪽과 북쪽, 곧 신체를 두고 말한다면 왼쪽과 뒤쪽으로 괴이공간이 펼쳐지게 되는 것이다.

이와 같이 추상적인 공간개념을 응용함으로써, 지금까지 시도한 과거의 현실세계와 이미지세계를 겹쳐본 복원도에 대해서 하나의 가설적 해석이 제시될 수 있다.

언어화된 요괴의 출현장소

우리는 실제로 사람이 요괴를 목격한 현장을 본 적이 없다. 우리가 알 수 있는 것은 어느 날 어느 곳에서 누군가가 요괴를 목격했다는, 어디까지나 그렇고그런 이야기일 뿐이다. 곧 눈으로 본 것이 아니라 귀로 들은 것이다. 우리가 연구대상으로 하는 타자의 요괴 조우담이 거의 대부분 언어화된 것이라는 사실이다. 이와 같은 전제 하에서 요괴 연구를 시작해보면, 사람들에 의해 이야기되어온 요괴의 목격담이나 체험담 가운데 다만 한 가지, 장소만이 확실히 실재하는 것임을 깨닫게 된다. 그러면 왜 이런 괴이담에서는 실제의 장소가 사람들에게 호명되지 않으면 안 되었던 것일까.

일찍이 나는 『괴이의 풍경학風景學』에서 이러한 공상세계에 있는 괴이와 실재하는 장소가 혼재된 양태를 '괴이가 보이는 풍경'이라 부르고, 이것을 완전한 공상세계에 있는 '괴이의 풍경'과 구별해서 생각해보았다. 이때 '괴이가 보이는 풍경'이 여기서 말하는 '요괴가 출현하는 장소'이다. 그리고 이 '괴이가 보이는 풍경'이 언어기호학에서 말하는 바의 은유隱喩에 해당하는 것임을 지적하고, 이를 우리의 언어를 통해서 본, 세계인식의 한 방식으로 포착하려고 시도했다.

여기서 말하는 은유는 어떤 것과 어떤 것이 유사관계에 있다고 하는 우리들의 언어문화적 인식 판단이다. 기호학에서는 그 밖에도 환유換喩를 인접관계(지표기호), 제유提喩를 포함관계(상징기호)라고 부르며, 은유(유사기호)와 합하여 인식의 세 가지 존재방식으로 간주한다. 그들은 이것을 인식의 삼각형이라 부르고 있는데, 나는 그 삼각형 중 은유에 자리매김되는 것을, '괴이가 보이는 풍경(=요괴가 출현하는 장소)'으로 부르자는

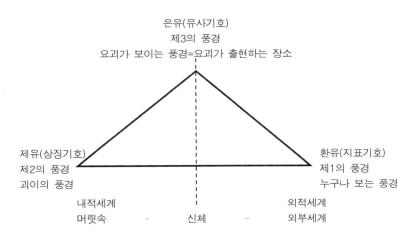

은유(유사기호)
제3의 풍경
요괴가 보이는 풍경=요괴가 출현하는 장소

제유(상징기호)
제2의 풍경
괴이의 풍경

환유(지표기호)
제1의 풍경
누구나 보는 풍경

내적세계
머릿속 - 신체 - 외적세계
외부세계

〈그림 11〉 요괴가 출현하는 장소와 인식의 삼각형

제안을 해보았다〈그림 11〉.

언어문화적 인식 상에서 어떤 것과 어떤 것의 관계란 우리들 머릿속의 것과 외부세계와의 관계를 말한다. 그 양자의 관계를 연결하는 것이 앞에서 보인 투안의 개념도(〈그림 10〉)에서 거론한 인간의 신체이다. 우리는 외부의 정보를 신체감각을 통해서 뇌에 수용한다. 앞의 예로 설명하면 우리는 신체를 중심으로 공간을 상·하·좌·우·전·후로 분절화한다. 이것이 환유 곧 인접관계이다. 우리의 시선보다 머리 쪽에 인접해 있는 공간을 상, 발 쪽에 인접해 있는 공간을 하로 언어화한다. 이처럼 우리의 인식은 경계에 선 신체가 외부세계에 접하여 처음 조우하는 새로운 세계를 주체적으로 분절화하고, 그리고 새로운 유사성을 발견하고 창조한다. 곧 신체적 지각에 의해 분절화된 세계의 한 구획은 언어표현을 부여 받고, 그런 다음에는 의미세계로 향하는 것이다.

그것이 제유이다. 머리는 중요성의 상징이며 발은 부정不淨의 상징이다. 이것은 우리들의 내적 세계의 문제, 곧 의미세계이다. 그리고 이것이 은유의 세계에 합체된다. 우리에게 플러스로 인식되는 것은 위로 비유되고, 마이너스는 아래로 비유된다. 성적이 올라가고 내려가고 급료가 올라가고 내려간다고 하는 것은 일상적인 표현이지만,

성적과 급료가 실제로 공간적으로 올라가고 내려가는 것은 아니다. 천국과 지옥은 공상세계인데, 우리는 왠지 천국은 위쪽에, 지옥은 아래쪽에 있다고 인식하고 있다. 곧 각각이 유사관계에 있다고 언어적으로 인식하고 있는 것이다. 이와 같은 인식의 존재 방식을 은유라고 한다.

그렇다면 요괴가 출현하는 장소로 자리매김되는 은유의 세계란 과연 우리 인식에서 어떠한 역할을 하는 것일까. 언어학자인 세토 겐이치瀨戶賢一는 『수사학의 우주レトリックの宇宙』에서 은유는 외부세계에서 생긴 사건이 내적 세계에 있는 의미와 대치될 때, 종래에 있던 고정적인 의미관계를 활성화하여 새로운 의미를 재배치시키는 동시에 세계를 재인식하는 역할을 담당한다고 한다. 특히 변환의 시대에는 새로운 은유가 풍부하게 생성된다. 그에 따라 새로운 시대정신이나 세계관이 형성되는 것이다. 새로운 은유는 사회가 변동될 때 생겨난다. 곧 사회가 변화할 때 우리 주변에서는 종래의 인식으로는 이해할 수 없을 듯한 새로운 사태가 발생한다. 그 새로운 외적 세계를 내적 세계와 조응하게 하여 우리로 하여금 어떻게든 인식하고 해석하는 역할을 이 은유가 맡고 있는 것이다. 서두에서 거론한 『성성괴담록』이 기록된 것은 18세기 후반이다. 이 시대에는 세계적으로 다양한 분야에서 변혁이 일어나고 있다. 그리고 일본에서도, 세계에서도 괴이의 표상이 이루어진 것이다.

이렇게 보면 일견 언급할 가치가 없다고 생각되는, 이 '요괴가 출현하는 장소'는 우리 자신에게나 사회에서 특히 주위 환경이 변화할 때 우리로 하여금 그 새로운 변화에 대응하게 하는, 대단히 중요한 역할을 맡고 있었던 것이다.

요괴가 출현하는 장소의 의미

요괴가 출현하는 장소=괴이가 보이는 풍경이란 우리들에게 반은 머릿속의 세계, 그리고 반은 우리 몸을 둘러싼 현실세계이며, 그것이 우리 신체를 거쳐 인식세계에 작용해가는 풍경이 된다. 알랭 코르뱅Alain Corbin은 『풍경과 인간』에서 '풍경이란 해석이며, 인간과 불가분'의 것이라고 주장하고 있는데, 바로 요괴가 출현하는 장소가 이 '풍경'인 것이다. 따라서 풍경에는 인간의 공상과 현실이 혼재해 있다. 동시에 그것은 장소에 대한 우리의 해석이기도 한 것이다.

헤안시대의 귀족들은 2조대로二條大路[11]에 있는 신센엔神泉苑[12]에서 백귀야행과 조우했다고 한다. 어떤 사람은 1조대로에서 요괴와 조우한다. 그들은 요괴가 1조대로나 2조대로와 유사관계에 있다고 해석했던 것이다. 이와 마찬가지로, 『성성괴담록』에서 상급무사들은 번의 저택 주변에서 요괴가 출현한다고 해석했다. 두 곳 모두 정치의 중심지에 해당된다. 목 잘린 말의 경우도 도쿠시마성德島城 혼정本町, 곧 도쿠시마 조카마치 중심지에서 목격된 이야기가 전하고 있다. 헤안시대의 귀족사회나 에도시대의 무가武家사회와 같은 엄정한 계급사회에서, 신분 차이로 인한 스트레스는 우리의 상상을 초월하는 것이었으리라 짐작된다. 『겐지 이야기源氏物語』에 묘사된, 로쿠조 미야스도코로六條御息所[13]의 생령 출현의 원인도, 신분 차이로 인해 1조대로에서 우차牛車 장소를 둘러싸고 일어난 싸움에서 생긴 스트레스 때문이었다는 것은 잘 알려진 사실이다. 오늘날에도 어떤 스트레스를 포함한 광장공포증이 있는 사람들은 도시 중심가에서 망상을 보는 것으로 보고되고 있다.

구 이시이정의 목 잘린 말의 전승에서 출현장소의 대부분이 촌락이나 소자의 경계인 것도, 타집단 또는 타인의 토지를 침범한 사건이나 침범의 소지가 있는 장소를 둘러싼 싸움으로 인한 스트레스와 무관하지 않을 것이다. 홍수로 자주 경계선이 붕괴되는 지역에서 특히 그러하다. 그래서 "목 잘린 말이 출현하는 선상에는 집을 지어서는 안 된다"라든가, "여기 지어진 집들은 모두 불행해졌다"라고 말하는 경우가 있다. 특히 이 요괴의 출현장소로는 그러한 붕괴를 면했던, 보다 예전의 토지구획이 선택되고

---

11 헤안쿄(平安京)는 도읍 북단 중앙에 궁궐을 배치하고 동서로 도로를 만들어 9조대로라고 명명했다. 북단이 1조대로, 남단이 9조대로이다. 2조대로는 헤안쿄의 궁궐 바로 남쪽을 동서로 달리는 도로이다.
12 원래는 헤안쿄 궁궐 남쪽에 위치한 천황의 전용 정원이었으나, 현재는 사원이 되었다.
13 『겐지 이야기』에 등장하는 가공의 인물로, 동궁의 비가 되었다가 동궁과 사별한 후, 주인공인 히카루 겐지(光源氏)와 연인관계가 된다. 질투심이 강한 나머지 생령이 되어 사람들을 죽이는 캐릭터로서, 많은 문학작품의 제재가 되었다.

있다. 현재는 소자는 사라졌고 소자 경계를 모르는 사람도 많다. 거듭된 정·촌 합병으로 인해, 촌락의 경계조차 알지 못하는 사람도 있다. 그러나 사람들은 목 잘린 말의 출현장소는 기억하고 있다. 예로부터 조상 대대로 전해 내려온 경계 침범에 대한 금기를 이 요괴가 보존하여, 사람들을 통해 이야기로 전해지게 했던 것이다. 요괴의 출현장소는 이러한 심원한 전달능력도 가지고 있었다.

제7장

요괴화의 계보
고마쓰 가즈히코小松和彦

요괴화妖怪畵가 나타나기까지

'요괴'(마, 귀, 바케모노, 환상동물幻獸 등)를 묘사한 회화나 조형은 12세기경에 제작된 『시기산 연기에마키信貴山緣起繪卷』(조호손자사朝護孫子寺 소장)나 안주원본安住院本 『지옥 이야기地獄草紙』(도쿄국립박물관 소장), 『기비노 오토도 입당에마키吉備大臣入唐繪卷』(보스톤미술관 소장) 정도를 시작으로 보고 있다.

그러나 다카마쓰즈카高松塚 고분이나 기토라 고분의 내벽에는, 사람들이 꺼리는 마적인 짐승이라고는 할 수 없지만 중국과 한반도 문화의 영향으로 그려진 상상의 동물인 청룡·주작·백호·현무 사신四神이 묘사되어 있다. 신비적인 존재에 관한 회화나 조형이 아주 이른 시기부터 이루어져 있었던 것이다.

더욱이 불교의 전래와 함께 불상이나 불화가 유입되면서 나라시대에는 『회인과경繪因果經』과 같이 불전의 내용을 그림과 고토바가키로 나타내는 에마키가 제작되었는데, 여기에도 불교 포교를 방해하려는 마물의 종류가 분명하게 묘사되고 있다. 또한 당시의 불상에도 사악한 귀신을 밟아 부수는 증장천增長天[1] 등과 같은 형상이 나타난다. 이들은 중국에서 형성되고 조형화된 것을 모사하거나 모방했을 가능성이 높지만, 요괴의 회화화 및 조형화의 전사前史를 이루는 것으로 염두해둘 필요가 있다.

헤안시대가 되면서 정토교의 유포와 더불어 지옥도가 그려지게 되고, 거기에는 지옥에 떨어진 인간을 문책하고 괴롭히는 염라대왕과 지옥의 옥졸이 묘사되지만, 그 시대의 지옥도는 남아 있지 않다. 또한 헤안 중기 무렵, 호국불교적인 밀교 계통의 사원들에서는 수정회修正會나 수이회修二會[2]의 쓰이나追儺[3] 의례에서 오니 가면을 쓴 사람이 등장하여 쫓겨나는 의식이 행해지고 있었으므로, 이때 이미 오니 가면의 제작도 이루어졌던 것으로 짐작된다.

요괴화는 이러한 환상적 존재에 관한 신앙 전통이 계승·발전되는 과정에서 탄생된 것이었다.

영적 존재의 묘사

이와 같은 전사前史가 있기는 하지만, 일본 요괴화 역사의 명확한 기점으로서 위치지울 수 있는 것은 '지옥도'나 '육도도六道圖'[4]일 것이다. '지옥도'는 중국과 한반도를 통해 전래된 것으로, 일본의 산중타계관山中他界觀[5] 등과 결합되면서 독자적인 발전을 이루어왔다.

현존하는 '지옥도' 가운데 가장 오래된 것은 앞에서 기술한 안주원본『지옥 이야기』로, 헤안 말기인 12세기 무렵에 제작되었다. 13세기 조큐본承久本『기타노천신 연기에마키北野天神緣起繪卷』(기타노텐만궁北野天滿宮 소장)에는 요시노吉野의 산 속 동굴에 살던 수

---

1   불법을 수호하는 사천왕상의 하나로 남방 수호신이다.
2   수정회는 매년 1월, 수이회는 매년 2월에 불교사원에서 행하는 법회이다. 지난해를 반성하여 잘못을 바로잡고 새해의 안녕과 풍년을 기원한다.
3   궁중 연례행사의 하나로 섣달 그믐날 밤 악귀를 쫓고 역병을 없애는 의식이다. 조선의 왕실에서 행했던 '구나(驅儺)'의식과 같은 것이다.
4   불교에서 말하는 육도(지옥도, 아귀도, 축생도, 아수라도, 인도, 천도)의 세계를 그린 불화이다.
5   현실세계의 산중에 사자들의 영혼이 모이는 타계가 있다고 여기는 관념이다.

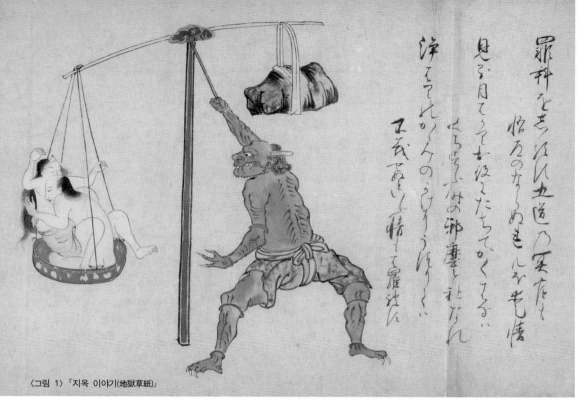

罪科をむくふ五道の冥官よ
悩乱のなやめるもいた情
見ぬ目てうて女はきたでなくてる
くらきよりくらき御塵と社なれ
浄をてれかくくの心ひらくべく
又我罪心情を罪心

〈그림 1〉『지옥 이야기(地獄草紙)』

〈그림 2〉『시기산 연기에마키(信貴山緣起繪卷)』

행자 니치조日藏가 가사假死 상태로 육도를 편력하고 살아 돌아온 것이 묘사되고 있다. 여기 나타난 옥졸들의 모습은 오늘날 우리가 생각하는 오니의 이미지와 크게 다르지 않다.

또한 『기타노천신 연기에마키』에는 지옥도와 함께 오니 모습의 천둥신이 된 스가와라 미치자네의 원령도 묘사되고 있고, 12세기에 제작된 『기비노 오토도 입당에마키』에는 기비노 마키비吉備眞備를 돕기 위해 나타난 아베노 나카마로阿倍仲麻呂의 사령도 '오니'의 모습으로 나타나고 있으므로, 이 무렵에는 이미 원령을 포함한 사령을 오니로 묘사하는 경향이 정착되어 있었던 것 같다.

한편, 불교 도상의 영향으로, 고승이나 산중 수행자를 수호하는 호법동자, 불적佛敵으로 형상화된 일본 '텐구' 등을 그려 넣은 '사원연기' 에마키와 '고승영험' 에마키도 제작되고 있다. 예를 들면, 『시기산 연기에마키』(〈그림 2〉)는 시기산에 사는 묘렌이라는 히지리(주술사 계통의 승려)의 영험담을 회화로 그린 것인데, 여기에는 '요괴'는 나타나지 않지만 그것을 굴복시키는 묘렌이 조종하는 '검의 호법'이 묘사되고 있다. 제작년도는 다소 내려가지만 『제가이보 에고토바是害坊 繪詞』(만수원曼殊院 소장, 13세기)에는 중국에서 온 '제가이보'라는 이름의 텐구 및 그에게 조력하는 일본 텐구, 그리고 고승이 파견한, 제가이보 텐구를 제압하는 호법동자가 묘사되고 있다.

일본의 주술 전통은 밀교계 종교인과 더불어 중국에서 전래된 음양도 전문가인 음양사에 의해 형성되어왔다. 불교계 주술사를 호법동자가 수행하는 것처럼, 이 음양사도 귀신의 일종인 '시키가미式神'가 수행하고 있는데, 그것을 회화로 그린 것이 『부동이익 연기에마키不動利益緣起繪卷』(도쿄국립박물관 소장, 14세기)이다.

곧 중세 때부터 일반 사람들에게는 보이지 않는 '영적 존재'나 '이계'에 관한 이야기가 유행하게 되면서, 그것을 회화화하는 일도 시작되고 있었던 것이다.

〈그림 3〉 『하세오 이야기(長谷雄草紙)』

요괴담의 회화화

눈에 보이지 않는 존재인 오니와 그 밖의 다른 요괴에 관한 회화화가 이루어지면서, 중세에는 마침내 요괴의 출현부터 퇴치까지를 테마로 한 '요괴 에마키'도 제작되기에 이른다. 이들 에마키에서, 요괴는 더 이상 '사사연기寺社緣起' 에마키나 '고승영험' 에마키에서처럼 보조 역할로 등장하는 것이 아니라 요괴를 퇴치하는 영웅과 함께 에마키 이야기의 중심적 역할을 맡고 있다. 따라서 에마키의 향수자들은 요괴의 모습이나 그 악행의 양태, 또는 요괴가 영웅에 의해 퇴치되는 모습 등이 묘사된 이야기나 회화의 표현을 아주 즐기게 되었다.

『하세오 이야기』(〈그림 3〉)는 기노 하세오紀長谷雄와 오니가 주작문朱雀門 위에서 쌍육雙六으로 승부를 겨루었다는 내용의 그림이야기繪物語이다. 오니가 이기면 하세오가 목숨을 내놓고 하세오가 이기면 오니가 하세오에게 절세미인을 주기로 한 승부에서 하세오가 이겼으므로, 오니는 약속대로 하세오에게 절세미녀를 데려다 준다. 그런데 하세오가 미녀의 색향에 빠져서 '백일이 지나기 전에 여자를 안아서는 안 된다'는 오니의 충고를 잊고 안으려고 했으므로 그녀가 물이 되어 사라져버렸다는 것이다. 여기서는 '오니'라고 썼지만 처음부터 오니의 모습으로 나타난 것은 아니다. 처음에는 인간 남자로 변신한 모습이었는데, 승부에 정신이 팔려 저도 모르게 오니의 모습이 되었으므로, 하세오는 그의 정체가 오니인 것을 알아차리게 된다. 마지막 장면에서도 그는 오니의 모습으로 나타나 관청에서 귀가하던 하세오를 공격해오지만, 하세오는 오니를 쫓는 주문을 외워서 무사할 수 있었다.

『하세오 이야기』에 등장하는 오니의 내력은 분명하지 않다. 이에 비해 『오에산 에고토바大江山繪詞』(일옹逸翁미술관 소장, 14세기)에 나타나는 수령오니는 그 내력이 분명하다. 『오에산 에고토바』는 오에산에 본거지를 둔 오니의 무리가 황제의 명을 받은 미나모토노 요리미쓰源賴光 등에게 퇴치를 당한다는 단순명쾌한 그림이야기이다. 여기에 등장하는 수령오니는 '술꾼동자'라는 호칭을 가졌으며, "자신은 에치고국越後國 태생으로 산사에 들어가 동자승으로 있다가 법사와 다툼이 일어나 살생을 저지르고 도망하여 히에산比叡山으로 이주하여 살았는데, 어느 날 전교대사傳教大師라는 자가 와서 자신을 쫓아냈으므로 하는 수 없이 이곳 오에산에 살고 있다"면서, 오니가 되기까지 개인사를 스스로 들려주고 있다. 곧 오니들은 개체화되어 각각의 이러저러한 탄생담을 상정할 수 있게 된 것이다. 『다무라 이야기田村の草子』의 오타케마루大嶽丸[6]나 『가나와鐵輪』의 우지宇治 하시히메橋姫 이야기도 같은 종류의 오니 이야기로 볼 수 있을 것이다.

〈그림 4〉의 『땅거미 이야기土蜘蛛草紙』(도쿄국립박물관 소장, 14세기)는 미나모토노 요리미쓰源賴光가 도읍 변두리의 폐가에 사는 땅거미 요괴를 퇴치하는 그림이야기이다. 흥미로운 것은 이 땅거미도 오니 모습으로 출현하는 장면이 있다는 사실이다. 요괴화한

---

6 이세국(伊勢國)과 오미국(近江國)의 경계에 있는 스즈카산(鈴鹿山)에 살고 있었다고 전해지는 귀신. 산을 검은 구름으로 뒤덮고 폭풍우나 천둥, 불의 비를 일으키는 신통력을 가졌다고 한다.

〈그림 4〉『땅거미 이야기(土蜘蛛草紙)』

清姫、又、母の如く妄琰を追ひ
また有得者する其蛇体や与つ口す呼暴
に火焔の如——日高川近事りませが
潽寺、突く、逝ァスくぎれを
傍の柳ぶ香轻を塀げ掛
〈그림 5〉『도성사 연기에마키(道成寺緣起繪卷)』

땅거미의 정령精도, 고대로부터의 오니 사상을 이어받아서 사람 앞에 나타나보일 때에는 오니 모습이 되는 것으로 간주되고 있었던 것이다.

『도성사 연기에마키道成寺緣起繪卷』(〈그림 5〉)는 원령이나 요괴의 승리를 묘사한 이야기로, 『본조법화험기本朝法華驗記』나 『금석 이야기집今昔物語集』 등에 실려 있는 도성사 관련 전설을 그림이야기로 만든 것이다. 구마노熊野에 참배하러 가던 젊은 승려는 자신에게 반한 여관 여주인에게 참배 후 남편이 되겠다고 임시변통으로 거짓 약속을 한다. 결국 배신 당한 것을 알게 된 여자는 큰 뱀이 되어 승려를 뒤쫓아가서, 도성사의 종 안에 숨어 있던 그를 불태워 죽인다는 내용의 이야기이다. 여자가 변신한 뱀은 에마키에서는 뿔을 가진 큰 뱀[용]이나 '오니' 머리를 한 큰 뱀으로 묘사된다. 여기서도 요괴의 본성, 곧 개체로서의 내력을 지닌 요괴(인간 여자→큰 뱀·오니)가 묘사되고 있는 것이다.

이러한 요괴담과 오니담의 연장선상에서 도구를 요괴화한 그림이야기인 『쓰쿠모신 에마키付喪神繪卷』가 나타나게 된다. 이 이야기는 백 년이 지나면 변신하는 능력이 있다고 해서 그 전에(99년이 되었을 때) 버려진 도구들이 실컷 쓰이고도 조금도 감사 받지 못하고 버려진 것을 한탄하여, 인간들에 대한 복수를 모의하고 지략으로 오니가 되어서는 갖은 악행을 행하다가 고승이 파견한 호법동자에게 퇴치되었다고 하는 내용이다. 이 이야기에서도 원한을 가진 도구의 혼이 오니가 되는 것을 볼 수 있다. 특히 흥미로운 부분은 퇴치된 오니들이 자신들의 악행을 뉘우치고 불교 수행을 쌓은 끝에 성불한다는 결말이다. '만물이 모두 성불한다草木國土悉皆成佛'는 사상이 일본에서는 도구에까지 미치고 있었던 것이다.

무로마치시대는 에마키나 나라에혼의 형식을 빌어서 제작된 단편소설이 융성한 시기였는데, 그 속에도 다양한 요괴 이야기들이 보인다. 예를 들면 요괴로 변한 여우를 제재로 한 것으로, 『다마모노마에 에마키玉藻前繪卷』(상재원常在院, 무로마치시대)나 『여우 이야기草紙』(개인소장, 무로마치시대)가 있다. 『다마모노마에 에마키』는 인도에서 중국을 거쳐 일본으로 건너온 금빛 구미호 요괴가 미녀로 변신하여 궁중에 들어가 미색으로 상황의 목숨을 노리다가 정체가 드러나 퇴치되었다는 이야기이다. 그리고 『여우 이야기』는 호색가인 승려가 여우에게 속임을 당하지만, 자신이 믿는 지장보살에 의해 구제된 이야기를 에마키로 그린 것이다.

'백귀야행'의 회화화와 '백귀야행 에마키'의 등장

'백귀야행'이란 원래는 많은 오니들이 밤중에 출몰하는 모습을 가리키는 말이었다가 점차 오니 무리 그 자체를 의미하게 되었다. 오늘날은 오니라고 하면 뿔이 있고 훈도시를 찬 모습의, 기골이 장대한 이형의 존재를 연상하는 것이 보통이다. 그렇지만 재액의 원인을 오니에게서 찾는 사고가 널리 유포되어 있었던 헤안시대부터 중세에 이르기까지는, 오니는 지옥 옥졸의 이미지를 바탕으로 하면서도 오늘날 개체로 나타난다면 도저히 오니라고는 말하기 어려운 모습들까지 포함하는 다양한 모습을 한 이형의 존재로 간주되었다. 그 가운데는 인간의 원령은 물론이고 동물 및 도구의 원령도 포함되었다. 이 원령들은 병의 원인으로 여겨진 경우가 많고, 그 맥락 내에서는 '모모노케物の氣·物の怪'라는 존재로 파악되기도 했다.

예를 들면 『금석 이야기집』이나 『우지습유 이야기宇治拾遺物語』 등에는 손이 세 개이고 발이 하나인 것, 눈이 하나 또는 세 개인 것, 말이나 소의 머리를 한 것, 새나 사슴의 머리를 한 것 등으로 다양한 모습을 하고 있다. 14세기에 제작된 『융통염불 연기 에마키融通念佛緣起繪卷』(크리블랜드미술관 소장)나 앞서 기술한 『부동이익 연기에마키』 등에 묘사된 역병신군疫病神群은 이러한 백귀야행을 회화화한 것으로, 자세히 보면 머리에 동물의 두개골을 얹었거나 동물의 신체 일부를 잔존시킨 모습, 또는 도구에다 눈 코나 손발을 붙인 듯한 모습으로 묘사되고 있다. 이것은 오니의 이미지를 바탕으로 하면서도 그 본성과 정체를 암시하려 했기 때문일 것이다.

이처럼 당시의 오니들은 오늘날 '바케모노'·'요괴'라고 불리게 된 것들까지 포함해서 전부 '백귀'였으며, 그것을 회화로 그린 것이 광의의 백귀야행도이자 요괴화였다. 그렇지만 점차 백귀야행이라고 하면 밤중에 대로를 무리지어 다니는 오니들을 연상하

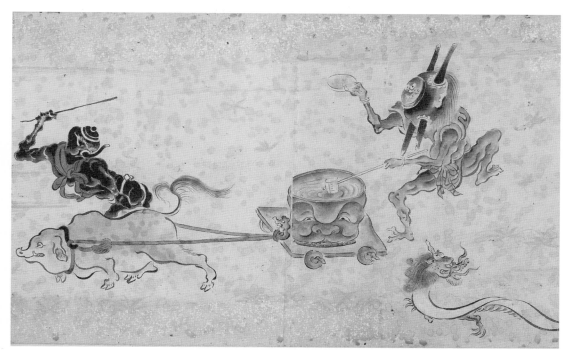

〈그림 6〉 『백귀도(百鬼ノ圖)』

는 경향이 강해지게 되는데, 이는 후술하게 될 '백귀야행 에마키'의 영향으로 인해 생겨난 변화였다.

'백귀야행'이 상술한 바와 같이 밤중에 출몰하는 오니들을 가리키는 것이라면, 『오에산 에고토바大江山繪詞』, 『땅거미 이야기에마키土蜘蛛草紙繪卷』, 『쓰쿠모신 에마키付喪神繪卷』 등은 모두 '백귀야행도'이자 '백귀야행 에마키'라고 할 수 있다. 그러나 언제부터인지 확실치 않지만 '백귀야행도'는 그러한 의미와 달리 아주 한정된 의미로 사용되기에 이른다. 곧 오니를 주체로 한 이형의 존재들이 밤중에 대로를 떼지어 다니거나, 대로에서 가무를 하는 모습을 그린 에마키만을 의미하게 된 것이다. 이 에마키군이 오늘날 '백귀야행 에마키'로 총칭되는 것이다.

이 계통의 에마키 가운데 가장 오래된 것은 무로마치시대에 제작된 진주암 소장의 『백귀야행 에마키』(16세기)이지만, 국제일본문화연구센터 소장의 『백귀도百鬼ノ圖』(17세

〈그림 7〉『요괴 에마키妖怪繪卷』

기)(〈그림 6〉)나 교토시립예술대학 소장의 『백귀야행 에마키』(18세기)의 조본祖本도 무로마치시대에 제작된 것으로 여겨진다. 이들 3본의 에마키 중에서도 중요문화재로 지정되어 있는 진주암본이 가장 유명하다. 이 에마키는 앞서 기술한 『쓰쿠모신 에마키』에 의해 클로즈업된 바 있는 도구 요괴가 태반을 차지하고 있다는 점에서 독창성이 풍부하다고 할 수 있다. 그러나 이 에마키는 당시의 요괴관에서 본다면 아주 특이한 작품이다. 오히려 교토시립예술대학본이나 국제일본문화연구센터본 쪽이 도구 요괴뿐만 아니라 동물이나 어패류 요괴들도 묘사된 점에서, 당시의 요괴관에 더 가까운 것이라고 할 수 있을 것이다.

요괴도감의 맹아

요괴들, 곧 오니들이 무리지어 다니거나 가무를 즐기고 있는 모습을 그린 백귀야행 에마키는 다종다양의 요괴가 묘사되고 있다는 점에서는 요괴도감적인 의미도 갖고 있다고 할 수 있다. 그러나 앞뒤의 요괴들과 서사적 연관이 단절된 채 요괴를 하나씩 나열할 뿐, 그 명칭이나 속성을 기록한 것이 아니어서, '백귀야행 에마키'는 요괴도감의 맹아로 볼 수는 있어도 요괴도감 자체의 시작으로 간주하기는 어렵다. 현재 확인 가능한 가장 오래된 연호를 가진 요괴도감은 겐분元文 2년(1737)에 가노 모토노부狩野元信가 그린 에마키를 사와키 스시佐脇嵩之가 모사했다는 간기刊記가 붙은 『백귀도권百鬼圖卷』(후쿠오카시박물관 소장)이다. 사와키 자신이 모본模本이라고 기록한 점에서 그 원본에 해당하는 작품이 그 이전에 제작되어 있었던 것은 분명한데, 그 조본이 과연 무로마치시대 사람인 가노 모토노부가 그린 것인지, 바꾸어 말하면 요괴도감의 시작이 중세까지 거슬러올라갈 수 있을지의 여부는 확실하지 않다.

유의할 점은 사와키가 하나부사 잇초英一蝶의 제자에 속한 화가繪師이었다는 사실이다. 하나부사 잇초도 요괴 에마키나 요괴도감의 모사를 하고 있는 것으로 보아, 요괴도감의 유포에서 이 화가 그룹이 큰 역할을 했던 것으로 평가된다. 예를 들면 국제일본문화연구센터가 소장하고 있는 하나부사 잇초의 낙관이 찍힌 『요괴 에마키妖怪繪卷』(〈그림 7〉)는 진주암본 계통의 『백귀야행 에마키』의 도상과 효고현립역사박물관 소장의 『백기야행 에마키百器夜行繪卷』 도상을 합친 에마키이다.

요괴도감의 등장

에도 후기부터 메지 전기에 걸쳐 요괴화와 요괴문화는 일찍이 없었던 융성기를 맞이하게 된다. 이 시기 요괴문화의 특징은 요괴를 공포의 대상이 아니라 오락의 대상으로 파악하고 그것을 향수하기 시작했다는 것이다. 이제 요괴는 인간이 상상력을 구사하여 형상화한 것이 된다. 요괴화가 오락의 대상으로 바뀌게 되는 데 결정적이라고 할 만한 역할을 한 것은 도리야마 세키엔鳥山石燕의 『화도畫圖 백귀야행』시리즈의 간행이었다.

이 시리즈의 첫 번째 작품에 해당하는 『화도백귀야행』은 안에安永 5년(1776)에 간행되었는데, 이것이 널리 호평을 받게 되면서 속편 『금석화도 속백귀今昔畫圖續百鬼』가 안에이 8년(1779), 그것의 속편인 『금석화도 속백귀습유今昔畫圖續百鬼拾遺』가 안에이 10년(1781), 나아가 『백귀도연대百鬼徒然袋』가 덴메天明 4년(1784)에 잇달아 간행된다. 『화도백귀야행』의 체재는 목판 단색 인쇄로 반지半紙 크기의 종이책이며, 항목별로 하나의 요괴 그림과 명칭이 붙어 있다. 속편인 『금석화도 속백귀』 이후로는 명칭과 더불어 간단한 해설도 붙게 된다. 이들이 분명 요괴도감으로서 작성된 것임을 말해주는 사실이다. 여기서 '백귀'라는 말이 의미하는 것은 뿔을 가진 기골이 장대한 오니가 아니라 다양한 모습을 한 이형의 존재로서의 '백귀', 곧 '바케모노·요괴'이다.

이같은 요괴도감의 등장 배경으로는, 실제로 괴담을 이야기하고 즐기는 '백물어괴담회百物語怪談會'를 바탕으로 『제국 백물어諸國百物語』(1677)를 비롯하여 각종 삽화가 그려진 '백물어괴담집'이 유행하고, 나아가 거기에 등장하는 요괴들의 해설서 격으로 『고금백물어 평판古今百物語評判』(1686)까지 간행되고 있었던 상황과 더불어, 적본赤本, 흑본黑本, 청본靑本, 황표지黃表紙 등으로 불리며 에도시대의 통속적인 그림이 삽입된 읽을거리로 인기를 끌었던 이른바 구사조시草雙紙에서도 요괴 이야기가 선호되었던 사정을 들 수 있다. 요컨대 세키엔의 요괴도감 시리즈는 이러한 에도시대 전기에 형성된 괴담 및 요괴담 애호가들을 겨냥하면서, 무로마치시대부터 에도시대에 걸쳐 제작된 요괴 에마키나 나라에혼奈良繪本의 전통까지 흡수한 형태로 제작된 것이었다. 세키엔은 『화도백귀야행』 권말에서, "중국에는 산해경, 일본에는 모토노부元信의 백귀야행이 있는데, 내가 이것을 보고 배웠지만 미숙하여 종이와 붓을 더럽힌다"라고 기록하고 있다. 물론 여기 언급한 모토노부는 가노 모토노부를 말하며, 상술한 것처럼 당시는 이미 가노 모토노부가 그렸다는 요괴도감 풍의 모사 에마키가 유포되어 있었다. 세키엔은 그것에 자극을 받아 나름대로 요괴도감을 책자 형식으로 만들어내려고 했던 것이다.

요괴도감에 관한 그 후의 변화로서 지적해두어야 할 것은 니시키에錦繪[7]의 영향이

---

7   '니시키에'는 에도시대에 성립된 우키요에 판화로, 화려한 다색 인쇄가 특징이다.

〈그림 8〉 『교사이 백귀화담(曉齋百鬼畵談)』

다. 세키엔의 『화도백귀야행』 시리즈는 모두 단색 인쇄였다. 같은 시대 이미 다색 인
쇄의 니시키에 기법이 개발되어 한 장짜리 인쇄물인 미인화 우키요에浮世繪에 사용되
고 있었지만, 비용 문제 때문에 아직 다수의 그림을 수록한 책자본 모두를 다색 인쇄
로 하는 데까지는 이르지 못했던 것 같다. 아마도 당시의 요괴문화 애호가들은 전편을
다색으로 인쇄한 요괴도감이나 요괴그림책을 기대하고 있었을 것이다. 이에 부응하는
형태로 등장한 것이 『그림책 백물어繪本百物語』(1841)이었다. 이 도감은 전편을 다색 인
쇄로 하였으며, 그림은 다케하라 슌센사이竹原春泉齋, 해설은 도산진桃山人이 담당했다.
이 책을 별칭 『도산진 야화夜話』라고 부르는 것은 도산진이 해설을 썼기 때문이다.

요괴 니시키에와 유령화의 융성

　요괴화와 요괴문화의 인기는 에도시대 후기 이래로 서서히 높아져, 막부 말기부터 메지시대에 걸쳐서는 그 정점을 이루었다. 그 인기의 중심에 있었던 것이 니시키에의 요괴들이다. 다색 인쇄물인 니시키에는 풍속, 풍경, 미인, 연극, 연기자, 사건 등 모든 사상事象을 세밀하게 묘사해서 인기를 끌었는데, 그 제재들 가운데 요괴도 포함되어 있었다. 잘 팔리면 더 큰 횡재를 노리고 잇달아 유사상품을 내놓는 것이 통상의 상술인 만큼, 요괴 니시키에도 백귀야행 에마키나 요괴도감 등의 요괴화를 참고하는 동시에 연극이나 고금동서의 설화 속의 요괴 등과 같이 다양한 장르들에서 그림의 소재를 가져옴으로써 수많은 요괴화들이 산출되었다. 더욱이 가쓰시카 호쿠사이葛飾北齋, 우타가와 구니요시歌川國芳, 쓰키오카 요시토시月岡芳年, 가와나베 교사이河鍋曉齋와 같은 유명한 화가들도 요괴화 제작에 동원되어 많은 우수한 작품을 남기고 있다.

　요괴 니시키에의 특징으로 지적하고 싶은 것은 3장, 나아가 6장으로까지 이어진 넓은 판으로 이루어진 작품이 많았다는 점이다. 보통 니시키에는 B4 크기 한 장인데, 이것을 3장이나 6장으로 이어서, 그림의 박력을 현저하게 높일 수 있었다. 예를 들면 덴포天保 개혁을 풍자한 것으로 알려진 구니요시國芳의 〈미나모토노 요리미쓰공관 땅거미작 요괴도源賴光公館土蜘蛛作妖怪圖〉는 3장이 이어진 작품이다. 6장짜리 작품으로는 슈사이秀齋의 〈고토바後鳥羽 법황의 꿈 속에 나타난 요괴그림〉을 들 수 있다.

　요괴 니시키에는 메지시대에도 왕성하게 제작되었으나, 문명개화의 시대 풍조와 함께 석판인쇄와 동판인쇄에다 활판인쇄 기술까지 들어오면서 목판인쇄의 니시키에는 점차 인기를 상실해갔다.

　요괴 니시키에와 함께 주목하고 싶은 것은 이 무렵 유령화의 인기도 높아졌다는 사실이다. 유령화의 대부분은 육필의 족자 형태로 제작되어서, 유령이 지닌 깊은 원념, 곧 두려움이 더욱 강조되고 있다. 이것은 막부 말기 크게 인기를 끌었던 연극芝居, 『도카이도 요쓰야 괴담東海道四谷怪談』[8]이나 『반초 사라야시키番町皿屋敷』에 등장하는 무서운 원령계 유령의 영향을 받은 것이었다.

〈그림 9〉『바케모노 혼례에마키(化物婚禮繪卷)』

요괴 에마키 전통의 계승과 발전

　에도의 요괴문화는 요괴도감이나 요괴 그림책, 요괴 니시키에 등이 오락 대상으로 인기를 얻게 되면서 더욱 융성해지게 된다. 그와 동시에 오랜 회화 형식인 에마키에 의한 육필 작품도 빈번하게 모사되는 한편으로 새롭게 계속 제작되고 있었던 사실을 잊어서는 안 된다.

　진주암본 계통의 '백귀야행 에마키' 모본은 화공들에게 최적의 수본手本으로 여겨진 때문인지, 메지시대까지도 계속해서 제작되었다. 마찬가지로 오니 퇴치담으로 역시 인기가 있었던 '오에산 술꾼동자 에마키'도 반복해서 모사되었다. 그리고 이러한 모사 에마키들에 섞여서, 구사조시草雙紙에 그려진 요괴들을 주체로 한 '백귀야행 에마키'나

8　에도 요쓰야라는 곳에 살았던 낭인 다미야 이에몬(民谷伊右衛門)의 처, 오이와(お巖)가 남편의 입신출세의 희생양이 되어 독살된 후 유령이 되어 복수한다는 내용으로, 괴담의 대명사로 평가 받는 작품이다. 당시 하층민의 사회상이 잘 반영되어 있으며 가부키나 라쿠고 등으로도 만들어졌다.

'바케모노 혼례에마키化物婚禮繪卷'(〈그림 9〉), 혹은 독자적인 '백귀야행 에마키', 예를 들면 『이형 가모제 도권異形賀茂祭圖卷』(다나카 도쓰겐田中訥言 필사, 19세기 전반, 이데미쓰出光미술관 소장)이나 『혼괴 이야기에마키婚怪草子繪卷』(우키다 잇케浮田一蕙 필사, 1858, 메트로폴리탄미술관 소장), 또한 히로시마 번사藩士인 이노 헤타로稲生平太郎의 체험담(실록)에 근거한 각종 『이노물괴록稲生物怪錄』(에마키, 그림책)도 제작되고 있다. 달리 말하면 에마키의 역사에서 간과된 경향이 있는데, 헤안시대에 생겨난 에마키 전통은 요괴 에마키를 통해서 무로마치로부터 에도를 거쳐 메지까지 계승·유지되어온 것이었다.

그러나 에도시대 다양한 형식을 빌어서 생겨났던 요괴화의 전통도 다이쇼로부터 쇼와시대가 되면서 쇠퇴기를 맞게 되었다. 이 시기의 요괴화는 볼 만한 것이 없다기보다도 새롭게 제작된 것이 거의 없었다. 요괴화에 대한 관심이 다시 높아지고 새로운 제작이 나타나게 된 것은 2차대전 이후 미즈키 시게루의 요괴화가 주목을 받게 되는 것과 아울러, 과거의 요괴화를 비롯한 요괴문화의 발굴이 이루어지게 되었기 때문이다.

제8장

요괴와 오락

가가와 마사노부香川雅信

요괴에 대한 새로운 태도

중세까지의 요괴는 인간에게 오로지 공포와 두려움의 대상이었다. 그런데 에도시대가 되면서 그것과는 전혀 다른 태도가 나타나게 된다. 요괴를 오락의 대상으로 즐기게 된 것이다.

그렇지만 오락의 제재가 되었던 것은 인공적으로 재현되고 표상화된 요괴, 쉽게 말하면 픽션으로서의 요괴였다. 에도시대는 이처럼 허구로서의 요괴라는 것이 독자적으로 발달하여, 사람들의 놀이나 오락에 공헌하게 된 시기였다.

이것은 요괴의 리얼리티 상실과 표리일체의 현상이다. 에도시대 중기인 18세기 후반경부터 자주 사용되었던 속담으로, "풍류 없는 자와 바케모노는 하코네 너머", "없는 것은 돈과 바케모노", "술 못 마시는 사람과 바케모노는 이 세상에 없다" 등이 있다. 바케모노, 곧 요괴는 '부재하는 것'의 대명사였던 것이다.

그 근저에는 일본인의 자연관과 신령관의 변용이 있었다고 생각된다. 중세까지만 해도 일본인의 세계인식에서 자연은 인간보다 상위에 있었고 자연의 구현인 신령이나 요괴는 외경과 공포의 대상이었다. 그런데 에도시대가 되면서, 자연의 은혜나 위협과는 무관한 삶을 사는 도시 주민들 사이에서 그러한 외포畏怖의 마음이 점차 줄어들게 되었다. 또한 화폐경제의 발달과 함께, "돈만 있으면 무엇이든 할 수 있다"라는 사고방식이 생겨나고 신불과의 관계도 화폐를 매개로 대등한 입장으로 변해갔다.(이것은 소원을 빌어서 응분의 '공덕'이 있으면 상응하는 예를 올리지만, 효험이 없다는 것을 알게 되면 즉각 다른 신불로 옮겨가는 '유행신流行神'의 존재방식에서도 잘 나타나고 있다.)

이와 같이 자연이나 신령에 대한 외포의 마음이 약해진 결과, 그것과 밀접하게 결부되어 있던 '요괴신앙' 자체가 동요하게 되었다. 갖가지 괴이나 요괴는 심적 망상이나 착시, 또는 단순한 '물리적' '생물학적'인 현상, 여우나 너구리의 소행(여우나 너구리가 사람을 속인다는 것은 에도시대 사람들에게는 여전히 '생물학적인' 현상이었다.) 등으로 탈신비화되어갔다.

그런데 이것이 역으로, 사람들로 하여금 자유로이 요괴를 창출하고 그것을 오락의 대상으로 삼는 것을 가능하게 했다. 안전하다는 것을 알고 있으므로 제트코스터를 탈 수 있는 것과 마찬가지로, 요괴의 리얼리티가 사라졌으므로 거리낌없이 요괴를 즐길 수 있게 된 것이다. "요괴는 존재하지 않지만, 그러면 재미없으니까 있는 셈치고 즐기자." - 이것이 에도시대 사람들이 요괴에 대해 취한 새로운 태도였다.

이 장에서는 그러한 에도시대의 분위기에서 나타나게 된 다양한 '요괴오락'에 대해서 소개하고자 한다.

요괴마술

에도시대 사람들의 요괴관이 잘 나타난 '요괴오락'으로서 우선 '요괴마술'을 소개해보자. '요괴마술'이란 요괴나, 요괴가 일으키는 것으로 여겨진 현상을 드러내보이는 마술(手品)을 의미한다.

마술은 예전에는 '환술幻術'로 불렸으며, 요술妖術의 종류와 구별되지 않았다. 그런

〈그림 1〉 마케슈라(摩醯首羅)왕의 세 눈의 마술

데 에도시대 중기인 18세기 무렵부터 마술의 술수를 밝히는 책이 잇달아 출판되면서 마술은 누구나 따라할 수 있는 '놀이'로 변해갔다. 그 책들에 소개된 마술 가운데서도 '요괴마술'은 흔히 볼 수 있는 것이다. 특히 호레키寶曆14년(1764) 오사카에서 간행된 『방하전放下筌』은 바케모노에 관한 책임을 표방하면서 많은 요괴마술을 소개하고 있다.

예를 들면 〈마케슈라摩醯首羅왕의 세 눈의 마술〉(〈그림 1〉)이 있다. 마케슈라왕이란 힌두교의 최고신 시바가 불교로 유입되어 호법신이 된 대자재천大自在天의 별칭인데, 이 책에서는 시코쿠四國의 산중에 나타나 불을 뿜는, 세 눈을 가진 오뉴도大入道로 나타나고 있다. 『방하전』의 권두그림에는 요란한 요괴 출현 장면이 그려져 있는데, 반딧불 또는 전복껍질을 세 개의 눈처럼 보이게 얼굴에 붙이고, 불 붙은 뜬숯을 입에 물어서 불을 뿜는 것처럼 보이게 하는 등으로 어처구니없다고도 할 만한 모습이다.

또한 〈물구나무 선 여자의 모습〉은 손에 각반과 버선을 끼우고 옷을 상하 전후로 거꾸로 입은 다음, 허리띠에 여자의 가발을 붙인 제등을 달고 '거꾸로 선 유령'(물구나무 선 모습으로 나타난 유령)처럼 보이게 하는, 마술이라기보다는 가장假裝에 가까운 것이었다. 실제로 요괴마술에는 이러한 가장적인 요소가 상당히 많이 나타난다.

무엇보다 당시의 과학적 지식을 응용한 요괴마술도 있다. 〈장지문에 사람 얼굴이 무수히 생겨나게 하는 술법〉은 장지문 창살 하나하나에 철과 명반수용액으로 얼굴을 그려서 말려두면 단지 백지 장지문에 지나지 않지만, 여기다 물을 뿌리면 얼굴들이 드러나게 된다는 것이다. 또한 〈뜰 앞에 요상한 것을 모아 오색구름을 일으키는 술법〉은 마당에 둔 요괴의 조형물을 '오색목경五色目鏡', 곧 프리즘을 통해서 보면 빛의 굴절에 의해 실제 위치보다 훨씬 위쪽으로 보이고, 또한 스펙트럼의 분해에 의해 오색 빛에 둘러싸여 보인다는, 광학적인 장치를 이용한 마술이었다. 『방하전』과 마찬가지로 히라세 스케요平瀬輔世에 의해 저술되어 안에安永 8년(1779)에 간행된 마술 전수본인 『덴구통天狗通』에도 이러한 광학적인 장치에 기반을 둔 요괴마술이 몇 가지 소개되고 있다. 그 가운데서도 〈유혼幽魂과 영귀靈鬼를 나타나게 하는 술법〉은 당시 '그림자놀이 목감影繪目鑑'이라고 불렸던 환등기를 사용하여 요괴의 모습을 비추어내는 것인데, 이것은 일본 최초의 환등기에 관한 기록으로 볼 수 있다.

17세기에 유럽에서 발명된 환등기는 네덜란드로부터 나가사키 무역을 통해 일본으로 들어온 것으로, 『덴구통』의 기록에 의하면 18세기 후반에는 이미 상품화되어 안경점 등에서 팔리고 있었다. 환등기는 라틴어로 '란테르나・마기카', 곧 '마법의 랜턴'을 의미하며, 네덜란드어로는 '토훼르 란타른', 곧 '악마의 랜턴'으로 불렸던 것에서도 알 수 있듯이, 처음부터 무엇인가 괴이한 것을 만들어내는 도구라는 이미지가 있었다. 일본에서도 환등기는 '요등妖燈'・'현요등現妖燈'・'초혼등招魂燈' 등으로 번역되어 바로 요괴나 유령을 출몰시키는 도구로 받아들여졌다.

『덴구통』에서는 〈너구리 모습으로 둔갑하는 내력〉이라는 요괴마술도 소개하고 있다. 이것은 너구리가 유령으로 변신하여 모습을 감추는 괴이의 트릭을 밝히고, 나아가 그것을 응용함으로써 인간도 똑같은 괴이를 재현할 수 있음을 부각한 것이었다.

여기서는 너구리가 유령으로 변신하는 트릭을 다음과 같이 설명하고 있다. 너구리는 등의 털이 검은 색이고 목 아래와 배의 털은 흰색이므로, 뒷발로 서서 걸으면 목 아래쪽이 사람 얼굴처럼 보이고 전체적으로는 흰 옷을 입은 사람처럼 보인다. 한편 도망갈 때는 등을 보이며 달아나므로 등의 검은 털이 어둠에 섞여 사라진 것처럼 보이기도 한다. 그래서 인간도 얼굴에서 배까지 호분이나 백분을 하얗게 바르고 등을 숯으로 검게 칠해서 너구리처럼 보이게 하면 유령으로 변신할 수 있다는 것이다.

이것은 요괴마술의 위상이 가장 명료한 형태로 드러난 마술이라고 할 수 있을 것이다. 『방하전』 서문에서는 아래와 같이 쓰고 있다.

> 지금까지 세상에 바케모노에 관한 책이 많이 있다고 하지만, 모두 이상하고 무섭기만 할 뿐 그 변신의 정체를 알 수 없다. 황금의 정령이 사람으로 변하고, 가와타로川太郎[1]가 여자로 변하고, 덴구가 아이로 변하는 경우가 있다고 하지만 그 변신하는 모습을 본 사람은 없다. 그래서 사람들은 그 요괴를 무서워하여 신명神明처럼 받들기도 한다. 인간이 만물의 영장이라면 인간이야말로 변신하여 축류를 속일 정도가 되어야 한다.

곧 변신의 방법을 몰라서 사람들은 요괴를 두려워해왔으나, 인간이 만물의 영장이라면 인간이야말로 변신하여 여우나 너구리 요괴 부류들을 속일 정도가 되지 않으면 안 된다는 것이다. 이러한 인식이 무엇보다 요괴마술의 바탕이 되었던 것으로 보인다.

'요괴마술'이란, 기이하게 보이는 현상에는 반드시 어떤 '술수'가 있다고 여기고 그 신비성을 무화하는 동시에 인간의 손으로 자유자재로 그것을 재현하는 특이한 기술이다. 괴이에 대한 부정否定과 그 인위적인 재현에 대한 확신은 『방하전』 서문에도 기술된 것처럼, '인간은 만물의 영장'이라는 인간중심주의적 인식에 근거를 둔 것이었다. "요괴는 존재하지 않지만 인간이 만든 것[픽션]으로 즐기자"라는, 요괴마술의 이러한 자세는 모든 요괴오락에 통용되는 것이었다고 할 수 있다.

---

1   갓파의 별칭이다.

우쓰시에寫し繪 · 괴담교겐怪談狂言 · 괴담하나시怪談噺

요괴마술은 이른바 초보적인 예능으로 행해진 것이었지만, 19세기에 이르면 장치를 이용하여 요괴와 유령을 출현시켜서 돈을 받고 보여주는 예능으로 발전한다.

교와享和 3년(1803) 미야코야 도라쿠都屋都樂에 의해 창시된 '우쓰시에'가 그 중 하나이다. 서양에서 전해진 환등기가 18세기 후반에 이미 상품화되어 있었던 것은 상술했지만, 이것이 일본풍으로 정착되고 예능으로 확립된 것이 우쓰시에이다. 도라쿠는 원래 도자기 등을 채색하는 화공上繪師이었는데, 우에노산上野山 아래에서 '에키만 거울ㅗキマン鏡'이라고 불리는 환등의 흥행을 보고, 자신도 같은 것을 만들 수 없을까 생각하여 난방의蘭方醫[2]의 아들인 친구의 도움을 얻어 유리에 그림을 그리는 방법을 고안했다. 그리고

〈사진 1〉 우쓰시에의 종판(種板)

---

2   에도시대 네덜란드에서 전래된 서양의술을 전문으로 한 의사이다.

그것을 사용하여 자신이 직접 그린 종판種板으로 환등의 흥행을 시작했던 것이다.

우쓰시에는 '후로風呂'라고 불리던 목제 환등기를 이용하여, 종판種板이라는 유리판에 그려진 그림을 종이스크린에 비추는 것이다. 오늘날의 영화와는 달리 스크린 뒷면에서 영사映寫하며, '후로'도 고정식이 아니라 연기자가 직접 손으로 잡고 영사하는 방식이다. 이것은 움직임을 표현하기 위한 것으로, 여러 개의 '후로'를 사용하여 각각 다른 캐릭터를 연기하는 경우도 있었다.

종판에도 움직임을 표현하는 장치가 있었다. 대개는 그림이 그려진 유리판에, 또한 장의 유리판을 슬라이드식으로 겹쳐지게 하여 그것을 움직임으로써 영상에 변화를 주는 것이었다. 예를 들면 묘지에서 유령이 출현하는 장면을 그린 종판에다 일부를 검게 칠한 다른 한 장의 유리판이 겹쳐지게 해두면, 갑자기 유령이 나타난 것처럼 보이게 할 수 있다는 것이다. 우쓰시에는 단순한 슬라이드쇼가 아니라 바로 '동화動畵[애니메이션]'였던 것이다.

이와 같은 우쓰시에의 제재로서, 변환變幻이 자유로운 요괴나 유령이 등장하는 괴담물은 아주 안성맞춤이었다. 그래서 우쓰시에의 레파토리에는 필수라고 해도 좋을 정도로 괴담물이 포함되어 있었고, 우쓰시에의 광고지(선전용 포스터)에도 대체로 유령그림이 그려져 있었다. 에도시대 사람들은 오늘날 현대인들이 공포영화를 보러 가듯이 우쓰시에를 보러 갔으며, 어둠 속에서 드러나는 요괴나 유령의 모습을 두려워하면서도 즐겼던 것 같다.

우쓰시에가 창시된 다음 해인 분카文化 원년(1804)에는 대대적인 장치를 이용하여 공포를 연출하는, 가부키 '괴담교겐'의 최초 작품, 『덴지쿠 도쿠베에 이국모험담天竺德兵衛韓噺』이 상연된다. 이 작품은 두꺼비 요술을 사용하는 덴지쿠 도쿠베에가 모반자가 되어 천하에 원수를 갚는다는 이야기로, 커다란 두꺼비의 등이 갈라지고 그 안에서 도쿠베에가 나타나거나, 무대 앞 연못에 뛰어든 연기자가 직후 하나미치花道[3]에서 다른 모습으로 등장하는 '수중변장水中早替り' 등, 그때까지 없었던 참신한 장치가 몇

---

3 '하나미치'란 노(能)나 가부키 극장에서 무대의 연장으로 배우가 객석을 종단할 수 있게 설치한 길.

가지 첨가되면서 흥행이 크게 성공했다.

그 작가인 4대 쓰루야 난보쿠鶴屋南北는 당시 가부키좌 전속 수석작가가 된 지 얼마 되지 않았고, 주역을 맡은 초대 오노에 마쓰스케尾上松助(뒤에 쇼로쿠松綠로 칭해짐)도 60세의 고령으로 은퇴를 앞두고 있었던 배우였다. 그리고 이 작품이 처음 상연된 때는 관객이 적은 여름철이었으므로, 분명 큰 기대를 하고 작품을 내건 것은 아니었을 것이다. 그러나 그러한 상황에서 오히려 난보쿠나 마쓰스케 등은 기사회생을 노리고 대담한 도전을 시도했고, 결과적으로 이 상연은 큰 성공을 거두게 된다. 이후에도 『채입 오토기조시彩入御伽草』, 『오쿠니 고젠 화장경阿國御前化粧鏡』 등, 난보쿠와 마쓰스케가 콤비를 이룬 괴담교겐은 연이어 공전의 히트를 기록한다.

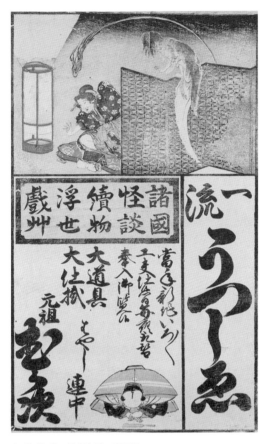

〈그림 2〉 우쓰시에의 광고지(引札)

난보쿠가 마쓰스케의 양자였던 3대 오노에 기쿠고로尾上菊五郎와 손잡고 분세文政 8년 (1825)에 초연한 『도카이도 요쓰야 괴담東海道四谷怪談』은 괴담교겐의 최대 히트작이 된다. '추신구라忠臣藏'[4]의 세계에서 무대를 빌려온 이 작품은 남편인 다미야 이에몬民谷伊右衛門에게 배신을 당하고 죽은 오이와お巖의 원령이 이에몬과 관련된 사람들을 잇달아 해코지하는 유령담으로, 처절한 공포를 연출하기 위해 참신한 장치들이 많이 보태졌다.

---

4   아코번(赤穗藩)의 낭인 47명이 주군의 원수를 갚기 위해 벌인 복수극을 주제로 한 조루리, 가부키, 실록본의 총칭이다.

특히 유명한 것은 '문짝 뒤집기' 장치일 것이다. 곧 온보보리隱亡掘에서 낚시를 하고 있던 이에몬 앞으로, 오이와와 고보토케 고헤小佛小平(이에몬에게 살해된 다미야가의 하인)의 사체를 앞뒤로 박아서 붙인 문짝이 흘러내려온다. 그 겉면을 젖히면 오이와의 망령이 원한 섞인 말을 하고, 당황하여 문짝을 뒤집으면 이번에는 고헤의 망령이 나타난다. 문짝의 겉면에는 오이와의 몸, 뒷면에는 고헤의 몸이 만들어져 붙어 있다, 연기자는 얼굴 부분의 뚫린 구멍으로 얼굴을 내밀고 오이와와 고헤 유령의 2역을 빠른 변장으로 연기하는 것이다.

더욱이 상연이 거듭되면서, 오이와의 망령이 불타는 제등提灯 속에서 나타나는 '제등 빠져나오기提灯抜け'나 사람이 불단佛壇 안으로 끌려들어가는 '불단 뒤집기'에서처럼 보다 대대적인 도구를 사용한 장치가 도입됨으로써, 『도카이도 요쓰야 괴담』은 괴담 교겐의 대명사라고 할 만한 경지에 이르게 된다.

괴담교겐과 마찬가지로, 장치를 이용하여 요괴나 유령을 등장시키는 연출이 이야기 예능話藝인 라쿠고에도 도입되었다. 그것이 초대 하야시야 쇼조林屋正蔵가 창시한 '괴담하나시怪談噺'이다.

괴담하나시는 괴담물의 마지막에 요괴나 유령으로 분장한 인간이나 인형을 등장시켜 청중을 놀라게 한 다음 무대를 어둡게 하여 마치는 것으로, '바케모노바나시化物噺'로도 불리었다. 쇼조는 분카 14년(1817) 정월에 니시료고쿠西兩國에 공연장을 마련하고 홍행을 시작한다. 실제로 그가 괴담하나시를 시작한 것은 좀더 이전이었던 것으로 보인다. 쇼조는 손재주가 좋아서 스스로 다양한 소도구를 제작하기도 했고, 일설에는 『도카이도 요쓰야 괴담』의 무대장치를 도운 적도 있다고 한다. 그래서 장치를 이용한 괴담하나시를 고안해낸 것이라 생각된다.

그러나 쇼조의 괴담하나시에는 장치를 만드는 전문적인 세공장인이 따로 있었다. 바로 료고쿠의 에코인回向院 앞에 살았던 이즈미 메키치泉目吉였다. 이즈미 메키치는 별명이고 이즈미야 기치베에泉屋吉兵衛가 본명이다. 남들과 다른 눈매를 하고 있다고 하여, '이즈미야 메다마(눈알) 기치베에'를 줄여서 이즈미 메키치라는 별명으로 불렸다. 메키치는 당시 괴담물의 세공장인으로 널리 이름이 알려져 있었다. 덴포 7년(1836)에

〈그림 3〉 이즈미 메키치(泉目吉)의 상점 모습

간행된 다메나가 슌스이爲永春水의 인정본人情本[5] 『춘색혜지화春色惠之花』의 삽화에는 아사쿠사 나카미세淺草仲見世에 있었던 메키치의 상점 모습(〈그림 3〉)이 그려져 있다. 덴포 9년(1838)에는 〈변사한 인형들의 겨룸變死人形競〉이라는 제목으로, 다양한 변사체를 인형으로 생생하게 만들어 보여주는 구경거리를 흥행시켜 큰 평판을 얻었는데, 이 것은 오늘날의 '바케모노 저택お化け屋敷'의 기원으로 여겨지고 있다.

'우쓰시에'・'괴담교겐'・'괴담하나시' 등은 모두 인공적 장치를 사용하여 요괴를 출현시키는 요괴마술이라고 해도 좋을 것이다. 태평성대에 살았던 사람들은 이렇게 '만들어진 공포'를 적극적으로 오락으로서 즐겼다. 그것은 바로 현대인들이 공포영화나 바케모노 저택, 제트코스터 등을 즐기는 감각에 가까운 것이었다고 생각된다.

---

5   에도시대 말기 서민의 연애 이야기를 담은 풍속소설이다.

미세모노見世物와 요괴

'요괴를 만들어낸다'는 점에서는 미세모노見世物라는 오락도 또한 빼놓을 수 없는 것이다. 에도시대에는 갖가지 진귀한 물건, 동물, 인간 등이 구경거리가 되었는데 그 가운데는 요괴라고 할 수 있는 것도 적지 않게 혼재되어 있었다.

예를 들면 메와明和 2년(1765)에 에도 료고쿠에서 〈뇌수雷獸〉의 미세모노가 있었다. 뇌수란 낙뢰와 함께 하늘에서 떨어진다고 여겨진 전설상의 동물이다. 이때 미세모노가 된 것은 족제비와 같은 검은 짐승으로 특별히 색다른 모습을 한 것은 아니었지만, 구전 외에는 알려져 있지 않았던 짐승의 실물을 볼 수 있다고 하여 많은 구경꾼이 모여든 것이었다.

안에安永 7년(1778) 료고쿠 에코인에서, 시나노信濃 선광사善光寺의 아미타여래를 모셔와 일반에게 공개하고 참배시키는 행사에 맞추어서 행해진 〈귀녀鬼娘〉의 미세모노는 당시 대단한 화제가 되어, 귀녀를 제재로 한 구사조시草雙紙가 여러 편 간행되는 등, 일종의 사회현상이 되기도 했다. 머리에 사슴뿔 모양의 혹 같은 것이 솟아 있는 오니 풍모의 이 귀녀는, 미세모노 무대에서 뒤집어쓰고 있던 우치카케打ち掛け[6] 를 벗고 민낯을 보여줄 뿐이었는데도 대단한 평판을 얻어서, 그 귀녀를 보기 위해 엄청난 수의 군중이 몰려들었다. 그러한 인기의 배경에는 역시 전설이나 민담 등을 통해서밖에 알 수 없었던 오니의 실물을 눈으로 확인하고 싶은 욕구가 작용했던 것으로 보인다.

그러나 이 귀녀의 미세모노는 얄궂은 말로가 기다리고 있었다. 귀녀의 인기에 착목한 다른 흥행업자에 의해 가짜 귀녀가 등장한 것이다. 그것은 무두질한 가죽으로 만든 얼굴에다 밀랍으로 된 엄니와 송아지뿔을 붙인, 완전히 만들어진 것이었지만, 이편이 오히려 그림에 묘사된 오니와 더 가까워서 마침내 진짜를 압도해버렸다고 한다. '만들어진 요괴'쪽이 보다 요괴답다고 간주되었다는 것은 '픽션으로서의 요괴'가 눈부

---

6   오비를 맨 다음 위에 걸치는 겉옷이다. 무가의 부인들이 봄·가을에 입었던 예복으로, 에도시대에는 부유한 조민(町民)의 부인들도 입었다. 오늘날에는 신부 혼례복으로도 입는다.

신 발달을 이룬 에도시대다운 사건이었다고 할 수 있을 것이다.

그처럼 미세모노의 요괴는 분명히 '만들어진' 것이었다. 오늘날 종종 요괴를 다룬 책이나 TV프로그램에서 큰 관심을 끌었던 것 중의 하나로 '인어 미이라'가 있다. 이것은 마치 요괴가 실재하는 증거인 양 취급되기도 했으나, 실은 그 대부분이 만들어진 것임이 이미 판명되었다.

예를 들면 하치노헤시八戸市박물관에는 하치노헤번八戸藩의 9대 번주인 남부 노부유키南部信順가 수집한 본초학 표본 컬렉션이 소장되어 있는데, 거기에도 '쌍두의 인어 미이라'(〈사진 2〉)가 있다. 노부유키는 '난벽대명蘭癖大名'[7]으로 유명한 사쓰마 번주薩摩藩主인 시마즈 시게히데島津重豪의 아들로, 난학이나 본초학에 큰 관심이 있었다. 이 '쌍두의 인어'는 그러한 관심에서

〈사진 2〉 쌍두의 인어 미이라

진기한 동물의 표본으로 수집된 것으로 보이는데, 유감스럽게도 국립과학박물관에서 행한 X선 촬영조사 결과 완전한 인공물임이 드러났다. 하반신은 잉어 등의 물고기 몸체를 이용한 것이나, 상반신은 뼈가 전혀 없이 나무나 철사 등을 심으로 박아서 만든 것이었다. 머리 부분은 종이로 만든 하리코 세공張子細工[8]이고 입 부분에는 물고기 이

---

7   '난학에 빠진 무사'라는 의미이다. 난학은 에도 중기 이후 네덜란드어로 서양의 학술이나 문화를 연구한 학문의 총칭이다.
8   나무틀이나 점토에 종이를 여러 겹 붙여 조형하는 기법으로, 건조시킨 후에 안에 있는 틀을 빼낸다.

빨을 박아 넣었다. 이 '쌍두의 인어 미이라'뿐 아니라 현재 남아 있는 '인어 미이라'의 대부분은 원숭이 상반신과 물고기 몸체를 이어 붙여 만든 것이라고 한다.

국학자인 기타무라 인테喜多村筠庭의 수필집 『들은 대로きゝのまにまに』에는, 기괴한 물건을 제작하는 우미지宇彌次라는 세공장인이 센소사淺草寺 오쿠야마奧山에 5척 정도 크기의 인어 미세모노를 내놓았는데, 이것도 짐승이나 물고기 껍질을 이어붙여 만든 것이었다는 기록이 있다. '인어 미이라'를 만드는 세공장인의 존재를 확실하게 해주는 기록이다.

오와리 번사尾張藩士인 고리키 엔코안高力猿猴庵이 남긴 『엔코안 일기猿猴庵日記』의 분세文政 2년(1819) 8월 조에도 이 무렵 나고야의 스에히로정末廣町에서 있었던 인어 미세모노가 기록되어 있다. 실은 이 해 여름에는 '고로리コロリ'라는 역병(콜레라와 혼동되는 일이 많지만 아무래도 이질이었던 것 같다)이 유행했는데, 그것을 피하기 위한 부적으로 인어 그림이 팔리고 있었다. 인어 미세모노 또한 '고로리' 예방에 분명 영험이 있는 것으로 널리 선전되었으리라 생각된다. 이것을 보았던 엔코안은 확실히 '인어는 만들어진 것'이라고 기록하면서, '뛰어난 세공'이라는 감상도 덧붙이고 있다. 에도시대 사람들은 만들어진 것임을 알면서도, 그런 '인어 미이라' 등속을 즐기고 있었던 것인지도 모르겠다.

요괴게임센터, 가라쿠리[9] 과녁

번화가에서 이루어진 요괴오락으로, 에도시대에는 '가라쿠리 과녁'이 널리 알려졌다. 이것은 화살 혹은 바람총 화살로 과녁을 맞추면 가라쿠리 장치에서 요괴 등의 인형이 튀어나오는, 과녁 쏘기射的와 '두더지 잡기'를 합친 것과 같은 대규모의 놀이장치로, 말하자면 에도시대의 게임센터와 같은 것이었다.

---

9 태엽, 용수철, 실, 톱니바퀴, 수력 등을 이용하여 인형이나 도구를 움직이게 하는 자동장치이다.

<그림 4〉 『이세참궁명소 도회(伊勢参宮名所圖繪)』

가라쿠리 과녁은 주로 이세신궁伊勢神宮을 참배하러 가는 도로변에 많이 설치되어, 여행자들에게 오락거리를 제공했던 것으로 보인다. 이는 간세寬政 9년(1797)에 간행된 『이세참궁명소 도회(伊勢参宮名所圖繪)』에도 묘사되고 있다. 앞쪽에 늘어선 사각형의 과녁을 겨냥하여 화살로 쏘는 것인데, 무대처럼 보이는 곳에서 오니나 후쿠로쿠주福禄壽[10]와 같은 인형이 모습을 드러내고 있는 것을 볼 수 있다. 〈그림 4〉에서 오른쪽 두 번째의 인물은 매달린 종 안에서 튀어나온 용(『도성사』의 기요히메가 변신한 큰 뱀)에 놀라 몸을 뒤로 젖히고 있다. 왼손에 화살을 쥐고 있는 것을 보면, 방금 화살을 쏜 것이다. 아마도 그가 쏜 화살이 과녁을 맞히면서 용을 출현시킨 것으로 보인다. 옆에 있는 인물은 남자가 놀라는 모습을 보고 배를 쥐고 웃고 있다. 이것이야말로 '가라쿠리 과녁'을 제대로 즐기는 방법이었다. 갑작스런 요괴의 출현으로 인해 생긴 놀라움과 공포, 그리고 다음 순간의 터질듯한 웃음. '가라쿠리 과녁'은 공포를 웃음으로 전환시키는 유희장치였던 것이다.

'가라쿠리 과녁'은 이세 참배길의 명물이었지만, 에도에서 제일가는 번화가였던 료고쿠나 시바신메芝神明(이쿠라 신메궁飯倉神明宮)의 경내에도 설치되어 있었다. 화살보다 바람총을 사용하는 것이 일반적이어서, 오로지 '바람총 가게'로 불리고 있었다. 특히 시바신메의 바람총 가게는 정면[間口]의 폭이 7~8칸(약 13~15m)이나 되는 큰 규모였다.

---

10 칠복신(七福神)의 하나로 키가 작고 머리가 길고 수염이 많다. 사람의 수명을 적은 두루마리를 지팡이에 매달고 많은 학을 데리고 다닌다고 한다.

교와 3년(1803)에 간행된 산도 교덴山東京傳의 황표지 『인간만사 바람총 과녁人間萬事吹矢的』은 이것을 제재로 한 것인데, 거기에는 실로 56종류나 되는 인형이 그려져 있다. 그 많은 수의 인형들이 들고 나기를 반복하는 모습은 실로 장관이었을 것이다.

'바람총 바케모노'라는 상투적인 문구가 있었을 정도로 에도시대에는 잘 알려져 있었던 '가라쿠리 과녁(바람총 가게)'이었지만, 메지시대 이후로는 급속히 자취를 감추게 된다. 바람총의 후신인 사격장이 경품을 노리고 행해지는 '공리적'인 유희가 되면서, 굳이 몸소 과녁을 쏘아 요괴인형을 꺼내는 것으로 스릴과 웃음을 사는 가라쿠리 과녁의 순수한 정취는 사라져갔던 것이다.

에도의 포켓몬스터

에도시대는 어린이들의 장난감이 상품화된 시대이기도 했다. 이 장난감 가운데도 요괴를 제재로 한 것이 더러 보인다.

'요괴완구' 중에서도 일찍부터 나타난 것이 〈바케모노 쌍육化物雙六〉이다. 이것은 교호享保(1716~1736)시대에 이미 만들어져 있었던 것이 확인되며, 불교적 세계관을 나타낸 '정토쌍육淨土雙六'을 기원으로 한 '그림쌍육繪雙六', '도중쌍육道中雙六'[11] 등으로 다채로운 변용이 나타난 것은 겐로쿠元禄(1688~1704) 무렵으로 짐작된다. 따라서 〈바케모노 쌍육〉은 그림쌍육 중에서도 오래된 종류라고 할 수 있을 것이다.

〈바케모노 쌍육〉(〈그림 5〉)은 칸칸마다 원칙적으로 한 종류의 요괴를 그려넣고 있다. 〈바케모노 쌍육〉을 '놀이용 요괴도감'이라고도 할 수 있는 것은 그 때문이다. 마찬가지로 놀이용 요괴도감으로 간주할 수 있는 것이 〈바케모노 가루타カルタ〉(〈그림 6〉)이다. 원래 포르투갈어로 '카드'를 의미하는 '가루타'는 16세기에 일본에 전해진 놀

11　에도시대 동해도(東海道 : 에도와 교토를 연결하는 길) 상에 설치된 53개소의 역참을 그려넣은 쌍육놀이이다.

〈그림 5〉 바케모노 쌍육(化物雙六)

이로, 오늘날의 트럼프와도 유사한 것이다. (이것은 후에 일본풍의 '화투花札'로 개작
된다.) 이에 비해 '이로하니호헤토いろはにほへと'로 시작하는 속담을 제재로 한 〈이로
하 가루타〉[12]의 탄생은 분카(1804~1818)를 전후하여 에도시대 후기로 들어선 시기로,
의외로 늦은 편이다. 〈이로하 가루타〉는 원래 속담이 제재가 된 것이지만 점차 다양
한 변종이 만들어지게 되었다. 그 중 하나가 〈바케모노 가루타〉이다. 〈바케모노 가루
타〉는 낱장으로 분리되기 전 상태의 '요괴도감' 자체이다. 가루타는 그림과 글을 맞추는

---

12 이로하(いろは) 47글자에 경(京)자를 첨가한 48글자의 첫머리로 시작하는 속담을 써 넣은 카드와, 그
    내용을 그림으로 묘사한 카드가 한 세트가 된 카드놀이이다.

〈그림 6〉 바케모노 가루타(化物カルタ)

게임이며, 그것은 바로 도감을 만드는 작업을 유희화한 것이었다고 할 수 있다.

더욱이 에도 말기부터 메지 초기에는 〈바케모노 즈쿠시化物づくし〉(〈그림 7〉)라고 불리는 '장난감 그림'(어린이용 완구로 제작된 니시키에)이 대량으로 유통되었는데, 화면을 몇 개의 칸으로 분할하여 각 칸마다 요괴를 한 종류씩 그려넣은 것이다. 이것은 에도시대 어린이용으로 그려진 요괴도감이 분명하다. 〈바케모노 즈쿠시〉에 그려진 요괴는 잘 알려진 전통적인 것도 물론 있지만, 태반은 본 적도 없는 독창적인 요괴들이었다. 보다 많은 요괴를 보고 싶고 알고 싶은 인간들의 욕구가 〈바케모노 즈쿠시〉의, 무질서하기까지 한 다양성을 만들어냈던 것이다.

〈바케모노 쌍육〉, 〈바케모노 가루타〉 그리고 〈바케모노 즈쿠시〉는 현대로 말하면

〈그림 7〉 바케모노 즈쿠시(化物づくし)

포켓몬스터 도감과 같은 것이라고 할 수 있다. 에도시대의 어린이들은 요괴를 리얼한 공포의 대상이 아니라 다양한 모습을 지닌 '캐릭터'로서 좋아했고, 그 한계를 모르는 다양성을 즐겼던 것이다.

구사조시草雙紙의 바케모노들

이러한 '요괴 캐릭터'의 원천이 된 것은 요괴를 제재로 한 그림책들이었다. 이 그림책들은 비교적 이른 시기부터 나타나고 있다. 쇼와 55년(1980), 미에현三重縣 마쓰자카시松坂市 이자와정射和町의 구舊 이자와사射和寺 대일당에 안치된 목조 지장보살좌상의

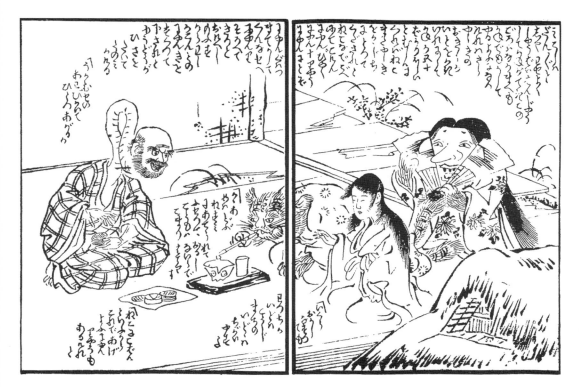

<그림 8> 『바케모노의 개업(化物見世開)』

복장腹藏 유물로 10권의 그림책이 발견되었다. 이것은 간분기寬文期(1661~1773)에 교토나 오사카에서 간행된 것으로 추정되며, 현존하는 가장 오래된 어린이 그림책으로 여겨지고 있다. 이 가운데는 요괴를 제재로 한 그림책도 포함되어 있다. 그 중의 하나인 『덴구 소로에天狗そろへ』는 '쓰쿠시筑紫 히코산彦山의 부젠보豊前坊'에서 시작하여 일본 전국의 덴구를 하나하나 소개한 것으로, '요괴도감' 형식을 띤 그림책의 선구로 간주된다.

교호享保(1716~1736) 이후 에도에는 '구사조시草雙紙'로 불리는 형식의 대중적인 그림책이 대량으로 출판되기에 이른다. 그것들은 표지의 색깔에 따라 적본赤本·흑본黑本·청본靑本·황표지黃表紙 등으로 구별되는데, 여기서 요괴는 이미 낡고 시대에 뒤진 것으로 취급되면서 무서움이나 신비성을 상실하고 있는 모습이다. 오히려 그것들은 다양한 특성을 가진 '캐릭터'로 등장하여 독자의 눈을 즐겁게 하고 있다. 이와 같이 구사조시에 등장하는 캐릭터화한 요괴들을 에도시대 사람들은 '바케모노'라고 부르고 있다.

특히 18세기 후반에 등장한 황표지에는 '바케모노'들을 주역으로 한 것이 많이 보인다. 예를 들면 간세 12년(1800), 짓펜샤 잇쿠十返社一九가 제작 간행한 황표지 『바케모노의 개업化物見世開』(〈그림 8〉)에는 에도에서 쫓겨나 하코네 너머에 살게 된 바케모노들이 그곳에서 새로운 장사를 시작한다는 이야기가 있다. 황표지에는 이와 같이 시대에 뒤진 퇴락한 바케모노들이 왕년의 기세를 되돌리기 위해 악전고투하는 내용의 이야기들이 많이 보인다. 에도와 같은 대도시에서는 요괴가 이미 리얼리티를 상실한 것을 반영하는 양상이다. 바케모노들이 '하코네 너머'(곧, 에도문화권 밖)로 거주를 옮긴 것도 "풍류 없는 자와 바케모노는 하코네 너머"라는 당시 속담의 반영이다.

하코네 너머에서 바케모노들의 우두머리인 미코시뉴도見越入道[13]가 시작한 장사도 인간의 그것과는 조금 다르다. 우선 괴이한 분위기를 내기 위해 풀무를 발명해서 팔지만, 전혀 팔리지 않아서 큰 손해를 본다. 그 후에는 돈을 받고 인간을 위협하는 일을 하여 번 돈으로 유령에게 대박 나는 자리의 권리를 사서는, 왕래하는 사람을 겁박하여 금품을 탈취하는 일을 시작한다. 이것이 성공하여 큰 돈을 번 미코시뉴도는 그 돈을 밑천으로 바케모노 상대의 대부업을 하게 된다.

여기 묘사된 요괴들은 더 이상 두려운 존재가 아니라 세속에 찌든 우스꽝스러운 존재들이다. 이물異物인 바케모노들도 인간과 마찬가지로 고생을 하고 실패를 거듭하면서 나날을 보내고 있다. 이른바 바케모노들은 인간의 커리커쳐[희화戱畵]로서 묘사되고 있는 것이다. 에도시대 사람들은 그러한 바케모노들의 모습을 친근한 시선으로 바라보면서, '바보같은 녀석들'이라고 웃어넘겼을지도 모르겠다.

이와 같이 구사조시 속의 요괴 - '바케모노'들은 공포가 아니라 웃음을 가져다주는 존재였다. 여기에는 앞서 서술한 에도시대의 인간중심주의적인 세계관이 반영되고 있

---

13 거대한 승려 모습으로 갑자기 나타나며, 쳐다보면 볼수록 점점 커지는 요괴이다. 사람들이 그대로 쳐다보고 있으면 죽기도 하지만, "미코시뉴도 넘어다봤다"라고 하면 사라진다고 한다.

다. 에도시대(특히 도시) 사람들에게 자연 및 그 상징적 존재였던 요괴는 더 이상 두려움의 대상이 아니라, 오히려 인간보다 더 하위에 있는 존재였던 것이다.

그런데 이러한 구사조시 속의 '바케모노'들에게는 각각의 성격이 명쾌하게 부여되어 있으며, 그들은 그러한 '약속'의 반경 안에서 행동하고 있다. 예를 들면 '미코시뉴도'는 목이 긴 승려 모습의 바케모노라고 하며, 나아가 그에게는 바케모노들의 우두머리라는 캐릭터가

〈그림 9〉 두부동자(豆腐小僧)

부여되었다. '두부동자豆腐小僧'(〈그림 9〉)는 두부를 담은 쟁반을 손에 들고 나타나고, 너구리는 음낭을 8장의 다타미 크기로 펼칠 수 있는가 하면, 유령은 흰 옷을 입은 발 없는 미녀의 모습으로 묘사되고 있다. 이는 실제 민간전승에 근거를 둔 요괴이면서도 독자적인 성격 부여가 이루어진 것들이다. 민간전승에서 미코시뉴도는 키가 무한정 커지는 요괴로 이야기되지만, 바케모노로서 미코시뉴도는 목이 길어지는 요괴가 되고 있다. 또한 민간전승에서는 미코시뉴도를 바케모노들의 우두머리라고 하지 않는다. 그것은 픽션 내에서만 이루어진 '약속'이었다고 생각된다. 두부동자에 이르면, 민간전승에서는 그 존재를 확인할 수 없으므로, 구사조시 고유의 요괴였던 것으로 짐작된다. (다만, 너구리나 수달이 변신한 모습인 '술 사러 가는 동자酒買ぃ小僧'나, '차 나르는 동자茶運び小僧'의 변용으로 간주할 수는 있다.)

이것은 바로 현대적인 의미의 '캐릭터'와 다르지 않다. 구사조시의 바케모노들은 각기 부여된 캐릭터에 따라 행동하고, 그리고 그로 인해 웃음을 창출했던 것이다. 여러 가지 다양한 요괴오락 가운데서도 에도시대 사람들이 특히 친근하게 느꼈던 요괴는 바로 이 캐릭터화된 바케모노들이었다. 에도시대는 요괴가 '놀이'의 제재가 된 동시에 요괴의 캐릭터화가 이루어진 시대였다고 할 수 있을 것이다. 어느 쪽이든 모두 리얼리티의 상실에 의한 요괴의 '허구화'에 바탕을 둔 것이었다.

제9장

요괴의 박물지

이토 료헤|伊藤龍平

'요괴의 박물지'란

어린 시절 박물지 류의 책들을 읽고 가슴이 두근거렸던 추억은 누구나 가지고 있을 것이다. '박물지'란 세상의 모든 것을 수집·분류·정리·보존하려는 인간의 근원적인 욕구를 바탕으로 한 작업의 결과로 이루어진 지식의 결정이라고 할 수 있다.

이번에 '요괴의 박물지'라는 매력적인 주제를 받고 특히 유념한 점은 가능한 한 많은 요괴를 다루고, 가능한 한 실용성이 높은 분류를 하는 것이었다. 그래서 민속보고서나 문헌에 우연히 기록된 요괴들을 중심으로 수집하고, 그것을 출현장소에 따라 분류하기로 했다. 우연한 기록들을 중시한 것은 개인에 의한 창작요괴를 제외하기 위한 것이며, 출현장소에 따라 분류한 것은 이를 통해 요괴와 인간과의 관계가 좀 더 분명히 드러나지 않을까 생각했기 때문이다. 또한 요괴와는 다소 거리가 있어 보이는 경우라도 요괴를 이해하는 데 도움이 될 만한 것들은 함께 소개하기로 한다.

산의 요괴

옛날에 한 사냥꾼이 산 오두막에서 비가 그치기를 지루하게 기다리다가 땅을 기어가고 있는 지렁이를 보게 되었다. 그때 마침 개구리가 나와서 지렁이를 잡아먹어버렸다. 사냥꾼이 '어라?' 하고 놀라는 사이, 이번에는 그 개구리가 뱀의 먹이가 되었다. 그 후로 뱀은 산새에게, 또 산새는 곰에게 먹혀버렸다. 생각지도 못한 사냥감의 등장에 사냥꾼은 총을 꺼내 곰을 겨냥하였다가, 자신도 불의에 거대한 무언가에게 습격 당할 것 같은 예감이 들어서 쏘려던 것을 그만두었다. 그러자 등 뒤에서 "현명하다, 현명하다"라고 외치는 소리와 함께 날카로운 웃음소리가 들려왔다.

이상은 〈차례로 당하는 운명廻り持ちの運命〉이라는 민담의 줄거리이다.

이때 사냥꾼이 들었던 웃음소리의 주인은 누구일까. 어떻든 사람이 아닌 것은 분명하다. 예로부터 산중에는 사람이 아닌 존재가 산다고 여겨져왔다. '산중타계'라는 학술용어도 있듯이, 심산유곡은 보통 사람들이 들어가서는 안 되는 이계공간이었다.

산 속을 걷던 사람이 들었다는 덴구와라이天狗笑い 전승은 전국에 분포되어 있다. 이 세상의 것이라고는 생각할 수 없는 요란한 웃음소리에 대부분 사람들은 기겁을 하지만, 더러 기가 센 사람들이 그것에 지지 않으려고 따라 웃어주기라도 하면 더 큰 웃음소리가 울려퍼진다고 한다. 이런 점에서는 야마비코山彦나 고다마木靈[1]와 비슷하다. 후쿠오카현福岡縣의 야마오라비('오라부おらぶ'는 '외치다'의 의미)는 큰 소리 내기를 한 끝에 사람을 죽인다고 하므로 위험한 존재이다.

시야가 흐릿한 산중에서는 청력이 예민해지는 것일까. 이처럼 '소리의 괴이'에 관한 이야기들이 많이 전승되고 있다. 요괴에 대해 생각할 때는 그것이 인간의 오감(청각·시각·후각·미각·촉각) 가운데 어디에 작용하는지 파악해둘 필요가 있다.

---

1   산이나 계곡에서 메아리가 울려퍼지는 현상을 일으키는 것으로 알려진 요괴로, '야마비코'는 산의 요괴, '고다마'는 나무의 요괴를 일컫는다.

산중에 울려퍼지는 것은 웃음소리만이 아니다. 덴구다오시天狗倒し는 밤중에 나무를 자르는 소리나 큰 나무가 넘어지는 소리를 내는 요괴로, 소라키가에시空木返し나 가라키가에리空木返り라고도 한다. 실제로 소리가 난 장소에 가 보면 아무것도 넘어져 있지 않다고 한다. 후쿠오카현에서 조사하면서 들었던 이야기에서는 이것을 산키노야마나리山鬼の山鳴り라고 부르고 있었다. 산키란 '산귀山鬼'인데, 사례가 그다지 많지는 않다. 아키다현秋田縣에는 산키치오니三吉鬼라는, 술을 좋아하는 산 요괴가 있는데, 아마도 이것과 관계가 있을 것이다.

그 밖에 북이나 피리 소리를 요란하게 내는 덴구다이코天狗太鼓라는 요괴, 돌팔매질을 마구 해대는 덴구쓰부테天狗飛礫(〈그림 1〉)라는 요괴도 있다.

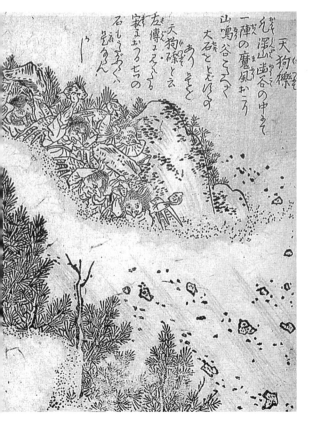

〈그림 1〉 덴구쓰부테(天狗飛礫)

이런 소리의 괴이 대부분은 덴구의 소행으로 여겨지지만, 그 실제를 정확히 알 수는 없다. 덴구는 야마부시와 같은 차림새에 맹금류의 얼굴 혹은 높은 코의 붉은 얼굴로 형상화되기도 하지만, 민간전승에서는 그 모습이 잘 드러나지 않기 때문이다. 분명한 것은, 이러한 현상이 들어가서는 안 되는 금기의 영역에서 길을 잃고 헤매는 인간에 대한 경종이라는 점이다. 여기서 되돌아가지 않으면 목숨을 잃게 되는 것은 기정사실이다.

'웃는다'는 것은 상대보다 우위에 서서 위협하는 행위이기도 하다. 야마오토코山男나 야마온나山女는 온몸이 털로 뒤덮힌 거대한 반인반수의 요괴인데, 인간을 보면 웃는 것으로 알려져 있다. 그 때문에 고치현高知縣에서는 이 요괴를 와라이오토코笑い男라고 부른다. 이 요괴의 웃음을 경험한 사람은 말할 수 없는 공포감에 사로잡힌다고 한다. 이 웃음 역시 경고의 의미일 것이다.

　야마오토코는 지역에 따라 야마와로山童 혹은 야마조우山丈라고도 하며, 젊은 여자인 경우는 야마히메山姬, 나이 든 경우는 야마지지山爺 혹은 야만바山婆라고도 한다. 민속학자 야나기타 구니오柳田國男는 이러한 요괴들을 '야마히토山人'로 총칭하고, 일본의 선주민이 아닐까 추론하는 가설을 세웠지만 확증은 얻을 수 없었다.

　야마히토의 특징은 인간이나 다름없으며 때로는 인간 이상의 지성을 느끼게 한다는 점이다. 문화를 가지고 있다고 해도 과언이 아니다. 항상 인간의 우위에 있었던 이 산의 요괴들에는 고대신의 모습까지도 엿보인다.

　에도시대의 『호쿠에쓰 설보北越雪譜』(스즈키 보쿠시鈴木牧之, 1837)라는 책에는 야마히토

〈그림 2〉 이상한 짐승異獸

에게 도움을 받은 사람의 이야기가 있다. (이 책의 본문에서는 야마히토를 '이상한 짐승異獸' (〈그림 2〉)이라고 기록하고 있다.) 주먹밥을 받은 대신 짐 운반을 도왔다고 하니, 반드시 악의가 있는 존재로 여겨진 것은 아니었다. 이처럼 사람과 야마히토 간의 거래에 관해 말하는 이야기도 있다.

히히狒々나 홋타치経っ立ち, 쇼조猩々라고 하는 커다란 원숭이 요괴도 야마히토와 통하는 데가 있다. 이 요괴는 젊은 여성을 좋아해서, 주민들에게 제물로 요구하기도 하고 때로는 직접 납치해가기도 한다. 이 요괴에서도 역시 고대신의 면모를 엿볼 수 있을 것이다.

야나기타 구니오의 『도노 이야기遠野物語』(1912)에는 〈기묘한 집迷い家〉이라는 제목의, 산중의 불가사의한 집에 관한 이야기가 있다. 산중을 헤매던 사람이 맞닥뜨린 그 집은 인가의 분위기는 아니었지만 누군가 살고 있는 것처럼 느껴졌다고 한다. 이곳도 역시 사람이 아닌 어떤 존재의 거처일 것이다.

사토리悟り는 산의 오두막을 내방하는 요괴이다. 모습은 거의 야마히토와 같고, 이름처럼 사람의 마음을 읽는 존재이다. 딱히 악행을 하지는 않지만, 이것과 마주친 사람이 무언가 대처하려고 하면 그 마음을 미리 읽고 앞질러서 행동하므로 결말이 나지 않는다. 그러나 막 이로리囲炉裏[2]에 불을 지피려고 하던 차에 그 땔나무가 파열하여 사토리의 얼굴을 치자, "인간들이란 생각지도 않은 짓을 한다"며 도망갔다는 이야기가 있다. 인간이 마음먹고 있던 것을 사토리가 거듭해서 말하는 장면이 있는 것을 보면, 야마비코山彦나 고다마木靈와도 관련이 있는 존재로 보인다.

이것과 관련하여, 중화권에는 정초에 나타나는 넨주年獸라는 요괴가 있는데, 폭죽을 터뜨리면 도망간다고 전해진다. 지금도 중국이나 대만에서는 설에 폭죽을 울리는 관습이 있는데, 파열한 장작 때문에 도망간 사토리 이야기와의 관련성이 엿보인다. 이와 같이 요괴를 국제적으로 비교할 때에는 이야기의 내용뿐 아니라 민속 등의 주변 상황도 함께 고려할 필요가 있다.

---

2   지방의 민가 등에서 난방을 위해 마루바닥을 사각형으로 파서 불을 피우는 장치이다.

겨울은 무엇보다 산이 가장 위험해지는 계절이다. 유키온나雪女(〈그림 3〉)나 유키오나고雪女子, 유키조로雪女郎는 눈보라 치는 밤이나 보름날 밤에 나타나는 요괴들이다. 흰 옷을 입고 있고, 얼굴색이 희고 아름다운 젊은 여성의 모습을 하고 있다. 갓난아기를 안고 있을 때도 있다. 그 자태에 넋이 빠져 있다가 목숨을 빼앗긴다고 하니, 설산의 아름다움과 두려움을 상징하는 요괴가 아닌가 싶다.

남성 눈 요괴도 있는데, 미청년은 아니고 대개는 오뉴도大入道의 모습을 하고 있다. 유키뉴도雪入道는 외눈에다 외발을 한 오뉴도로서, 설원에 거대한 족적을 남긴다고 한다. 어린아이 모습을 한 유키도지雪童子나, 노파의 모습을 한 유킨바雪婆도 있다.

이 요괴들은 야마히토山人와도 통하는 부분이 많지만, 출현하는 계절이 겨울이기 때

〈그림 3〉 유키온나(雪女)

문에 다른 것으로 간주된다. 또한 갓난아기를 안고 있는 유키온나는 바닷가에 나타나는 누레온나濡れ女[3]나 길거리에 출현하는 우부메産女[4] 등과도 행위 면에서 통하는 부분이 있다. 요괴를 이해하려면 이처럼 출현하는 계절이나 장소에 대한 것도 고려할 필요가 있다.

---

3 항상 머리가 젖은 상태로 바다나 강에 나타난다고 하며, 『화도백귀야행』과 같은 요괴화에서는 인면사체(人面蛇体)로 묘사되고 있다.
4 난산으로 죽은 임산부 요괴이다. 갓난아기를 안고 나타나 지나가는 사람에게 그 아기를 안아달라고 부탁하거나 남의 아기를 납치해가기도 한다.

하천과 연못의 요괴

〈그림 4〉 연못의 할미요괴(瀧中嫗婦)

아즈키토기小豆とぎ와 아즈키아라이小豆洗い는 강가에서 팥을 씻는 소리를 내는 요괴이다. 에도시대의 요괴화에서는 노인 모습으로 묘사되고 있지만, 원래는 모습을 드러내지 않고 소리나 음성으로만 나타나는 요괴이다. 소리뿐인데 어떻게 팥인지 알 수 있는가 불가사의하지만, 이것을 이해하는 데는 팥이 신에게 바쳐지는 공물이었다는 사실을 전제할 필요가 있다. 신앙과 요괴와의 관련성도 놓쳐서는 안 되는 문제이다.

하천이나 연못의 요괴들 가운데는 모습을 드러내지 않고 소리만 들려주는 것이 적지 않다. 『아이즈會津 괴담집』(아베 사이치阿部左市, 1936)에는 '고젠가누마御前ヶ沼'라는 요괴의 이야기가 있다. 검푸른 물이 가득 차 있었다는 그 연못에는 전국戰國의 난세에 죽은 한 여성의 슬픈 이야기가 전해진다. 연못 바닥에서는 베 짜는 소리가 들려온다고 한다. 이것은 쇼와 초기의 기록이지만 에도시대의 『노온다화老嫗茶話』에도 누마고젠沼御前이라는 비슷한 이름의 요괴 이야기가 실려 있는 것으로 보아, 이 일대에서는 널리 알려진 이야기였던 것 같다.

전국의 연못이나 호수 주변에도 이와 비슷한 이야기들이 많이 있다. 베짜기는 옛날에는 여성들이 필수로 갖추어야 했던 능력이다. 베 짜는 소리가 아니라 비파 켜는 소리가 울린다는 〈비파 연못琵琶淵〉 이야기도 있다. 이 요괴는 못에 빠져 죽은 비파법사琵琶法師[5]에서 유래되었다고 한다. 에도시대가 되어 샤미센三味線이 보급되면서, 〈사미

---

5   비파를 연주하는 승려 또는 승려 차림으로 비파를 켜는 직업적인 연주자를 말한다.

센 연못三味線淵〉 이야기도 생겨났다.

앞에서 든 『노온다화』에는 큰 장어가 승려로 변신하여, 독을 흘려보내는 고기잡이(독을 흘려 신경계를 손상시키는 어로법)를 그만두라고 호소하는 이야기도 있다. 마찬가지로 곤들매기가 승려로 변신하는 이야기도 있다. 이상하리만큼 거대한 이들 어류나 파충류는 일반적으로 '누시主'로 불린다. 누시는 생물과 요괴의 양면을 아울러 지닌 요괴이다. 주로 긴 세월을 살아온 어류나 파충류가 누시가 되는 경우가 많다. 누시와는 다르지만, 원숭이도 오래 살면 홋타치經っ立ち가 되고, 고양이도 오래 살면 네코마타猫又가 된다. 식물에서도 오랜 세월을 산 수목의 경우는 고다마木靈가 된다. 우리 조상들은 동식물들이 생을 지속해가는 동안 다른 무엇인가로 변이變異된다고 생각하고 있었던 것이다. 이것은 무생물에 대해서도 다르지 않아서, 오랜 세월에 걸쳐 사용되어온 기물이나 도구들은 쓰쿠모신付喪神으로 요괴화한다.

강에 사는 대표적인 요괴라면 역시 갓파河童일 것이다. 이제부터 갓파에 대해 살펴보자. 흔히 '갓파에게 시리코다마尻子玉를 빼앗긴다'고 한다. 시리코다마란 인간의 항문에 있다는 구슬이지만, 실제로 그와 같은 것은 존재하지 않는다. 익사자의 시신은 손상이 심하고 항문이 열려 있어서 그렇게 보였을 것이다. 갓파에는 이도누키ィドヌキ라는 별칭이 있는데, '이도'는 둔부의 의미이므로, 시리코다마를 빼는 것에서 유래된 명칭이다.

오늘날은 캐릭터화되면서 귀여운 이미지가 강해졌지만, 본래 갓파는 이처럼 아무렇지도 않게 사람의 생명을 빼앗는 무서운 존재였다. 갓파뿐 아니라, 옛날 요괴들에게는 죽음과 폭력의 분위기가 감돌고 있었다. 이렇게 공포의 대상이었던 요괴가 애완의 대상으로 변화하게 된 것은 에도시대의 일로, 가가와 마사노부香川雅信의 『에도의 요괴혁명江戶の妖怪革命』(2005)에서 이 문제에 대한 고찰이 이루어졌다.

강이나 못은 우리들에게 무엇보다도 친근한 이계였다. 예나 지금이나 그곳에서 목숨을 잃는 사람들이 적지 않다. 그 익사의 원인을 모두가 갓파라고 납득하던 시대가 바로 최근까지도 지속되었다. 실제로는 결과(익사라는 사실)가 먼저 있고 그 다음에 원인(갓파)이 부상하는 것이다. 그러한 사고법을 민속학에서는 '해석장치'라고 부르고 있

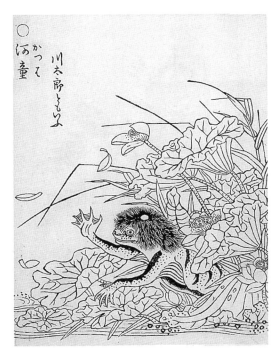

〈그림 5〉 『화도백귀야행(畵圖百鬼夜行)』에 묘사된 갓파

다. 곧 익사라는 불행한 사고가 왜 일어났는가를 해석하기 위한 장치로 갓파가 이용되고 있었던 것이다. 다른 예를 든다면, 행방불명은 덴구의 소행으로, 산중에서 길을 잃는 것은 여우나 너구리의 소행으로 해석되어왔다. 천년 전의 『금석 이야기집』에서는 돌연사(아마도 뇌졸중)도 오니의 소행으로 해석하고 있다. 이와 같이 불가사의한 사건을 이해하기 위해 자주 요괴가 호명되었던 것이다.

갓파는 스이코水虎, 효스베兵主部, 가타로川太郎, 메도치メドチ 등, 여러 가지 별칭을 가지고 있다. 여기서는 편의상 '별칭'이라고 했지만, 그 지역 사람들에게는 스이코는 스이코, 효스베는 효스베일 뿐, 갓파가 아니다. 이러한 물의 요괴들을 종합적으로 포착함으로써 보이게 되는 부분도 분명히 있겠지만, 한편으로 명칭을 통일해버리면 각각의 요괴가 원래 지니고 있던 개성이 보이지 않게 될 수도 있으므로 주의할 필요가 있다.

갓파의 경우는 명칭뿐 아니라 모습도 통일되어왔다. 이전에 대만의 한 대학에서 가르치던 시절, 수강생들에게 갓파·오니·덴구 등의 일본 요괴들을 그려보게 한 적이 있었는데(놀이가 아니라 일본문화의 이해를 위해), 그때 이미지가 가장 통일되어 있었던 것이 갓파였다. 대만의 대학생들이 묘사한 갓파는 일본인들이 지닌 이미지와 마찬가지로 산발한 머리 위에 접시를 이고 있고, 부리와 물갈퀴가 있으며, 등에는 거북이등딱지를 짊어진 작은 몸집의 귀여운 생물체였다. 일본 요괴문화의 해외진출 사례라고 할 수 있을 것이다.

그런데 앞서 언급한 갓파의 별칭 가운데 메도치는 미즈치水之靈[6]의 의미로, 이 요괴

의 내력을 추정하는 데 시사하는 바가 크다. 왜냐
하면 여기에는 갓파가 요괴로 영락하기 전의 신의
면모가 엿보이기 때문이다. 신앙을 상실한 신들이
영락하여 요괴가 되었다고 하는 영락설은 야나기
타 구니오가 제창한 것으로, 요괴를 이해하는 데
오랫동안 지표가 되어왔다. 후에 고마쓰 가즈히코
小松和彦에 의해 일원적인 영락설은 부정되었지만,
갓파처럼 이것이 적용될 수 있는 사례도 있다. 실
제 갓파를 제사 지내는 신사도 있는데, 그 전승들
을 꼼꼼히 살펴보면 그러한 지적이 가능하다.

〈그림 6〉 『도네강 도지(利根川圖志)』에 묘사된 갓파

예를 들면 갓파가 스모를 좋아하는 것도 영락설
로 설명할 수 있다. 스포츠가 되기 전의 스모는
신사神事와 관련된 예능으로, 원래는 신에게 봉납
된 것이었다. 오늘날 큰 규모의 스모에도 그 흔적이 남아 있으며, 지방의 신사에서는
신에게 봉납되는 스모가 매년 행해지고 있다.

또한 전국적으로 전승되어온, 〈갓파가 말을 물속으로 끌어들이는 이야기〉에서도
수신의 흔적을 읽을 수 있다. 신사神事에서 말은 빠질 수 없는 것으로, 때로는 희생으
로 바쳐졌다고도 한다. 진위의 정도는 확실치 않으나 신사神社에 봉납하는 에마繪馬[7]
는 희생제물인 말의 대용이라는 설이 있다.

『도노 이야기』에는 갓파의 아이를 잉태한 처녀의 이야기가 있다. 이것도 갓파가 다
른 요괴와 구별되는 증거일 것이다. 수많은 요괴들 가운데서도 인간 처녀와 혼인관계
를 맺는 경우는 극히 드물다. 이와 유사한 것으로 큰 뱀의 아이를 잉태한 처녀 이야

---

6   수신 또는 용신으로 수중에 살며, 뱀을 닮은 형상에 뿔과 사지를 갖고 있어 독을 내뿜어 사람을 해친
     다고 한다.
7   기원이나 감사의 표시로 신사나 절에 봉납하는 말이 그려진 판자이다.

기도 많이 보고되고 있는데, 수신이 주로 사체蛇体를 하고 있다는 점에서, 역시 관련성이 확인될 수 있다.

앞서 소개한 야마히토山人도 처녀를 납치해가서 아내로 삼았다는 전승이 있으며, 갓파가 겨울이 되면 산에 올라 야마히토가 된다는 이야기도 여러 지역에서 전해진다. 야마히토가 스모를 좋아한다는 전승에서도 갓파와의 연관성을 찾을 수 있다. 또한 갓파의 별명으로 엔코猿猴, 후치자루淵猿, 가와자루川猿 등이 있는 것을 보면, 원숭이 - 야마히토 - 갓파의 관계에는 분명 가볍지 않은 무엇인가가 있다.

바다 요괴

잔잔한 바다는 아름답지만 일단 거칠어지기 시작하면 손을 쓸 수 없게 된다. "판자한 장 밑은 지옥板子一枚下は地獄"('판자'는 뱃바닥의 나무판)이라는 옛날 속담처럼, 바다는 많은 사람들의 목숨을 삼켜왔다.

전국 각지의 바다에서 전해지는 '배유령(후나유레船幽靈)' 이야기는 바다에서 목숨을 잃은 사람들에 대한 생각이 집약된 것으로 볼 수 있다. 배유령에도 여러 종류가 있는데, 널리 알려진 이야기로는 바다 수면 위로 무수한 손들이 나타나 "물바가지(히샤쿠柄杓)를 빌려달라"고 호소한다는 것이 있다('히샤쿠柄杓'는 물 푸는 도구). 후나유레가 이나다카세イナダカセ라든가 샤쿠시쿠레シャクシクレ 등으로 불리는 지역도 있다 ('이나다'·'샤쿠시'는 '물바가지'의 의미). 유혹에 넘어가 물바가지를 빌려주면 그걸로 배 안에다 물을 퍼 넣어서 끝내는 배를 침몰시켜버린다. 따라서 배에서는 그럴 경우를 대비하여 항상 밑 빠진 바가지를 준비해 두지 않으면 안 된다고 한다.

배유령과 동일시되기도 하는 '유령선(유레부네幽靈船)'도 전국적인 전승을 보인다. 예를 들면 아오모리현青森縣의 바다에 출몰하는 '망자의 배(모쟈부네亡者船)'나 후쿠오카현福岡縣의 바다에 출몰하는 '떠도는 배(마요이부네迷い船)' 등이다. 오봉お盆[8]이나 섣달 그믐날 밤에 풍랑이 일 때 바다로 나가면, 해상에서 이 유령선들과 만난다고 한다. 이 배

들은 밤중인데도 등불을 밝히지 않았거나, 아무도 타지 않았거나, 바람을 거슬러 나아가고 있거나 하여 한 눈에 알아차릴 수 있다. 정면으로 다가와 부딪혔다고 생각하는 순간, 홀연히 사라진다고 한다. 지바현千葉縣 도미우라정富浦町에서는 그 배들이 '호잇삿! 호잇삿!'하고 장단을 맞추며 기세 좋게 다가오지만, 역시 밑 빠진 바가지를 던지면 벗어날 수 있다고 한다. 그런 다음날이면 바다 수면 위로 조난자의 시신이 떠오른다고 한다.

일찍부터 어부들 사이에서 널리 회자되어 온 이야기들이다. 요괴에 관해서는, 어떤 장소에서 이야기되었는가, 이야기꾼이나 청중은 어떤 사람들이었는가 검토할 필요가 있다. 예를 들면 『호쿠에쓰 기담北越奇談』(다치바나 곤론橘崑崙, 1812)에 실려 있는 유레부네(유령선)는 배가 난파되었을 때의 정경을 반복해

〈그림 7〉 배유령(船幽靈)

서 보여주었다고 하는데, 이것을 본 것은 폭풍우 치는 바다 속으로 내던져진 어부들이었다. 이 요괴가 어부집단 내에서 이야기되었을 때는, 그 일이 내일은 나의 일이 될 수도 있다는 절실한 생각이 배경에 있었을 것이다. 그렇지만 이 이야기가 글로 기록되어 바다와 무관한 삶을 살고 있는 독자들에게 제공되었을 때는, 이야기가 본래 가지고 있던 '현장'의 힘이 상실되어버린다. 이처럼 이야기와 이야기꾼, 그리고 이야기

---

8 매년 8월 15일 무렵, 조상의 영혼을 모시는 풍속으로 신도와 불교가 결합한 형태로 행해진다. 오봉 전에는 조상의 영혼을 맞이하는 불(무카에비迎え火)을, 그리고 오봉이 끝나면 영혼을 보내는 불(오쿠리비送り火)을 피운다. 이때는 사람들이 모여 춤을 추는 '봉오도리(盆踊り)' 행사도 진행된다. 전통적인 오봉 기간은 음력 7월 15일 무렵이다.

〈그림 8〉 신기루(蜃氣樓)

현장은 늘 염두에 두어야 할 문제들이다.

유령선과 연관된 것으로는 지바현千葉縣 아와군安房郡에 호타테가이ホタテガイ(가리비 조개 요괴)가 사람을 속이는 이야기가 있다. 『일동본초도찬日東本草圖纂』(간다 겐키神田玄紀, 근세 중기)에 의하면, 밤중에 낚시배가 고기를 잡고 있을 때 이 호타테가 나타나서는 전방의 해상을 달린다. 그래서 어부가 동료의 배라고 생각하고 따라가면 급히 사라진다는 것이다. 호타테에는 문자그대로 '돛帆을 세우고立てて' 해상을 달린다는 의미가 있는데, 이 호타테가 유령선으로 변해온 것으로 보인다.

하마구리ハマグリ(대합요괴)가 조가비를 세우고 해면을 달리는 이야기도 『세반 괴담 실기西播怪談実記』(하루나 다다나리春名忠成, 1754)에 보인다. 이 하마구리는 무지개를 토했다고도 한다. 예로부터 하마구리는 신기루를 보여주는 것으로 알려져 있다. 교토의 고다이사高台寺에 소장되어 있는 '대합관음蛤觀音'의 그림은 대합에서 관음상이 불쑥 모습을 내밀고 있는 구도로, 이 속신에 바탕을 두고 있다. 에도시대에는 유사한 취향의 그림이 많다. 도리야마 세키엔鳥山石燕의 요괴화에 있는 사자에오니サザエオニ(소라요괴榮螺鬼)는 창작처럼 보이지만, 구도가 대합관음과 유사한 것으로 보아 영향을 받은 것인지도 모르겠다.

우미보즈海坊主도 대표적인 바다 요괴이다. 옻칠을 한 듯한 검은 몸의 오뉴도라고 하는데, 이야기에 따라서는 배유령 전승과 겹치는 부분도 많다. 『인번괴담집因幡怪談集』(저자 미상, 근세 후기)에도 이 우미보즈에 관한 이야기가 있다. 밤중에 남자가 바닷가를 걷고 있는데 정체불명의 존재가 해중에서 나타나 습격해온다. 전신이 미끌미끌하여 잡을 수가 없다. 다음날 아침에 보니, 남자의 온몸에 장어 기름 같은 것이 붙어 있었다. 지역의 고로古老는 이것을 우미보즈라고 했다. 그런데 이 이야기를 만화화한 미즈키 시게루는 이 요괴에게 '미끌미끌 보즈ぬるぬる坊主'라는 이름을 붙였다. 이것은 미즈키의 창작이다. 오락으로 즐기는 데는 상관이 없지만, 요괴에 대해서 본격적으로 조사하려고 할 때는 원자료를 검토하지 않으면 안 된다는 것을 보여주는 좋은 실례이다.

해변에 출몰하는 요괴 가운데는 논밭을 망치고 인가를 파괴하는 '우시오니牛鬼'[9]가 있는데, 이쯤 되면 요괴라기보다 괴수怪獸에 가깝다. 이소온나磯女・이소오나고磯女子・누레오나고濡れ女子 등으로 불리는 여자요괴들도 모두 바다에서 육지로 올라온 것들이다. 이야기에 따라 행동이 다른데, 갓난아기를 안고 나타나기도 하고 피를 빨기도 한다.

여자요괴로는 도모카즈키共潛き도 있다. 해녀가 바다 속에 들어가 전복을 따고 있을 때 자신과 똑 닮은 여자를 보는 일이 있다고 하는데, 이른바 도플갱어일까. 그런데 이것과 만나고 나면 좋은 일이 없다고 한다. 해녀라는 여성 특유의 일에 종사하는 사람에게만 나타나는 요괴로, 남자가 이것과 조우하는 일은 결코 없다. 앞서 소개한 이소온나, 유키오카나그ㅋㅋォカナ, 우부메ウブメ와 같은 요괴는 '갓난아기를 맡기는' 행동을

---

9   주로 해안에 출몰하며, 바닷가를 거니는 인간을 습격한다고 한다. 소의 머리와 오니의 몸, 또는 그 반대로 오니의 머리와 소의 몸을 가진 것으로 전해진다.

〈그림 9〉 아야카시(あやかし)

하는 경우가 있는데, 이 유형에서 요괴와 조우하는 것은 남자이다. 이야기꾼이나 요괴의 성별에 따른 차이에 대해서 고려해보는 것도 흥미로울 것이다.

바다의 요괴는 '아야카시怪かし'로 총칭해왔다. 『괴담 노인의 지팡이怪談老の杖』[10] (헤즈쓰 도사쿠兵秩東作, 에도 중기)에는 아야카시라는 여자요괴 이야기가 보이며, 『사도괴담 조염초佐渡怪談藻塩草』(저자 미상, 1778)에서도 바다 요괴인 우스오이할멈臼負婆[11]을 본 사람이 "저것은 아야카시인가"라고 말하고 있다. 또한 배유령 후나유레를 아야카시라고 부르기도 한다. 요쿄쿠謡曲 〈후나벤케船辯慶〉[12]에는 헤케平家의 망령을 아야카시라고 부르고 있다. 이 망령은 미나모토노 요시쓰네源義經 일행이 탄 배에 들러붙어 진로를 방해한다.

『금석백귀습유今昔百鬼拾遺』(도리야마 세키엔, 1780)에 나타나는 아야카시는 거대한 바다뱀 모습의 괴물이다〈그림 9〉. 배를 타고 넘어가는 데 2~3일이 걸릴 정도로 거대한 이 괴물은 배 안에 기름을 흘리고 간다고 하며, 이 기름을 퍼내지 않으면 배가 전복한

---

10 주로 에도를 중심으로 수집한 괴담수필의 백미로 평가 받는다.
11 바다 밑에서 나타나는, 절구를 짊어진 모습의 노파요괴이다.
12 미나모토노 요시쓰네는 헤케를 멸망시킨 후, 이복형 요리토모(賴朝)와의 불화로 도망자 신세가 된다. 요시쓰네는 배를 타고 해상으로 탈출했는데 바다에서 헤케의 망령이 나와 그의 일행이 탄 배를 침몰시키려고 했지만, 부하인 벤케의 기도에 의해 퇴치되었다는 내용이다.

다고 한다. 『이야기바다譚海』(쓰무라 소안 津村淙庵, 에도 후기)에는 이쿠치イクチ, 『이야기주머니耳袋』(네기시 야스모리根岸鎮衛, 에도 후기)에는 이쿠지イクジ로 불리는 괴어怪魚 이야기가 있다. 『어감魚鑑』(다케이 슈사쿠武井周作, 1831)에도 아부라코키アブラコキ라는 괴어 이야기가 있으며, 호즈ホウズ・누루ヌル라는 별명도 있다고 기록되고 있다. 어느 것이나 행동이 같은 것으로 보아, 모두 동종인 것 같다. 그대로 내버려두면 배가 침몰하는데, 악의가 있어서 그런 것은 아니고 몸이 가려워 선체에 문지르고 있는 것이라고 설명한다. 이런 점은 『인번괴담집因幡怪談集』의 우미보즈와도 다르지 않다. 별명인 '호즈'는 '보즈'에서 온 것일까.

이처럼 예전에는 바다에 사는 생물 가운데도 요괴와 동렬로 취급되는 것이 있었다. 『의잔후각義殘後覺』(저자 미상, 에도 전기)에는 큰 문어를 아야카시로 부르고 있고, 『설창야화雪窓夜話』(우에노 다다치카上野忠親, 에도 중기)에는 빨판상어를 아야카시로 부르고 있다. 큰 바다뱀을 아야카시로 부르는 것도 전혀 이상하지 않다. 나가사키현長崎縣 이키壹岐에는 후나시토기フナシトギ라는 식인 물고기에 관한 전승이 있는데, 이것도 빨판상어 요괴이다. ('후나시토기'는 빨판상어의 방언이다.)

빨판상어가 들러붙으면 배의 진행이 멈춘다고 하는 속신이 있는데, 이것은 앞서 소개한 요쿄쿠〈후나벤케〉의 아야카시와도 같다. 또한 큰 바다뱀 아야카시가 끼얹은 기름을 퍼내지 않으면 배가 침몰한다는 것도 후나유레가 선체에다 바닷물을 퍼부어 가라앉히려고 하는 것과 상통한다. 요괴의 행동이 동물의 습성으로 이해되고 있었던 것이다.

『도산진 야화桃山人夜話』(다케하라 슌센사이竹原春泉齋, 1840)에는 아카에이アカエイ라고 하는, 섬으로 착각할 정도로 거대한 가오리 이야기와, 이소나데イソナデ라는 거대한 물고기 이야기가 있다. 또한 『서유기西遊記』(다치바나 난테橘南谿, 1795)에도 오키나オキナ라는 거대한 물고기 이야기가 있다. 민간의 구비전승으로 보고된 것으로, 와니자메ワニザメ, 진베사마ジンベイサマ 등에 관한 이야기도 있다. '진베자메'라는 고래상어가 실제로 있는데, 여기에서 취한 것인지도 모르겠다.

길·언덕·고개의 요괴들

사람들이 계속 왕래하는 곳에는 길이 생긴다. 길은 사람의 영역이지만 그 길을 한 발 잘못 내딛는 순간, 사람이 아닌 존재들의 영역을 침범하게 되므로 조심하지 않으면 안 된다. 특히 밤길은 주의할 필요가 있다.

밤길을 걸을 때 가장 걱정스러운 것은 시계視界가 미치지 못하는 배후일 것이다. 길의 요괴에 대해 생각할 때 키워드가 되는 것은 '시계視界'인지도 모른다. 앞을 향해 '걷는다'는 행위는 사람의 신체 행동에 일정한 벡터[방향성]를 주게 되므로, 여기에 요괴가 끼어들 틈이 생긴다.

진눈깨비가 내리는 길을 걷고 있는 사람의 뒤를 '뽀드득 뽀드득' 소리를 내며 따라오는 피샤가쓰쿠ピシャガツク는 인간의 공포심에 의해 생긴 요괴이다. 눈길을 걸어본 사람이라면 한번쯤은 경험한 적이 있을 것이다. 베토베토상ベトベトサン도 마찬가지로 발자국소리 요괴인데, 누군가가 뒤따라오는 낌새가 있어서 "먼저 가세요"라고 말하면 사라진다. 뒤에서 따라오는 것이 발자국소리가 아니라 '칫칫' 하는 새 우는 소리라면 그것은 다모토스즈메袂雀의 소행이다. 이때는 나쁜 일을 당하지 않도록 소매를 붙잡지 않으면 안 된다. 오쿠리스즈메送り雀도 그것과 동류로, 주로 오쿠리오카미送り狼와 함께 나타난다. 오쿠리오카미가 사람의 뒤를 쫓아오는 이유에 대해서는, 길 가는 사람을 지켜주기 위해서라거나 재앙을 주기 위해서라고 한다.

이러한 요괴들은 '낌새氣配'라고 하는, 정체 불명의 추상적인 것을 구체화한 것이다. 요괴 중에는 이들처럼 추상적인 공포심을 구체화하는 과정에서 생겨난 것도 있다.

오쿠리비送り火는 사람의 뒤를 따라오는 불의 요괴이다. 미노무시蓑虫는 비 오는 날 밤길을 가는 사람의 도롱이에 들러붙는 불의 요괴로, 뜨겁지는 않지만 쫓으면 쫓을수록 퍼지는 성가신 존재이다. 밤길을 가고 있을 때 등롱의 불이 쓱하고 희미해졌다면, 이는 히토리마火取り魔의 소행이다. 밤의 어둠이 깊었던 시대, 불이 꺼지고 시각視覺을 빼앗기는 것은 일종의 위협이었다.

시각을 빼앗는 것은 누리카베塗壁라는 요괴이다. 밤길을 걷고 있으면 눈앞에 벽이

생겨 나아가지 못하게 된다. 이것을 만났을 때는 봉으로 발밑을 치면 도망간다고 한다. 후스마襖, 노부스마野襖, 후톤가부세布團被せ 등도 마찬가지로, 경우에 따라서는 전후좌우의 시계를 다 빼앗기기도 한다. 그 정체가 너구리라고 하여, 이 요괴들은 가야쓰리타누키蚊帳吊り狸, 쓰이타테다누키衝立て狸로도 불린다. 여담이지만 동류의 요괴가 대만에도 있으며, 중국어로는 '구이단창鬼撞牆'이라고 한다. 꼼꼼하게 더 찾아보면 다른 나라에도 유사한 사례가 많이 있을지 모른다. 미즈키 시게루는 전쟁 중에 뉴기니아에서 이와 동종의 요괴를 만난 경험이 있다고 한다.

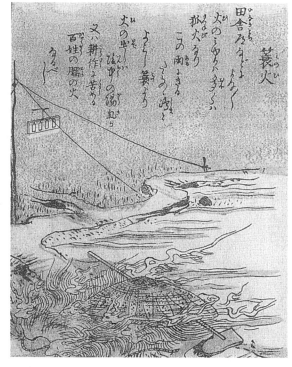

〈그림 10〉 미노비(蓑火)

다루ダル나 히다루가미ヒダルガミ는 고개에 나타나는 요괴로, 이것이 들러붙으면 이상하게 몸이 피곤하고 공복감에 시달린다. '다루'는 '나른하다'는 의미이다. 가키餓鬼나 지키도리食取り도 동종의 요괴이다. 대처법은 무언가를 입에 넣는 것인데, 수중에 식량이 없을 때는 손바닥에 '쌀米'이라는 글자를 써서 먹는 시늉을 하면 좋다고 한다. 옛부터 쌀에는 주술적인 힘이 있는 것으로 믿어져왔다.

갑자기 굴러와서 길 가는 사람을 놀라게 하는 요괴도 있다. 어떤 이유에선지 구르는 것에는 기물 요괴가 많은데, 소쿠리가 구르는 이자로코로가시イジャロコロガシ, 통이 구르는 다고마쿠리タゴマクリ, 절굿공이가 구르는 다테쿠리카에시タテクリカエシ, 주전자가 구르는 야칸마쿠리ヤカンマクリ, 술병이 구르는 돗쿠리코로가시トックリコロガシ, 찻잔이 구르는 자완코로바시チャワンコロバシ, 망치가 구르는 덴코로코로바시テンコロコロバシ,

간스カンス(물 끓이는 도구)가 구르는 간스코로바시カンスコロバシ 등이 있다. 어느 것이나 '이자로(소쿠리)'·'다고(통)' 등과 같은 기물의 방언명 밑에 '구르다'·'감다' 등의 행동 패턴이 붙은 이름들이다. 요괴 명명법칙의 하나라고 할 수 있을 것이다.

이러한 길의 요괴들은 네거리나 언덕 등, 사람들이 기억하기 쉽고 말하기 쉬운 장소에 나타난다. 민속학자인 미야타 노보루宮田登는 네거리나 언덕을 '경계'라는 용어로 한데 묶어 괴이와 조우하기 쉬운 장소라고 설명하고 있는데, 실제로는 해당되지 않는 사례가 많은 것 같다.

길 가는 사람의 소매를 잡아당기는 소데히키동자袖引き小僧라는 것도 있다. 소매를 당기는 느낌은 있는데 뒤돌아보면 아무도 없다. 호오나데煩撫で나 가오나데顔撫で는 찬 손으로 얼굴을 만지는 요괴이다. 이들은 모두 촉감에 작용하는 요괴들이다.

〈그림 11〉 미코시

오이가카리負いがかり는 정체불명의 요괴로 역시 뒤에서 덮친다. 이른바 온부오바케オンブオバケ이다. 오바리욘オバリヨン이나 옷파쇼이시オッパショイシ처럼 돌이 덮치는 요괴도 있으며, 이 경우는 그 돌을 들어올린 사람을 칭송하는 내용이 이야기의 중심이 된다.

시선의 이동에 관한 요괴라면 노비아가리ノビアガリ가 있다. 처음은 한 자(30cm) 정도의 작은 크기이지만 올려다보면 볼수록 점점 더 커진다. 그 정체는 수달이라고도 한다. 이것도 누리카베와 마찬가지로 땅에서 한 자 정도 되는 곳을 발로 차면 사라진다. 무엇이든 발밑을 잘 살피는 것이 중요하다는 것이다. 점차 높아진다고 하여, 시다이다카シダイダカ라고도 한다. 미코시뉴도見越入道(〈그림 11〉)나 다카보즈高坊主, 다카뉴도高入道도 올려다볼수록 커진다는 점에서 비슷비슷한 요괴들이다. 이때 당황하거나 소란 피우지 않고 "미코시뉴도, 미코시타(넘어다 봤다)"라고 말하면 모습을 감춘다고 한다. 니가타에서 고테보즈コテボウズ(놋테보즈ノッテボウズ・홋텐보즈ホッテンボウズ라고도 함)라고 하는 요괴 이야기를 들은 적이 있는데, 이것도 비슷한 종류인 것 같다. 『도노 이야기』에는 노리코시ノリコシ라는 이름으로 실려 있으며, 그림자법사影法師와도 같은 것으로 여겨지고 있다. 서구의 브롯켄ブロッケン 요괴와 같이 그 정체가 그림자인지도 모르겠다. 또 미코시뉴도는 에도시대 그림책들에서는 목이 긴 오뉴도로 묘사되고 있는데, 본래 모습은 목이 늘어나는 것이 아니라 몸 전체가 커지는 것이다.

〈그림 12〉 가마이타치(窮奇)

걷고 있을 때 발 밑에 달라붙는 요괴도 있다. 스네코스리脛擦り는 개의 모습으로 비 오는 밤에 나타나 발 밑을 빠져나간다. 아시마가리足曲がり는 발에 들러붙는 솜과 같은 것이고, 아쿠도봇포리アクドボッポリ는 아쿠도(발꿈치踵)를 공격하는 요괴이다. '봇포리'라는 것은 물어뜯을 때 나는 소리의 의음擬音일까. 오보オボ나 고로비コロビ, 노즈코野之兒라는 것도 비슷한 요괴이다. 발바닥을 상하게 하는 가마이타치鎌鼬도 같은 종류에 포함시킬 수 있다〈그림 12〉. 이때 상처는 선명하지만 피는 나지 않는다고 한다.

밤길을 걸을 때에는 머리 위도 주의해야 한다. 묘한 것이 위로부터 떨어지거나 위에 매달려 있기도 한다. 야칸즈루ヤカンズル는 주전자가, 후쿠로사게フクロサゲ나 자부쿠로사가리チャブクロサガリ는 주머니가, 아부라즈마시アブラズマシ는 기름병이, 나베오로시ナベオロシ는 솥이, 쓰루베오로시ツルベオロシ는 두레박이 위로부터 떨어지는 괴이이다. 어느 것이나 나무 밑을 지날 때 떨어진다. 털 색깔은 조금 다르지만 나무 위에서 모래를 뿌리는 스나후라시スナフラシ와 스나카케바바スナカケババ는 동종의 요괴이다. 스나마키이타치スナマキイタチ와 스나마키다누키スナマキダヌキ는 그 정체를 여우나 너구리에서 찾는데, 하는 짓도 다르지 않다. 말의 목이 위에서 떨어지는 사가리サガリ, 말의 발이 위에 매달려 있는 우마노아시ウマノアシ라는 괴이도 있다.

이러한 괴이는 대개 나타나는 장소가 정해져 있어서, 그곳을 지날 때는 주의할 필요가 있다. 장소를 정해서 나타나는 것도 요괴의 행동 경향 중의 하나이다.

길 가는 사람을 헤매게 하는 것은 여우나 너구리의 장기로, 그들에게 속은 사람이 날 밝을 때까지 같은 곳을 빙글빙글 돌고 있었다는 이야기가 많다. 『금석 이야기집』에서는 이것을 '마요이하시신迷ハシ神'의 소행이라고 하고 있다. 『우월 이야기雨月物語』[13]의 작가인 우에다 아키나리上田秋成도 여우에 홀려 길을 헤맨 경험이 있다고 한다.

요괴가 다니는 길도 있다. 나마메스지ナマメスジ는 '야교상夜行さん'이라고 하는, 신도 요괴도 아닌 존재가 다니는 길이다. 나메라스지ナメラスジ라든가, 나와스지ナワスジ라고도 하며, 시코쿠四國나 주코쿠中國 지방에 많이 보인다. '스지'는 '길'이란 뜻이다. 야교상이 세쓰분節分이나 섣달 그믐날 밤에 목 없는 말首無し馬을 타고 이 길을 지난다고 하여 지역 사람들은 두려워했다.

요괴가 군집해서 다니는 것을 백귀야행이라고 하며, 이는 에마키 등의 제재가 되었다. 민간의 사례로는 『눈의 고장, 데와로 가는 길雪の出羽路』[14](스가에 마스미菅江眞澄, 에도 후기)이라는 책에, 누라리횬ヌラリヒョン, 오토로시オトロシ, 노즈치野槌들이 백귀야행하는 '바케모노 언덕化物坂'이 있었다는 기록이 있다. 노즈치는 물론이고 누라리횬과 오토로시도 에도의 요괴화에 등장하기는 하지만, 민간전승에서는 이 사례들을 찾기 어렵다. 경우에 따라서는 창작이 많이 가미된 요괴화 속의 요괴를 오히려 민간전승에서 받아

---

13 에도 중기 작품으로 일본이나 중국의 고전을 번안·개작한 괴소설 9편을 수록하고 있다.

14 스가에 마스미가 눈이 많은 데와(出羽) 지역을 유람한 후 편찬한 여행기이다. 데와는 오늘날의 아키타현(秋田縣)과 야마가타현(山形縣)에 해당하는 지역이다.

들인 것인지도 모르겠다. 이상은 눈이 많은 아키타秋田 지역의 이야기이다.

집의 요괴

해질녘을 '황혼たそがれ' 무렵이라고 하는 것은, '누구냐 저건(다소가레誰そ彼)' 무렵이라는 의미이다. 지금은 사용하지 않지만, '저건 누구야(가와다레彼は誰)' 무렵이라는 말도 있었다. 인간이 지배하는 낮의 세계와 인간이 아닌 존재가 지배하는 밤의 세계, 그 접점에 해당하는 해질녘은 사람과 이물이 교착하는 위험한 시간대이다. 그 때문에 해질녘을 '오우마가도키逢魔が時'(악마와 만나는 시간)라고 부르기도 했다.

아이들이 가미가쿠시神隠し[15]와 맞닥뜨리는 것도 대개 해질녘이었다. 특히 해질녘에 아이들이 숨바꼭질을 하는 것은 위험하다. 이때 가쿠시가미隠し神나 가쿠레자토隠れ座頭, 가쿠레바바隠れ婆와 같은 요괴들이 아이를 납치해간다고 여겨졌다. 가마스오야지叺親父・가마스쇼이叺背負い도 동류의 요괴로, 이들은 큰 가마니에 아이를 넣어 어딘가로 데려간다고 한다. 가고쇼이籠背負い도 다르지 않다. 이 요괴들과 마주치지 않으려면 아이들은 일찍 집에 돌아가지 않으면 안 된다. 부모들이 아이를 훈육할 때 아마도 이 이야기들이 이용되었을 것이다. 『도노 이야기』에는 가미가쿠시로 인해 행방불명된 여성이 수십 년만에 돌아왔다는, 〈사무토寒戸 할멈サムトノババ〉 이야기가 있다.

한편으로 '가쿠레자토'의 떡을 주우면 유복하게 된다는 전승도 있다. '가미가쿠시' 곧 '신이 숨김'이라는 이름이 시사하듯이, 아이들을 납치해가는 이 요괴들에게도 어딘가 신의 초상이 엿보인다. 사람의 힘이 미치지 못하는 존재 가운데 제사를 받는 존재는 신이 되고 제사를 받지 않는 존재는 요괴가 되었지만, 실제로 양자의 경계선은 모호한 것이었다.

---

15 '가미가쿠시(神隠し)'란 신이 숨긴다는 의미이다. 옛날에는 아이 등이 갑자기 행방이 묘연하게 되면, 이를 가미가쿠시라고 하여 덴구나 산신이 데려간 것으로 여겼다.

아이를 납치해가는 요괴는 주로 집 주변에 나타나지만, 직접 집을 내방하는 요괴도 있다. 집을 내방하는 요괴로는, 섣달 그믐날 밤 집집마다 방문한다는 이시카와현石川縣의 아마미하기アマミハギ나 아오모리현青森縣의 히카타하기ヒカタハギ를 들 수 있다. '하게ハゲ'와 '하기ハギ'란 '벗기다'의 뜻, '아마미'・'히카타'는 '히다코火班'(이로리 앞에서 불을 쬐고 있으면 발에 생기는 반점)라는 뜻이다. 붉은 반점인 히다코가 생기는 것은 게으름을 피웠다는 표지이다. 그들은 그것을 벌주기 위해 찾아와서 그 게으름뱅이의 발 껍질을 벗긴다고 한다. 아키타현秋田縣의 나마하게ナマハゲ도 원래는 '나모미ナモミ(火班)'를 '벗기는' 존재, 이와테현巖手縣의 스네카スネカ도 '스네(정강이脛)'에 생긴 히다코를 '벗기는かっちゃく' 존재라는 것으로, 의미는 동일하다. 야마가타현山形縣의 '가세도리カセドリ'도 역시, '가세'(히다코의 방언)를 가져가는とる 존재라는 의미이다. 이들은 요괴의 명칭이라기보다는 민속적 행사의 명칭이라고 해야 할 것이다.

이러한 요괴들은 연중의 세시행사 속에 수용되어 있어서 가시적으로 포착될 수 있다. 연말연시의 뉴스에서 본 사람도 많을 것이다. 어느 것이나 도롱이를 입고 무서운 얼굴을 한 덩치 큰 남자의 모습을 하고 있다. 요괴 이미지라면 에도의 화가들이 그린 요괴화를 떠올리는 경향이 있는데, 이렇게 민속예능 속에서 키워져온 이미지도 중시되어야 할 부분이다.

가고시마현鹿兒島縣 시모코시키지마下甑島의 도시돈歲殿도 역시 섣달 그믐날 밤에 요괴가 집집마다 찾아와서는 나쁜 아이를 벌주는 한편, 잘못을 반성한 아이에게는 떡을 주는 세시행사이다. 이처럼 섣달 그믐날 밤에 집을 내방하는 요괴는 전국적으로 전승되고 있다. 오늘날 말하는 바의 '신'과 '요괴'의 양면을 아울러 지닌 존재로, 오리구치 시노부折口信夫라는 민속학자는 이들을 '내방신來訪神(마레비토)'이라고 불렀다.

외눈박이동자一つ目小僧도 집을 내방하는 요괴이다. 매년 고토하쓰카(2월 8일과 12월 8일)에 찾아온다고 하며, 그래서 이 날에는 집 대문에다 소쿠리를 매다는 풍습이 생겨났다. 소쿠리는 눈이 많아서 눈이 하나뿐인 동자를 이길 수 있기 때문이라고 설명한다. 그러나 고토하쓰카에 신이 찾아온다는 지역도 있어서, 여기서도 신의 모습이 엿보인다. 밤중에 단술을 찾아 집집마다 다니는 단술할멈(아마자케바바甘酒婆)은 문에 삼나

무 잎을 매달아두면 막을 수 있다고 하는데, 역시 동류로 생각된다.

이상은 집을 내방하는 요괴이지만, 집 안에도 요괴가 있다. 『일동본초도찬』에 보이는 시타야뉴도下谷入道는 주인이 집을 비운 사이 함부로 들어와 제멋대로 음식을 만들어 먹는 요괴이다〈그림 13〉. 그리고 아카나메垢舐め는 이름그대로 목욕탕이나 주방에 달라붙은 때를 핥아먹는 요괴이다. 도리야마 세키엔이 요괴화로 그린 것 외에, 에도시대의 기담집奇談集인 『고금백물어 평판古今百物語評判』에도 그와 유사한 아카네부리垢舐り 이야기가 있다. 『일동본초도찬』에 실린 아카네부리는 아기 얼굴에 개의 몸을 한 기괴한 모습으로 '등잔 밑 어두운 곳의 판자 이음새를 따라 졸래졸래 걸'으면서 혀를 내밀어 때를 핥고 있다

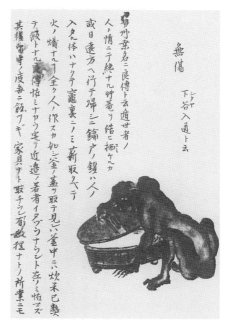

〈그림 13〉 시타야뉴도(下谷入道)

고 한다〈그림 14〉. 이것은 쇼토쿠正德 년간(1711~1716), 호리타堀田공의 저택에서 있었던 일이라고 하는데, '등잔 밑 어두운 곳'이라는 점에 주의할 필요가 있다. 지금과 달리 옛날에는 집의 내부가 아주 어두웠다.

'핥는다舐め'는 것도 요괴의 기본동작 가운데 하나로 보인다. 도리야마 세키엔이 그린 덴조나메天井舐め의 도상은 있지만〈그림 15〉, 민간전승으로 보고된 사례는 없는 것 같다. 오늘날은 망실되어버린 전승으로도 생각되지만, 한편으로는 세키엔의 도상이 창작이었을 가능성도 있다. 실은 에도의 요괴화 가운데는 화가 개인의 창작도 적지 않다. 또는 민간전승을 반영한 것이었다고 하더라도 그림으로 그려진 부분은 창작인 경우가 있다. 유의할 점이다.

예를 들면 마쿠라가에시枕返し는 잠을 자고 있을 때 장난을 치는 요괴로, 민간전승 사례가 보고되긴 했지만 본래 모습에 대한 묘사는 없다. 그런데 세키엔은 이 요괴를 인왕상仁王樣[16]의 모습으로 도상화했다. 그리고 세키엔이 그린 마쿠라가에시는 미즈키

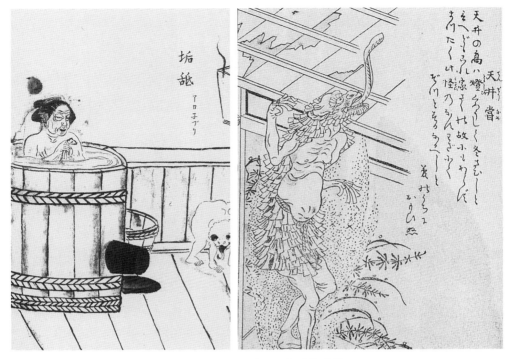

〈그림 14〉 아카네부리(垢舐)   〈그림 15〉 덴조나메(天井嘗)

시게루의 일러스트에 의해 오늘날까지 전해지고, 요괴사전의 항목으로도 수록되었다. 세키엔 - 미즈키 라인에서 형성된 요괴들은 야나기타 - 미즈키 라인에서 형성된 요괴들과 함께 오늘날 요괴 이미지의 2대 원류가 되고 있다. '이미지의 형성'은 '캐릭터화'로 바꾸어 말해도 무방할 것이다.

그런데 이 마쿠라가에시라는 것은 아침에 일어나보면 자기 전과 베개 위치가 바뀌어져 있는 정도의 괴이를 보일 뿐이지만, '마쿠라枕'의 어원이 '마타쿠라マタクラ(혼이 깃든 곳)'이며 인간의 생명에서 중요한 의미를 지니고 있다는 지식이 없다면, 현대인들로서는 이해하기 어려울 것이다. 무엇을 괴이라고 느끼는가는 시대에 따라 다르다는 것

16   사찰 입구의 일주문에 안치된 한 쌍의 불교 수호신상이다.

을 알아두는 것도 중요하다.

　사사키 기젠佐々木喜善의 『도노遠野의 자시키와라시ザシキワラシ와 오시라사마オシラサマ』
에는 자시키와라시座敷童子가 베개를 뒤집는 이야기가 있다. 자시키봇코ザシキボッコ('봇
코'는 '동자'의 의미)·자시키코조座敷小僧·구라와라시蔵童子·구라봇코クラボッコ 등등으
로, 이름은 다르지만 대동소이한 유형의 요괴들이 동북지방에는 많이 있다. 어느 것
이나 붉은 얼굴을 한 동자 모습이며(남녀가 함께 있다), 이것이 있을 동안에는 집이 번성
하지만 사라지면 집이 쇠락한다고 한다. 이러한 가운의 영고성쇠를 주관하는 요괴의
위협이라는 것도, 이에家 제도가 상실되어가고 있는 오늘날에는 실감이 나지 않는 사
람이 많을지도 모르겠다.

　에도시대에는 요괴가 나온다는 '바케모노 저택'에 관한 소문이 많이 나돌았다. 그
중에서도 유명한 것은 『이노물괴록稲生物怪録』이라는 에도 에마키의 제재가 되었던 바
케모노 저택으로, 30일 동안이나 주인공 이노 헤타로稲生平太郎를 괴롭히다가 마침내
는 퇴치되어 사라져버린다. 또 히메지성姫路城의 천수각에 머물렀던 오사카베長壁라는
여자요괴도 문예작품의 테마가 되는 등으로 지명도가 있었다.

　예전에는 황폐한 절이나 무가武家 저택, 또는 사찰이나 천수각 등이 요괴의 소굴이
었다. 현대판 바케모노 저택이라고 하면 학교일까. 전국의 아이들을 두려움에 떨게
한 화장실의 '하나코상花子さん'[17]은 대표적인 현대 요괴라고 할 수 있을 것이다. 하나
코상이 TV나 영화, 만화 등의 매스미디어를 통해 전국적으로 유포되어갔던 것도 또한
현대 요괴와 어울리는 전승방식이다.

17　대표적인 학교괴담의 주인공으로 화장실 요괴이다. 학교 교사의 3층 화장실 입구에서 "하나코상 계십
　　니까?"라고 하며 문을 세 번 노크하면, 세 번째 화장실에서 희미하게 "네"라고 답하는 소리가 들린다.
　　그래서 문을 열면 붉은 색 치마를 입은 여자가 그 사람을 화장실 안으로 끌고 들어간다는 이야기이다.
　　1980년경에 전국적으로 알려졌고, 1990년대에는 영화나 만화 등에도 등장하게 된다.

요괴에 대한 이해를 심화하기 위해서

이상 '요괴의 박물지'라는 주제로, 지면이 허락하는 한 많은 사례들을 소개했다. 아직도 소개하고 싶은 요괴들이 더 있지만 여기서 마무리하고자 한다. 서두에서 밝혔듯이 이 장에서는 민속보고서나 에도시대의 문헌자료에 우연히 기록된 요괴를 중심으로 자료를 수집한 다음, 출현장소에 따라 그것들을 분류해보았다. 그러나 자료를 수집하고 분류하는 기준은 하나일 수 없다. 흥미가 있다면 여러분 나름대로 '요괴의 박물지'를 만들어보면 어떨까. 그러면 요괴에 대한 이해가 더욱 깊어지게 될 것이다.

제10장

구비전승 속의 요괴

이쿠라 요시유키|飯倉義之

요괴는 '민화民話'인가

지금 읽고 있는 이 책은 어떻게 당신 손에 들어왔는가? 집 근처나 역 앞의 서점에서, 또는 지역이나 학교의 도서관에서, 그것도 아니면 인터넷의 온라인 서점에서 구입한 것인지도 모르겠다. 그때를 잠시 떠올려보기 바란다. 혹은 지금 바로 서가 앞에 있는 사람은 주변을 좀 둘러보아도 좋겠다. 서점에서 이 책과 같은 요괴 관련 서적들은 주로 '일본문화'나 '민속학' 관련 서가에, 연중 세시행사나 축제, 또는 민화에 관한 책들과 함께 꽂혀 있을 것이다.

만약 도서관에서 빌린 책이라면 이야기는 간단하다. 책 겉면에 붙어 있는 도서 라벨에 '388'이나 '388.1'이라고 쓰여 있을 것이다. 도서관의 책들은 국립국회도서관이 정한 〈일본십진분류법〉(NDC)에 의거하여 배열되어 있다. NDC의 규정에서 요괴에 관한 책은 '민속학'을 나타내는 38번대의 8번째, '388 전설·민화民譚'에 속하도록 정해져 있다(덧붙이면, ' .1'은 '일본'을 나타내는 보조번호이다).

온라인 서점에서 책을 주문한 경우는 조금 복잡할지도 모르겠다. 그러나 온라인 서점에서도 책을 주제별로 분류한 '장르' 검색이 반드시 필요하다. 대형 사이트인 아마존을 예로 들면, 본서처럼 요괴를 주제로 한 책은 대분류 '인문·사상'에 속해 있으며, 중분류 '문화인류학·민속학' 속의 '민담昔話·전승'에 포함되어 있다.

이와 같이 요괴는 '민담·민화'와 거의 같은 것, 혹은 그 가운데 한 카테고리로 인식되는 것 같다. 그러나 그렇게 보아도 정말 무방한 것인지 의문이다. 눈 앞에 있는 '민화' 책도 좋고, 애니메이션 〈만화, 일본의 옛날이야기まんが 日本昔ばなし〉이라도 좋으니, 한번 생각해보고 싶다. 민화에 나오는 요괴는 오니, 덴구, 갓파, 혹은 오로치, 용, 여우, 너구리처럼 일본 전국의 방방곡곡에 산재한 요괴들이 대부분이다. 누리카베ぬりかべ나 쇼케라しょうけら[1]나 오도로오도로おどろおどろ,[2] 혹은 고나키지지子泣き爺나 와뉴도輪入道나[3] 덴조사가리天井さがり와 같은, 이른바 『요괴도감』에 나오는 요괴들은 민화에는 거의 등장하지 않는 것 같다.

더욱이 일본 민속학에서 요괴는 오랫동안 '속신'과 같은 민간신앙의 한 분야로 연구되어왔다. 이로 볼 때, 과연 요괴를 민화의 범주와 같은 것이라고 할 수 있을까? 이 장에서는 이러한 요괴와 민화의 관계에 대해 해명하고자 한다.

'민화'란 무엇인가

민화와 요괴의 관계를 정리하려면 우선 지금까지 범박하게 사용해온 민화라는 용어를 정확히 인식하여 바로잡지 않으면 안 된다. 민화라는 용어의 역사는 의외로 오래지 않다. 영어 'Folktales'(민간설화)의 번역어 혹은 약어로서 쇼와 초기 무렵부터 사용되기 시작했으니, 아직 백 년이 채 지나지 않은 것이다. 그 후 극작가 기노시타 준지

---

1   고신마치(庚申待ち)에 등장하는 요괴로, 신불에게 철야로 제사지내는 경신일(庚申日) 밤을 감시하여, 잠들지 않는 인간에게 해를 끼치는 존재이다.
2   『화도백귀야행』에서는 긴 머리를 하고 앞머리를 얼굴에 내린 모습으로 묘사되며, 명칭만 있고 다른 설명은 없다.
3   화염에 휩싸인 우차의 바퀴 중앙에 남자 얼굴이 붙은 모습으로 묘사되고 있으며, 그 모습을 본 사람의 혼을 빼간다고 한다.

木下順二가 중심이 된, 민화를 통해 일본인의 마음을 탐구하고자 하는 '민화운동'을 시작으로, 1950년대에는 전국적으로 민화 붐이 일게 된다. (이 민화 붐의 영향으로 인해 애니메이션 〈만화, 일본의 옛날이야기〉가 나오게 된다.)

'민화'라는 용어가 널리 사용되게 된 것도 이러한 민화 붐의 영향이다. 그러나 이 용어는 '민간에 구전되어온 이야기'를 의미하는 것으로, 그 범위가 너무 넓고 정확성이 결여되어 있다. 그 때문에 민속학에서는 민화라는 용어의 사용을 기피하던 시기도 있었다. 민화를 민속학적 분류를 적용하여 좀 더 자세히 설명하면, 염불이나 속담, 명명법 등과 같이 언어 표현의 기술技術을 대상으로 하는 '구승문예口承文藝'의 한 분야인 민간설화라고 할 수 있다.

구승문예 분야에서는 이 민화를 이야기의 특성에 따라 '민담昔話'・'전설傳說'・'세간화世間話'로 분류하고 있다. 이 세 장르에 대해서, 요괴와의 관계를 이해하는 데 필요한 정도로만 설명해보자.

민담은 '옛날 옛날 어느 곳에'와 같은 정형화된 문구[발구發句]로 시작하고, '이것으로 끝'이라는 정형화된 문구[결구結句]로 끝맺는, 이야기 형식이 정해진 설화이다. 이야기 시작 부분에서 '옛날 옛날'이나 '어느 곳'이라고 말하고 있듯이, 민담의 무대가 되는 시간과 장소는 가공의 것이며, 등장인물도 대개 고유명사를 갖지 않은 '할아버지'나 '할머니'로 실재 인물이나 집단과는 무관하게 설정된다. 민담은 이야기하는 사람이나 듣는 사람 모두 이 이야기가 허구임을 자각하고 있는 설화이다. 그림책이나 애니메이션의 민화 이미지에 가장 가깝다고 할 수 있다.

다음으로 전설은 『성검전설聖劍傳說』이나 『은하영웅전설銀河英雄傳說』과 같은 장대한 서사시 이미지, 또는 『'갑자기 황금!' 전설』이나 『갓쓰ガッツ 전설』과 같은 위업 또는 일화逸話의 이미지로 사용되는 일이 많지만, 민속학에서 전설은 좀 더 친근한 산이나 강과 같은 지형의 유래, 거석이나 대목大木의 내력, 사당・절・신사의 유래, 연중행사나 제례의 유래 등과 같이 구체적인 사물의 역사를 설명하는 설화로 간주되고 있다.

전설은 역사상의 어떤 특정한 시점과 장소에서 1회에 한해 일어난 사건의 결과를 현재의 사물과 결부시킨다. 예를 들면 "여기(장소)에 요시쓰네義經 일행이 왔을 때(시점), 벤케弁慶가 바위를 들어올렸다(사건). 그 벤케의 손 자국이 남은 것이(결과) 이 벤케 바위(사물)이다"라는 식이다. 이처럼 전설은 '눈에 보이는 사물을 증거로 들어 역사인 것처럼 말하는 설화'인 것이다.

마지막으로 세간화는 위의 두 장르와는 달리, 이야기꾼과 청중이 살아가는 '지금・여기'와 연속되는 시간 및 장소에서 일어난 사건에 관한 이야기이다. 설화에 등장하는 장소도 인물도 이야기꾼과 청중에게 친근한 것이며, 뉴스의 출처가 '친구의 친구'인 경우도 있다. 세간화에서는 가까이에서 일어난 것으로 여겨지는 진기하고 괴이한 사건을 이야기한다. 일상에서 흔히 일어나는 일들(곧, 이웃에 대한 가십)뿐만 아니라 신기한 진사이문珍事異聞이 선호되므로, 요괴나 유령의 출현, 여우나 너구리의 속임수와 같은 괴이는 자주 세간화의 제재가 된다. 세간화는 '도시전설'이나 '소문'까지도 포함하며, 무엇보다 요괴와 잘 어울리는 구전설화라고 할 수 있다. 이제, 민담, 전설, 세간화에 나타나는 요괴를 살펴보기로 하자.

유명한 존재들만 있는 민담의 요괴들

우선 민담에 등장하는 요괴를 『일본민담대성日本昔話大成』에 실려 있는 일본의 민담을 통해 확인한다. 『일본민담대성』은 간행된 민담 자료들을 이야기패턴[화형話型]을 중심으로 분류한 색인집으로서, 간행된 지 수십 년이 경과한 지금도 널리 활용되는 연구서이다.

민담에서는 '오니'가, 퇴치되는 존재 혹은 부를 가져다주는 존재로서 아주 자주 등장한다. 널리 알려진 〈잇슨보시一寸法師〉[4]나 〈모모노코타로桃の子太郎〉,[5] 〈혹부리 영감

---

4   신장이 1촌(3cm) 남짓인 한 남자가 바늘을 칼로 삼아서 오니를 퇴치한 후, 그 오니가 남기고 간 요술 방망이 덕분에 키가 커져서 귀족의 딸과 결혼하고 입신출세한다는 이야기이다.
5   복숭아에서 태어난 모모타로가 할머니로부터 받은 수수경단을 가지고 개・원숭이・꿩과 함께 오니를 퇴치하고 금은보화를 가지고 돌아온다는 이야기이다.

瘤取爺〉,[6] 〈지장정토地藏淨土〉[7]를 떠올려봐도 좋을 것이다. 〈오니의 아들 고즈나鬼の子子綱〉[8]에는 오니와 인간 사이에서 태어난 아이까지 등장할 정도이다.

마찬가지로 민담에는 '덴구'의 출현도 잦다. 〈혹부리 영감〉에서 혹을 떼주는 것이 오니가 아니라 덴구라고 이야기하는 지역도 많다. 깃초무吉四六 같은 인간 현자에게 속아서 '은신용隱れ 도롱이와 삿갓'을 빼앗겨버리는 것도 덴구이다. 민담에서 덴구는 신통력은커녕, 순진하고 잘 속아넘어가는 존재로 나타나고 있다.

반면에 '야만바山姥'[9]는 〈석 장의 부적三枚の護符〉[10]이나 〈우차꾼牛方과 야만바〉,[11] 〈먹지 않는 아내喰わず女房〉,

---

6　혹부리 영감이 동굴에서 비를 피하다가 오니의 잔치와 맞닥뜨리게 되어 함께 춤추고 놀았다. 기뻐한 오니들이 내일 또 오라고 하며 영감의 뺨에 있는 혹을 떼주었다. 이 이야기를 듣고 이웃에 살던 혹부리 영감이 동굴로 찾아갔다가 실패하고 혹이 하나 더 붙어서 돌아온다는 이야기이다.

7　산에서 한 영감이 점심으로 먹던 주먹밥이 굴러갔다. 영감이 주먹밥을 따라 동굴 속으로 가보았더니 지장이 그것을 먹고 있었다. 지장은 영감에게 사과하면서, 오니들이 여기 올 것이니 신호를 하면 닭 우는 소리를 내라고 했다. 영감이 지장이 시킨대로 하자, 몰려온 오니들은 아침이 온 줄 알고 당황하여 보물을 버려둔 채 도망쳤다. 그래서 그 보물이 영감의 차지가 되었는데, 이 일을 들은 이웃 영감이 흉내를 내다가 도리어 오니들에게 혼나게 되었다는 이야기이다. 주6의 〈혹부리 영감〉 이야기와도 유사한 구조이다.

8　오니가 인간 처녀를 납치해서 아내로 삼았다. 처녀의 아버지가 납치된 딸과, 그 딸이 오니와의 사이에서 낳은 아이(고즈나)를 구해왔으나, 결국 그 아이는 인간 세상에서 살지 못하고 떠난다는 이야기이다.

9　심산에 사는 노파 요괴로 큰 키에 긴 머리를 하고 있다. 밤에 산중을 헤매는 사람에게 아름다운 여자의 모습으로 나타나 숙식을 제공하였다가, 그 사람이 잠들면 잡아먹는다고 한다.

10　어린 중이 산에 밤을 주우러 갔다가 한 노파를 만나서 따라갔다. 그 집에서 자다 깨보니 오니로 변한 노파가 자신을 잡아먹으려고 하고 있었다. 세 가지 부적의 도움으로 그 오니로부터 벗어났으나, 오니가 계속 쫓아왔으므로 절로 도망가서 스님의 도움으로 소쿠리 속에 숨었다. 스님과 오니의 대결 끝에 오니가 콩알처럼 작아지자, 스님이 그것을 떡에 넣어서 먹어버렸다는 이야기이다.

11　우차꾼이 건어물을 가득 싣고 산을 넘어가다가 야만바를 만나 잡아먹힐 처지가 되었다. 연못가의 나무 위로 올라가 숨었는데, 야만바는 연못에 비친 그의 모습을 실제라고 착각하고 물로 뛰어들었다. 그 사이에 우차꾼은 도망쳐서 외딴집 지붕 밑에 숨었는데, 마침 그 집이 야만바의 집이었다. 돌아온 야만바가 "쥐가 무서우니 솥 안에서 잘까"라고 말하는 것을 들은 우차꾼은 쥐가 나무를 갉아먹는 소리를 냈다. 그리고는 야만바가 무서워하며 솥 안으로 숨는 것을 기다렸다가 솥 위에 맷돌을 얹고 불을 피워

〈야만바와 통집주인桶屋〉[12] 등의 이야기에서 보듯이, 주인공들을 위급한 지경까지 몰아넣는 실력자이다(결국 퇴치되긴 하지만).

의외로 민담에서 '갓파'의 흔적은 미미하다. 〈연못신의 편지沼神の手紙〉[13]에서 주인공을 덫에 빠뜨려 잡아먹으려는 연못의 누시主를 갓파라고 한 사례가 있는 정도이다.

오래된 사찰에 요괴가 출현한다는 〈보물 바케모노寶化物〉,[14] 〈바케모노 사찰化物寺〉,[15] 〈바케모노와의 문답化物問答〉[16] 등의 이야기에 나오는 바케모노들의 정체는 기물이나 동물이 변신한 것이다. 그 변신한 정체를 간파해가는 수수께끼 풀이가 이런 이야기의 묘미라고 할 수 있다.

동물 가운데 변신을 많이 하는 것이 '여우'이다. '인간과 여우'의 카테고리에는 19가지나 되는 여우 이야기가 열거되고 있다. 지역에 따라서는 이 여우를 '너구리'나 '오소리'라고도 한다. 다음으로 많은 것이 '고양이'이다. 〈고양이와 차솥茶釜〉,[17] 〈고양이와 호박南瓜〉,[18] 〈고양이의 춤踊り〉[19] 등에서는 고양이가 주인공의 목숨을 노리는가 하

죽였다는 이야기이다.

12 일은 잘 하지만 밥을 먹지 않는 아내를 원하던 통집주인이 마침내 그런 아내를 얻게 되었다. 그러나 아내가 몰래 밥을 지어서 먹고 있는 것을 알고 헤어지려 하자, 아내는 목욕통 속에다 남편을 넣어 산 속으로 가지고 가서 자기 아이들에게 먹이로 주려고 했다. 도중에 나뭇가지에 걸려 통 뚜껑이 열리는 틈을 타서 빠져나온 통집주인이 강가의 창포 사이에 숨어 있다가, 자기를 쫓던 아내를 강에 빠뜨리고 도망쳤다는 이야기이다.

13 가난한 남자가 연못의 누시로부터 다른 연못의 누시에게 편지를 배달해 줄 것을 부탁 받는다. 편지에는 '심부름꾼 남자를 잡아먹으라'고 씌어 있었다. 그것을 본 로쿠부(六部)라는 사람이 '심부름꾼에게 보물을 주라'고 고쳐 써주어서 그 남자가 부자가 되었다는 이야기이다.

14 어느 마을에 부자 노부부가 살고 있었는데, 대단한 구두쇠여서 모은 돈을 헤아리는 것이 유일한 즐거움이었다. 그런데 밤마다 부부의 귀에 '도와달라'는 소리가 들려와서 살펴보니, 창고에서 쌀가마니, 소금, 된장, 돈 등이 바케모노가 되어 집 앞의 강으로 들어가는 것이었다. 그 후로 노부부는 돈을 쓰면서 살게 되었다는 이야기이다.

15 한 승려가 절에서 자다가 바케모노가 나온다는 이야기를 듣고 변소도 못 가고 방문을 연 채 볼일을 보고 있었는데, 갑자기 주먹이 날아드는가 하면, 이불을 뒤집어쓰고 있어도 몸이 흔들렸다. 이것이 모두 오소리의 소행이었다는 이야기이다.

16 문답을 통해 바케모노의 정체를 간파하고 굴복시키는 이야기이다.

17 사냥꾼이 산 속에 사는 바케모노 고양이를 퇴치하기 위해 총을 쏘았는데, 그 바케모노가 사냥꾼의 차솥 뚜껑으로 막아서 명중이 되지 않았다. 결국 부적 속에 넣어두었던 마지막 총알로 바케모노 고양이를 퇴치하였다는 이야기이다.

18 억울하게 죽은 고양이가 독이 있는 호박으로 변해 원한을 갚는다는 이야기이다.

면, 〈고양이 단가猫檀家〉[20]에서는 은혜를 갚고자 사찰을 부유하게 해주는 등으로, 민담에는 바케모노 고양이의 면면이 생생하게 살아 있다. 다음으로 '늑대'는 〈대장간의 노파鍛冶屋の婆〉에서 여행자를 습격하고, '원숭이'는 〈원숭이신의 퇴치猿神退治〉에서 마을 처녀를 제물로 요구하다가, 각각 호걸과 개에 의해 퇴치된다.

동물이 인간의 모습이 되어 장가들고 시집가는 〈뱀신랑 장가들기蛇婿入り〉나 〈학 아내鶴女房〉와 같은 '이류혼인담'의 이류異類들이 과연 요괴인지는 의문이지만, 여기서는 뱀·여우·개구리·물고기·고양이·학 같은 동물들과 더불어 갓파·오니·나무의 정령이 인간과의 혼인을 희망하다가 그 꿈이 깨지면서 사라지기도 한다.

이렇게 보면 민담에 등장하는 요괴는 이야기꾼의 설명 없이도 이해 가능한 존재들 뿐이다. 그리고 이류혼인담을 제외하면, 민담 속의 요괴는 이야기 줄거리 상에서 주인공이 타파해야 할 장애물로 나타나는 경우가 대부분이다. 여기서는 '강하고 무서운 바케모노'가 필요할 뿐, 개성은 요구되지 않는다. 따라서 민담에는 그 성질이나 모습에 대해서 이야기꾼이 장황하게 설명할 필요가 없는 오니나 텐구가 많이 나타나고, 이야기를 쓸데없이 길게 만드는 개성이 풍부한 요괴는 등장하지 않는 것이다.

〈바케모노와의 문답〉에 나오는 바케모노들은 예외이다. 그들은 헌 절굿공이나 낡은 망치처럼 기물이 변신한 것이거나, 세 발 달린 닭 또는 말의 두개골이 변신한 것이다. 그 모습도 '놋페라보のっぺらぼう[21]의 외다리'(절굿공이), '뾰족한 입에 뱅글뱅글 도는 눈'(닭) 등으로 표현된다. 그러나 이 이야기도 바케모노가 자기 이름을 '사이치쿠린노게산조쿠サイチクリンノケイサンゾク'나 '도잔 바코쓰トウザンバコツ'라고 밝힌 것을, '서쪽

---

19 고양이가 사람처럼 말을 하고 노래 부르고 춤을 춘다는 이야기이다.

20 절의 스님이 너무 가난해지자 기르던 고양이에게 나가라고 했다. 그러자 고양이가 가까운 시일 내 부잣집에 장례가 있을 것이라며 방책을 알려주었다. 마침내 그 장례식 날, 망자의 관이 하늘로 솟아올라 내려오지 않았다. 다른 많은 승려들이 기도해도 움직이지 않았는데, 마지막으로 그 절의 스님이 독경을 하자 관이 내려와서 무사히 장례를 치를 수 있었다. 그 후로 많은 집들이 그 절의 단가(檀家)가 되어 마침내 절이 번성하게 되었다는 이야기이다. 단가(檀家)란 특정한 사원에 소속되어 상례와 제례 등의 도움을 받는 대신에, 그곳에 보시를 하는 집을 의미한다.

21 외견은 사람에 가까우나 얼굴에 눈, 코, 입이 없다.

대숲의 세 발 달린 닭西竹林の鷄三足', '동산의 말 해골東山馬骨'로 해독하고 그 정체를 파헤쳐 퇴치하는 '수수께끼 풀이'에 흥미의 중심이 있을 뿐, 바케모노의 외양에 대한 설명은 부수적인 것이다.

민담에 나오는 요괴들은 이렇게 이야기 줄거리 전개를 돕기 위해 나타나는, 개성이 약한 존재라고 할 수 있다.

유래를 만드는 전설의 요괴들

이어서 전설에 나타나는 요괴를 살펴보자.

히가시 마사오東雅夫의 『요괴전설기문妖怪傳說奇聞』은 제목그대로 일본 전국의 '요괴전설'에 대한 기행이다. 저자들은 히로시마廣島에서는 『이노물괴록 에마키稻生物怪錄繪卷』의 무대를 돌아보고 가가와香川에서는 우시오니牛鬼의 도상이나 뿔을 찾아보고 사가佐賀에서는 나베시마鍋島 고양이 소동의 사적을 탐방하는 등으로, 요괴가 출현한 현장을 방문하거나 요괴를 공양했던 무덤 또는 사묘를 찾고, 요괴들이 남긴 뼈, 나무망치, 비전의 묘약, 또는 요괴가 그려진 족자와 같은 비장의 보물을 구경하고, 요괴 퇴치의 유래가 된 연중행사에도 참가한다. 이러한 '전설' 속의 요괴들은 너무나도 개성적이어서 우리가 지니고 있는 요괴 이미지와도 꼭 들어맞는다.

그러나 여기서 주의하지 않으면 안 되는 것은 이 전설들 대부분은 구술되는 것이 아니라 기록된 것이며, 절이나 신사의 연기緣起 또는 서적의 형태로 문자를 통해 전해진 설화라는 점이다. 그러한 전설이 평판을 얻게 되면 그곳을 방문한 문인이 기행문을 써서 많은 독자들에게 읽히기도 하고, 일반 방문객을 위한 안내서가 쓰여져서 널리 읽히기도 하며, 나아가서는 그 전설을 바탕으로 한 연극이나 봉오도리盆踊り 노래, 또는 이야기 예능물이 만들어져서 더 넓은 지역으로 퍼져나가게 된다. 그러한 전설들을 더 많이 조사하고 고증하려는 히가시 씨를 비롯한 이 책의 집필자들, 그리고 독자 여러분과 같은 열정적인 애호가들이 그 후로도 끊이지 않았다. 이것이 에도시대 이후

〈사진 1〉 이와테현(巖手縣) 모리오카시(盛岡市) 미쓰이시(三ツ石) 신사에 있는 3개의 거석
거석신(巨石神)들에게 응징을 당한 오니가 그 거석에 손자국을 내었다는, '이와테(巖手)'의 지명유래담이 전해지고 있다.

전설이 걸어온 길이었다.

　이와 같이 유명한 전설은 그 현장과 증거물이 새로 발견되거나, 에마키, 족자, 에마 繪馬 등으로 도상화되거나 하는 과정에서 여러 가지로 살이 붙어서 발전해온 것이다. 따라서 여기서 말하는 전설은 단순히 구전된 것이 아니라 역사화되고, 문예화되고, 때 로는 관광화된 전설이라고 할 수 있다. 그리고 여기 등장하는 요괴들도 그에 상응하 는 각색이 이루어져 있다고 보아야 할 것이다.

　그러면 구비전승의 현장에서 요괴는 어떻게 이야기되고 있는 것일까. 『신슈信州의 전설』과 같은 자료집에서 그 일례를 살펴보자. 이 책에서는 백 수십 편이나 되는 나 가노현長野縣의 전설들을 야나기타 구니오의 『일본전설명휘日本傳說名彙』의 분류에 따 라 소개하고 있다.

신슈에서도 역시 오니의 출몰은 적지 않게 확인된다. 사쿠시佐久市 정상사貞祥寺에 있는 '오니바위鬼巖'는 스님과 오니가 재주를 대결한 흔적이라고 전해진다. 그 옛날 노리타다德忠 화상和尙이 사람들을 위협하는 오니를 응징하고 법력으로 그의 팔을 잡아떼어버렸다. 오니가 거듭 사죄하였므로 화상이 팔을 돌려주었는데, 오니는 떨어진 팔을 다시 붙이고 완전히 다 나았다며 커다란 돌을 들어올려 보였다. 그 돌이 지금의 오니바위라고 하는 전설이다. 그 밖의 오니전설로는, 오니가 바위에 흔적을 남겼다는 〈오니 발자국 바위鬼の足跡石〉, 〈오니 손톱자국 바위鬼の爪跡石〉 등이 네 편이나 소개되고 있다. 또한 도가쿠시촌戶隱村의 '잇폰마쓰一本松'는 호걸인 타이라 고레모치平維茂가 귀녀 모미지紅葉를 퇴치한 기념으로 심은 소나무로 전해지고 있다.

신슈信州에는 거인전설도 많다. '데라봇치デーラボッチ'나 '다이다라ダイダラ 법사'로 불리는 거인들이 조성했다는 산이나 못, 또는 그들이 디뎠던 발자국이라고 말해지는 웅덩이가 수십 곳이나 열거되고 있다.

신슈는 산촌이어서 덴구의 활동도 활발하다. 하세촌長谷村의 '엔자마쓰圓座松'는 덴구가 늘 앉아 있던 소나무라고 하며, 다쓰노촌辰野村의 '덴구산天狗山'에는 덴구의 발자국이 남은 바위가 있다고 한다. 그 밖에도 '덴구가 걸터앉은 소나무'가 네 그루, '덴구바위天狗巖' 두 곳이 더 소개되고 있다.

한편 강에서는 '갓파'도 출현한다. 다테시나정立科町의 '가기히키석鍵引石'은 무적의 용사인 스와 요리도오諏訪賴遠가 갓파를 응징한 바위라고 전해지고 있으며, 호다카정穗高町의 '야마야스 우물やまやすの井'은 마을사람들에게 원하는 대로 밥그릇을 빌려준다는 〈그릇 빌려주는 연못 전설椀貸淵傳說〉의 무대인데, 그릇을 빌려주는 존재가 갓파라고 한다. 하세촌의 〈오소리바위貉巖〉에서는 오소리가 그릇을 빌려준다고 한다.

이 책에는 큰 뱀에 관한 전설도 많이 보인다. 큰 뱀이 예전에 살았던 돌이라거나 퇴치된 뱀의 신체가 변신한 돌이라고 하는 전설을 가진 '사석蛇石'이 아홉 군데나 있다.

이렇게 보면 전설에 나오는 요괴도 민담과 마찬가지로 설명 없이도 청중이 그 존재를 이해할 수 있는 유명한 요괴들뿐이다. 전설 속의 요괴는 거인전설처럼 인지를 초월한 힘으로 지형 자체를 만들어낸다든지, 마을에서 난폭하게 굴다가 다이라 고레모치, 스와 요리도오 같은 영웅이나 노리타다 같은 고승에 의해 퇴치된 후, 돌, 나무, 무덤, 행사 등과 같이 기념될 만한 사물을 남긴다든지 하기 위해 출현하고 있다. 이것이 전설 장르에 나타나는 요괴의 특징이다. 전설 속 요괴는 영웅이나 고승의 위대함을 칭송하고 그 전설이 전해지는 사사社나 가문이나 촌락의 역사와 영예를 장식하고 돋보이게 하는 역할로 등장하고 있는 것이다. 민담과 마찬가지로 여기서도 청중이 이해하기 어렵고 친숙하지 않은 요괴에게는 차례가 돌아오지 않는다. 오히려 반대로 강하고 두려운 존재로 지명도가 있는 오니나 덴구가 여기저기로 이끌려나온다. 오토기조시와 이야기예능에 등장하는 '술꾼동자'나 '귀녀 모미지'와 같은 유명한 존재는 각지의 전설에서 자주 등장하는 인기있는 요괴이다. 그리고 전설 속 요괴는 '영웅에게 퇴치될 것을 기다리는 호적수'라고도 말할 수 있을 것이다.

구전되는 민담이나 전설 속의 요괴들이 개성이 없다고 하는 것은 그 모습이나 외형에 대한 상세한 묘사가 이루어지지 않는 점에서도 알 수 있다. 이야기 속에서는 '무서운 오니'라든가 '두려운 덴구' 등으로 이야기될 뿐, 오니가 어떤 복장인지, 덴구가 어떤 성격인지, 갓파가 좋아하는 것이나 약점은 무엇인지 등에 대해서는 공동체에서는 상식이 되어온 지식에 의존하는 정도이며 그 자세한 설명은 생략되고 있다. 민담이나 전설에는 그러한 모습이나 성질, 생태, 때로는 약점까지도 이야기꾼과 청중에게 이미 전승지식으로서 갖추어져 있는, 잘 알려진 요괴들만 등장하는 것이다.

체험과 전문傳聞의 세간화 속 요괴들

민담과 전설 속의 요괴에 비해서, '세간화'에 나오는 요괴는 현재 우리들이 가지고 있는 요괴이미지에 가깝다고 할 수 있다. 세간화의 요괴담에서는 여우나 너구리에게 속임을 당한 사건, 덴구나 갓파에게 위해를 당했거나 당할 뻔했던 체험, '우미보즈海坊主'나 '쓰치노코ツチノコ'와 같은 기괴한 존재 등이 이야기된다.

세간화의 내용은 이야기꾼과 청중이 살고 있는 '지금'과, 머물고 있는 '여기'에 연결

〈사진 2〉 니가타현(新潟縣) 히가시칸바라군(東蒲原郡) 아가정(阿賀町)의 데라사카 고개
마을과 마을 사이에 있는 고개로, '데라사카 여우(寺坂狐)'가 나타나 종종 사람을 홀렸다고 한다.

된 시간과 장소에서 일어난 사건에 관한 것이다. 그리고 흔히 주변의 가까운 사람이 '현실에서 자신이 체험한 것'이라며 이야기하는 것이 세간화이다. 곧 세간화에서 요괴가 출현하는 장소는 이야기꾼과 청중이 잘 알고 있고, 가려고 하면 갈 수 있는, 혹은 예전에 간 적이 있었던 장소이며, 또한 그 사건이 일어났다는 일시는 이야기꾼과 청중도 경험하고 있는 인생의 일부이거나, 그것이 아니면 가까운 사람(예를 들면 조부나 지인)이 살아온, 그래서 이야기꾼이나 청중이 리얼리티를 느낄 수 있는 정도의 '과거'이다. 그러므로 세간화에는, '옛날 옛적 어느 곳'에 이야기의 무대를 설정하여 허구임을 드러내면서 이야기꾼과 청중의 생활과는 단절된 것임을 강조하는 민담이나, 지역에서 아주 오래전 일어난 역사적 사건인 것처럼 가장하는 전설과는 비교할 수 없는 현실감이 있다.

그러한 세간화의 실례를 도쿄도東京都 오타구大田區 교육위원회가 조사·편집한 『오타구의 문화재』 제22집(구승문예)을 예로 들어 살펴보자.

민화民話라고 하면, 우리는 동북지방이나 니가타 같은 눈이 많은 산촌에서 전문이야기꾼(가타리베語り部)에 의해 이로리囲炉裏 가에서 이야기되는 것이라는 이미지를 은연중에 지니고 있지만, 실은 도쿄 23구와 같이 도시화된 지역에서도 흔히 들을 수 있다. 『오타구의 문화재』 제22집에는 147편의 민담, 198편의 전설과 함께 516편의 세간화가 수록되어 있다.

이 책에서는 세간화를 '동물', '식물', '천체·기상', '요괴·영이', '신불 및 그에 준하는 존재', '사람·집', '마을·세상' 등의 7항목으로 분류하고 있다. 세간화에는 마을에 살았던 기인奇人의 일화, 집집마다 전해지는 선조나 일족의 일화 등과 같은 촌락·사람·집에 관한 풍문, 지진이나 화재 같은 재해의 체험, 메지유신·문명개화·패전으로 세상이 크게 변화했을 때 일어난 사건들, 전등이나 철도가 처음 들어왔을 때의 추억 등과 같은 이야기꾼의 개인적 경험인 생활사life history까지도 포함되기 때문에 '세간화=괴이·요괴 이야기'라는 이해로는 충분치 않다. 그러나 이 책에 수록된 오타구의 세간화는 반 정도가 여우·너구리·수달·고양이와 같은 동물 괴이담이며, 그 가운데서도 여우에 관한 이야기가 압도적으로 많다. 이러한 점에서 괴이, 특히 여우나 너구리가 속이는 이야기는 세간화 가운데서도 특히 인기 있는 것이라고 볼 수 있을 것이다. 그런 여우 이야기 한 편을 예로 들어보자.

여우에게 홀린 우유배달꾼

이건 우리 어매가 겪은 이야기야. 미나미로쿠고南六郷 2정목丁目 부근인데, 작은 시내가 흐르고 오이나리상お稲荷さん[22] 같은 것이 모셔져 있던 곳이랍니다. 우유배달꾼 아저씨가 그 주변을 왔다 갔다, 두세 번이나 다시 되돌아와. 그래서 어매가 "아저씨 어떻게 된 거예요? 아까

---

22 곡물을 관장하는 농경신이다. 이 신의 사자가 여우이다.

부터 왔다 갔다 하고."라고 물었다네. 그랬더니 이 상자 속에 맛있는 생선이 가득 들어있다고 하는 등, 아무튼 여우에게 홀린 것 같았다는 게 이야기 요지야. 우리 어매는 여우에게 속는다는 것을 믿는 편이어서, 그러면 안 된다고 잘 타일렀다고 합니다. 내가 초등학생 때 들은 이야기예요.

- 하치만즈카八幡塚, 남・메지43년생

오타구 하치만즈카에 거주하는 메지 43년생 남성이 이야기한 이 '여우에게 홀린 이야기'는 '초등학생 시절'에 '그 어머니가 경험한 이야기'이다.

이야기에 나오는 장소는 집 근처 '미나미로쿠고의 2정목 부근'의 '오이나리상 같은 것이 모셔진 곳'이다. 그곳을 아마도 평소 안면이 있던 '우유배달꾼 아저씨'가 이리저리 헤매고 있는 것을 의아하게 여기고 말을 걸어서, 그 아저씨를 구한 것은 다름아닌 화자의 '어매'였다.

여우에게 속았다고 하는 이 세간화는 이야기꾼이 살아온 시간(초등학생 시절)과 공간(2정목 부근) 내에서 아는 사람(어머니와 우유배달꾼아저씨)에게 일어난 사건에 대한 것임을 알 수 있다. 더욱이 체험자인 '어매'가 이야기꾼이 되어 청중이었던 '나'에게 이 이야기를 전한 것이다. 세월이 지나서 이번에는 그 '나'가 이야기꾼이 되어서 어머니로부터 들었던 이 이야기를, 민속조사차 오타구를 방문한 학생에게 들려주었다. 청중인 학생 조사자는 방금 자신이 걸어 온 '미나미로쿠고'를 생각하면서, 또 앞에 앉은 이야기꾼 할아버지의 초등학교 시절을 떠올리면서 이 이야기를 들었을 것이다. 세간화는 이렇게 현실감있게 이야기하고 듣는 장르이다.

여우에게 홀린 위의 이야기를 한번 더 읽어보자. '어매'는 우유배달꾼 아저씨가 '그 주변을 왔다 갔다, 두세 번이나 되돌아오는 것'을 보고 말을 건넨다. 우유배달이라고 하니, 사건은 이른 아침에 일어났을 것이다. 주변에는 '아저씨'와 '어매'밖에 없었던 듯하다. 말을 건네자, 아저씨는 '이 상자 속에 맛있는 생선이 가득 들어있다고 해서'라는 둥 알 수 없는 말을 한다. 그래서 어매는 이 사람이 여우에게 속았다고 생각하고, '잘 타일러서' 제정신이 들게 했다.

이것이 이야기의 전부이다. 이미 알아차렸겠지만 이 이야기 중에는 괴이의 원인이 된 여우가 전혀 등장하지 않는다. 아저씨가 헤매던 부근에 '오이나리상 같은 것이 모셔져 있었다'고 해서 '여우의 소행'이라고 추측되었던 것이고, 이야기상에서는 여우의 꼬리털 한 올도 보이지 않는다.

이것은 여우에게 홀린 이야기에만 국한되지 않는다. 같은 책에서 몇 가지 예를 더 들어보자.

아하하 이야기ァハハの話

옛날에, 조시키雜色와 로쿠고 사이에 소나무가 심어져 있는 쭉 뻗은 길이 있었어요. 거기 있는 어떤 집까지 누군가 목욕을 하러 가는데, 그랬는데, 소나무 위쪽에서 '아하하' 하고 웃음소리가 들려왔대. 눈길도 주지 않고 쏜살같이 목욕하는 집으로 달려가서 문을 쾅 닫고 "방금 무서워 혼났네"라고 말하자, 바로 귓전에서 "무서웠어?"라고….

축3시의 요괴丑三つ時の怪

…(축3시에 신사 앞을 지나는데) 그랬는데, 신사의 도리이鳥居[23] 바로 앞, 10m정도 앞까지 가니 더 이상 걸을 수가 없어. 몸이 굳어져서 걸을 수가 없어. 어찌된 영문인지? 나도 꽤나 담대한 남자야. 그런데 도저히 걸을 수가 없어. 무엇이 있었던 건 아니야. 뭔지 모르겠지만. … 도저히 걸을 수가 없어. 그래서 조금씩 기어봤어. 네 발로 기어봤는데, 그래도 움직여지지 않는 거야. 두려워서. 아니, 두려운 게 아니야. 뭐라 할까, 이미 한기가, 이미 들어버려서….

〈아하하 이야기〉는 밤에 이웃집에 목욕하러 가던 사람이 나무 위에서 불길한 웃음소리를 들었다고 하는 세간화이다. '모라이유もらい湯'란 이웃집에 목욕하러 가는 것이다. 옛날에는 한 집에서 목욕물을 데워 이웃간에 서로 같이 사용하였다. 연료나 물을

---

23 신사에서 신역과 인간이 사는 속계를 구획하는 것으로, 신사 입구에 설치된 일종의 문이다.

옮기는 수고를 절약하기 위한 것인데, 이러한 공동목욕탕도 또한 민담이나 세간화가 전승되는 장소였다.

〈축3시의 요괴〉는 화자 자신의 체험담이다. 축3시에 신사 앞을 지나려던 화자가 갑자기 몸이 굳어지면서 움직일 수 없게 된다. '어찌된 영문'인지 알지도 못하고 '한기가 이미 들어버린' 것인지 '무엇인지 모르겠지만' 꼼짝할 수 없었다고 하는 공포 체험담이다.

여우에게 홀린 앞 이야기와 마찬가지로 〈아하하 이야기〉에서 일어난 괴이는 소나무로부터 들려온 소리뿐이고, 〈축3시의 요괴〉에서도 이야기꾼이 움직일 수 없게 된 현상만이 '실제로 일어났다는 것'일 뿐, 그 현상을 일으킨 것으로 짐작되는 요괴는 출현하지 않는다. 이와 같이 구승口承의 세간화는 요괴 그 자체를 목격한 것은 드물고 무언가 불가사의한 것이 일어났다고 하는 체험, 곧 길을 잃었다든지, 있을 수 없는 곳에서 소리를 들었다든지, 움직일 수 없게 되었다든지 하는 불가해한 '현상'에 관한 것이 대부분이다. 의외의 일인지도 모르지만, 세간화에서 '요괴라는 존재의 출현'이 직접 이야기되는 기회는 매우 드물다.

현상으로서의 구승, 존재로서의 요괴

지금 독자 가운데에는 "아, 잠깐만요"라고 생각하시는 분도 계실지 모르겠다. 앞의 이야기에서 헤매게 한 것은 여우라고 화자도 분명히 말하고 있고, 뒤의 두 편에서도 나무 위에서 말을 건넨 것은 '덴구'이고, 움직일 수 없게 만든 것은 '누리카베'든가, '오토로시おとろし'의 소행이라고 해석할 수 있지 않을까라고.

문제는 바로 그 '해석'이라는 것이다. 교고쿠 나쓰히코京極夏彦는 『요괴의 리, 요괴의 함妖怪の理、妖怪の檻』에서 요괴의 개념을 '존재화하는 현상モノ化するコト'으로 정의하고 있다. 곧, 괴이한 '현상コト'을, 그 현상을 일으키는 '존재モノ'의 소행으로 여기고, 그 존재가 현실에 존재하는 캐릭터인 것처럼 이해되고 전승되어온 메커니즘을, 교코

쿠는 누리카베를 예로 들어 설명한다. '밤길에 앞으로 나아갈 수 없게 된다'라는 괴이현상이 '누리카베'로 명명되고 반복되는 가운데 마치 누리카베라는 요괴 존재가 실재하는 것처럼 이야기되기에 이른다는 것이다. 그렇게 이루어진 것이 우리가 이미지로 형상화한 '요괴'라고 교코쿠는 말하고 있다.

세간화에서 이야기되는 괴이 현상은, 길을 잃었다·아이가 물에 빠졌다·산에서 사고를 당했다·병이 계속된다는 등의 '사건', 한기·소름돋음·근질거림 등의 '감각', 소리·음성·사람 그림자의 '감지나 목격' 등과 같이 '불확실하고 이름붙일 수 없는 현상'인 경우가 거의 대부분이고, 요괴는 모습을 드러내지 않는 경우가 많다. 그리고 그 괴이한 현상은 요괴라고 하는 존재가 일으킨 사건이라고, 그 사건이 끝난 뒤에 '해석'이 되는 것이다. 요괴가 되기 전의 현상 그 자체가 이야기되는 것, 이것이 '구승 口承'에서 요괴가 나타나는 방식이다.

다시 정리해 보면, 세간화에서 이야기되는 것은 주로 '괴이=현상コト'이고, '요괴=존재モノ'는 아니다. 체험이라는 현상이 기호화되어 존재가 된다. 곧, '괴이 현상'이 세간화로 이야기되는 가운데 어떤 존재의 이미지가 생성되고, 그것이 공동체 내에서 공통된 이해를 얻어서 '요괴'가 된다는 것이다. 요괴는 '구승'의 체험이 순화되어 상식화된 것이라고 할 수 있다.

서두에서 일본민속학은 요괴를 '속신'으로서 연구해 왔다고 언급했다. 속신이란 신앙적 '상식'이라고 바꾸어 말할 수도 있다. 이야기되는 것은 사건이며 요괴가 아니다. 요괴는 말해지지도, 이야기되지도 않는다. 사건을 해석하는 민속지民俗知(상식)로서 요괴가 있었던 것이다. 민담이나 전설에 기발한 요괴가 등장하지 않는 이유도 여기에 있다. 민담이나 전설은 예정조화를 담보한 설화이다. 그 안의 모든 것은 '상식'의 범주에 있지 않으면 안 되는 것이다.

민속학의 대상이 되는 민속이야말로 그러한 상식의 데이터베이스라고 할 수 있을 것이다. 그리고 기존의 요괴로는 대처할 수 없는 현상이 일어난다든지, 기존의 요괴가 거듭 출현하거나 문예화되어 그 리얼리티를 상실했을 때, 또한 새로운 요괴의 생성이 이루어지게 된다. 그 한 예로, 현재의 '학교괴담'이나 '도시전설' 그리고 '실화괴담'을 들 수 있을 것이다. "오바케는 죽지 않는다"라는 것은 이를 두고 한 말이다.

요괴는 '구승'에서 생겨나지만, 그 요괴가 또한 '구승'을 만들어간다. 여기서는 이것을 일단의 결론으로 삼기로 한다.

제11장

요괴 연구의 북 가이드

이쿠라 요시유키飯倉義之

이 장에서는 요괴문화를 보다 심도있게 이해하기 위해 기본이 되는 연구문헌들을 소개하고자 한다. 「Ⅰ. 기초편」에서는 요괴 연구의 효시인 야나기타 구니오柳田國男·이오우에 엔료井上円了·에마 쓰토무江馬務와, 요괴 연구의 새로운 경지를 열었던 미야타 노보루宮田登·고마쓰 가즈히코小松和彦의 저작들을 제시하고, 이어서 현재 요괴문화 연구의 최첨단을 다투는 연구서들도 소개한다. 「Ⅱ. 전개편」에서는 총론적인 연구서 4권과 시리즈물 한 편, 그리고 「Ⅲ. 발전편」에서는 시대·장소·대상을 명확히 한 각론적 저서 7권를 거론한다. 어느 것이나 현재 구하기 쉬운 자료에 한해서 소개했다. 요괴를 보다 깊이 이해하기 위해서 꼭 읽어보기 바란다.

Ⅰ. 기초편 : 요괴 연구의 신기원을 열다

요괴는 신이다 - 민속학의 요괴 연구

야나기타 구니오, 『요괴담의妖怪談義』

민속학은 요괴도 연구대상으로 하는 학문분야로 간주되고 있다. 그러한 이미지는 민

제11장 요괴 연구의 북 가이드　253

속학의 시조라고 불리는 야나기타 구니오의 저작에 힘입은 바 크다. 야나기타 요괴론의 대부분은 『요괴담의』에 정리되어 있다. 이 책에는 메지 말기에서 쇼와 초기에 발표된 그의 논고 30편과, 요괴 이름들을 모아놓은 「요괴명휘妖怪名彙」가 수록되어 있다.

야나기타는 요괴를 민중의 심의心意의 변천을 탐색하는 자료로 인식하고 그것을 통해 일본인의 마음을 규명하려고 했다. 야나기타 요괴론의 특징은 ①각 지역의 민속자료를 대상으로 한다, ②요괴와 유령을 구별한다, ③요괴를 신에 대한 신앙의 쇠퇴(영락한 신)로 설명한다는 세 가지 명제로 정리될 수 있다.

②와 ③의 특징이 오늘날 요괴 연구에서 반드시 지지를 받는 것은 아니다. 그러나 현재의 요괴 연구가 야나기타를 출발점으로 해서 이루어진 것이라는 사실은 부정하지 못한다. 야나기타의 요괴론과 『요괴담의』의 중요성은 쉬이 소멸되지는 않을 것이다. 야나기타가 특히 ①을 강조한 것은 동시대의 요괴 연구자였던 철학자 이노우에 엔료와 풍속사학자 에마 쓰토무를 의식한 것이었다고 생각된다.

- 야나기타 구니오, 『요괴담의』(초판 1956), 고단샤講談社[고단샤 학술문고], 1977.(『야나기타 구니오 전집』 6, 지쿠마 쇼보筑摩書房[지쿠마 문고ちくま文庫]1989 ; 『야나기타 구니오 전집』 20, 지쿠마 쇼보, 1999에도 수록)

요괴박사, '위괴僞怪'에 대한 일갈! - 철학자의 요괴 연구
이노우에 엔료, 『요괴학전집妖怪學全集』(전6권)

'메지의 요괴박사'라고 하면 데쓰가쿠칸哲學館(현 도요대학東洋大學의 전신)을 설립했던 이노우에 엔료이다. 엔료의 요괴학은 현재 『요괴학전집』(전6권)으로 읽을 수 있다.

엔료의 요괴학은 요괴를 합리적으로 검증하고 부정함으로써, 미신과 요괴의 박멸을 목표로 한 계몽활동으로 이해되는 경향이 있다. 그러나 엔료는 단순한 근대 합리정신의 주창자는 아니었다.

당시 요괴라는 말은 오늘날 '불가사의한occult 것'이나 '상식을 초월한 현상'으로 바꾸어 말할 수 있는 포괄적인 의미를 가지고 있었다. 엔료의 요괴학도 갓파나 빙의된 존재뿐만 아니라 점복이나 주술, 환생이나 음식궁합과 같은 현상에까지 걸쳐 있다. 엔료의 요괴학에서는 그러한 요괴를 '허괴虛怪'와 '실괴實怪'로 나누어 생각한다. 이것은 창작이나 착각인 '허괴'를 배제하고, 무언가의 현상이 존재하는 '실괴'로부터 물리적·심리적인 설명이 가능한 사상事象을 구분하여, '초리적超理的 요괴'인 '진괴眞怪'를 정의하기 위한 분류이다. 지금까지 막연히 불가사의하게 여겨온 것을 합리적으로 검증하고 근대적인 세계관(곧 철학)으로 재구성하여, 불가사의의 실체를 밝히는 것이야말로 엔료가 요괴 연구에서 목표로 한 것이었다. 그것을 위해 엔료는 적극적으로 현지조사를 수행하고 신문기사와 그 밖의 자료도 의욕적으로 수집했다. 이 책을 메지시대의 자료집으로 볼 수도 있을 것이다.

● 이노우에 엔료, 『요괴학 전집』(전6권), 가시와쇼보柏書房, 1999~2001.

요괴를 모으고 열거하고 생각하다 - 에도 풍속의 요괴 연구

에마 쓰토무, 『일본요괴헨게사日本妖怪變化史』

근대적인 요괴 연구의 시조 가운데 마지막 한 사람은 풍속사학자인 에마 쓰토무이다. 당시 풍속사학은 누습·미신 등으로 퇴락한 에도문화의 사상事象을 모아, '전근대'를 재고하는 학문으로서 에도박물학을 계승한 학문이었다. 그런 까닭에 에마의 요괴 연구도 우키요에 등의 미술작품을 주된 자료로 고찰한 것이었다. 에마의 분류는 '요괴'와 '헨게變化'로 나뉜다. 후자는 여우나 너구리나 유령처럼 '정체'가 분명하면서 변신하는 것이고, 전자는 후자 이외의, 변신은 하지 않으나 이형적인 존재의 총칭이다. 도상을 바탕으로 요괴의 모습을 주목한 것은 엔료와 야나기타에게서는 볼 수 없었던 관점이다.

야나기타의 대항심을 부추긴 것은 엔료의 요괴학이 아니라 에마 식의 요괴 연구였다. 야나기타의 눈에는 에마의 요괴 연구가 '민중[상민常民]'의 심의와는 동떨어진, 도시

지식인의 창작이 가미된 요괴를 대상으로 한 것으로 보였을 것 같다. 그러나 에마의 책은 출판을 거듭하면서 많은 사람에게 읽혔다. 있는 그대로 말하자면 '오바케 그림이 많아서 재미있었다'는 것이다. 에마의 작업은 풍속사학자 겸 민속학자를 자처하는 아동문학자 후지사와 모리히코藤澤衛彦로 이어졌다. 후지사와도 또한 시각적 요소를 효과적으로 이용하여 요괴에 관한 책을 몇 권이나 출간하였다. 에마 및 후지사와의 요괴 연구와 더불어, 오늘날 우리가 갖고 있는 요괴 이미지가 형성된 것은 확실하다.

● 에마 쓰토무, 『일본요괴헨게사』, 주오코론신샤中央公論新社[주오문고中央文庫 BIBLIO], 2004(초판 1923).

요괴는 경계에서 춤 춘다 - 요괴의 장소론
미야타 노보루, 『요괴의 민속학妖怪の民俗學』

쇼와 이후로 엔료 식의 요괴학은 상식이 되었고, 에마와 후지사와 식의 요괴 연구는 읽을거리로는 돋보였으나 결실을 맺지 못한 한편, 민속학은 여전히 야나기타의 요괴/유령론에서 벗어나지 못하고 있었다. 그 답보상태를 '도시'와 '경계'라는 열쇠로 극복한 것이 미야타 노보루의 『요괴의 민속학』이다.

미야타는 근세의 수필과 현대의 세간화를 자료로 하여 도시 요괴는 네거리·다리·강변·촌락의 경계와 같은 특정한 장소에서 출현한다고 설명하고, 그러한 괴이 다발 지점은 지금이나 옛날이나 이승과 저승의 '경계'로 인식되는 장소라고 지적했다. 또한 괴이를 보는 주체가 여성이나 어린아이인 점에도 주목하고, 거기에서 무녀나 유아의 영력의 흔적을 찾아내어 근세와 현대의 연속성을 강조했다. 미야타의 요괴 연구는 괴이나 요괴와 같은 비일상을 사례로 해서 도시를 지탱하는 심의에 접근하려는 것이었다고 할 수 있다. 그것은 동시대의 '도시민속학'과도 궤를 함께하는 것이었다.

경계라는 분석도구는 자의적으로 사용할 수도 있는 것이어서, 미야타의 '경계'론이 때마침 일어난 버블기의 마케팅론이나 도시 미디어론의 유행 속에서 소비되어버린 느

낌을 부정하지 못한다. 그러나 미야타의 지적 자체는 여전히 유효하다. 그의 사후에 간행된 같은 주제의 『도시공간의 괴이都市空間の怪異』나 저작집 『미야타 노보루, 일본을 말하다宮田登 日本を語る』도 참고로 하기 바란다.

● 미야타 노보루, 『요괴의 민속학』, 지쿠마쇼보筑摩書房[지쿠마ちくま 학예문고] 2002(초판 1985).

신은 요괴, 요괴는 신 - 요괴 연구의 전환
고마쓰 가즈히코, 『요괴학 신고妖怪學新考』

미야타의 요괴민속학은 근세와 근대의 연속성을 강조한다는 점에서 야나기타의 요괴 연구와 대립하는 것이라기보다는 오히려 계승하는 면을 지니고 있다. 야나기타의 요괴 연구의 한계에 대한 지적과 새로운 시각의 제시는 그 후 10년이 지난 시점에서 고마쓰 가즈히코의 『요괴학 신고』에서 이루어지게 된다.

고마쓰는 야나기타의 '요괴는 신이 영락한 것'이라는 일원적인 쇠퇴사관을 비판하면서, 요괴와 신은 어느 쪽이나 초월적인 존재여서 구별하기 어렵고, 그 존재가 인간과 어떤 관계를 가지는가에 따라서 신이 되는가 요괴가 되는가가 결정된다고 했다. 곧 신이 요괴가 되는 것은 결코 쇠락이 아니라 민속사회의 동적 변화의 한 측면이며, 역으로 요괴가 신으로 모셔지는 경우도 있다고 설명하고 있다. 이것은 실체의 문제로 논의되어온 '요괴'를 인간과 인간사회의 인식의 문제로 새롭게 포착한 것이며, 따라서 그것은 '종합적 인간학으로서의 요괴 연구'의 선언이기도 했다. 이로써 요괴 연구는 새로운 국면으로 나아가게 된다. 고마쓰는 책의 후기에서 "이 책을 기념으로, 이번이야말로 요괴와의 오랜 인연을 잠시 끊기를 원하고 있다"라고 썼지만, II장의 전개편에서 보듯이 그 바람은 이루어지지 않은 듯하다.

● 고마쓰 가즈히코, 『요괴학 신고』, 요센샤洋泉社[MC신서新書], 2007(초판 1994).

II. 전개편 : 요괴 연구의 현재

일본 요괴 연구를 망라하다 - 요괴 연구의 기초문헌

고마쓰 가즈히코 편, 『괴이의 민속학怪異の民俗學』(전8권)

요괴가 학문의 대상이 된 지 백 년 이상. 민속학 잡지나 보고서를 중심으로 요괴에 대한 보고나 논고가 적지 않게 발표되고 있다. 그러나 오래된 학술잡지 등은 대학도 서관이나 전문 도서관에서만 소장하고 있고, 또한 방대한 자료더미에서 원하는 논고를 찾는 것도 쉽지 않다.

시리즈 『괴이의 민속학』은 그렇듯 중요한 의미를 지니면서도 열람하기 어려운 보고서와 논문들을 재수록한 요괴 연구 선집이다. 전8권의 시리즈는, 빙의된 존재(1권), 요괴(2권), 갓파(3권), 오니(4권), 덴구와 야만바(5권), 유령(6권), 이인·희생 제물(7권), 경계(8권)로 구성되어 괴이·요괴 연구의 거의 대부분을 망라하고 있으며, 민속학뿐만 아니라 의학잡지나 자비 출판의 희귀본 등 폭넓은 분야에서 이루어진 보고 및 논고를 재수록하고 있다.

책임 편집자인 고마쓰 가즈히코의 시리즈 각 권에 대한 해설을 모은 『요괴문화입문妖怪文化入門』도 별도로 간행되었다. 이 책부터 읽는 것이 좋을지도 모르겠다.

● 고마쓰 가즈히코 편, 『괴이의 민속학』(전8권), 가와데쇼보신샤河出書房新社, 2000~2001.

요괴학은 인류학이다 - 국제일본문화연구센터

고마쓰 가즈히코 편, 『일본요괴학대전日本妖怪學大全』

"풍류 없는 자와 바케모노는 하코네 너머(서쪽)"라는 에도 사람들의 농담이 있지만, 현재의 괴이·요괴 연구는 오히려 고도古都 교토를 무대로 전개되고 있다. 그 한 축이 고마쓰 가즈히코를 중심으로 국제일본문화연구센터에서 수행해온 괴이·요괴문화에

대한 공동연구이다. 35,701건의 괴이·요괴 현상을 자유자재로 검색할 수 있는 「괴이·요괴전승 데이터베이스怪異·妖怪傳承データベース」(http://www.nichibun.ac.jp/YoukaiDB/index.html 2002년 공개), 에마키물 등의 요괴 도상을 검색할 수 있는 「괴이·요괴화상 데이터베이스 怪異·妖怪畵像 データベース」(http://www.nichibun.ac.jp/YoukaiGazouMenu 2010년 공개)는 이 공동연구의 획기적인 성과이다.

『일본요괴학대전』도 이 공동연구를 결산한 논문집이다. 괴이·요괴전승을 문화사적 시점에서 학제적으로 고찰한 이 책은, '그려지고 이야기되는 괴이'·'전승 속의 괴이'·'근현대 괴이의 변천'이라는 세 축을 중심으로, 민속학, 문학, 사학, 미술, 지리학, 젠더론 등의 관점에서 요괴전승을 다면적으로 분석한 23편의 논문을 수록하고 있다. 특히 근세에서 근현대에 이르기까지 오락화·미디어화·캐릭터화한 요괴를 다룬 논문군은 민간신앙에 얽매이지 않은 새로운 요괴관을 제시한다. 종합적 인간학으로서 '요괴학'의 가능성을 최대한 열어준, 요괴문화 연구의 현재를 파악하는 데 중요한 책이다. 이 공동연구의 다른 결과보고서로, 『요괴문화연구의 최전선妖怪文化研究の最前線』, 『요괴문화의 전통과 창조妖怪文化の傳統と創造』의 두 책도 간행되었다.

● 고마쓰 가즈히코 편, 『일본요괴학대전』, 쇼가쿠칸小學館, 2003.

요괴학은 역사학이다 - 동아시아괴이학회

동아시아괴이학회 편, 『괴이학의 기법怪異學の技法』

교토에 있는 요괴 연구의 또 다른 축은 니시야마 마사루西山克를 중심으로 하는 동아시아괴이학회이다.

굳이 '동아시아'와 '괴이'를 명칭으로 표방한 이 학회는 '괴이'를 동아시아문화권의 문제로 인식하고, 전근대 왕권론을 해독하는 방법으로 자리매김한다. 곧 '괴이학'이란 괴이를 키워드로 하는 새로운 역사연구, 또는 역사학적 '괴이' 연구라는 선언이다. 동학회의 연구논집인 『괴이학의 기법』에 수록된 17편의 논문들 대부분이 사료에 나타난 고대 및 중세 일본의 '괴이'를 정치 시스템의 일부로서 재검토하는 논고들이다.

이것은 요괴를 문화사적으로 고찰한 『일본요괴학대전』에서 미처 다루지 못한 영역이다. 『대전』과 『기법』 두 책 모두 분량도 많고 다소 난해한 부분도 있지만, 진정으로 요괴 연구에 뜻을 둔 사람은 서로 보완 관계에 있는 이 두 책을 꼭 함께 읽어보기 바란다.

또한 동 학회의 연구논집으로, 『거북점龜卜』, 『괴이학의 가능성怪異學の可能性』 두 책이 간행된 바 있다.

●동아시아괴이학회 편, 『괴이학의 기법』, 린센쇼텐臨川書店, 2004.

요괴학은 문학이다 - 나이트메어총서
이치야나기 히로타카一柳廣孝 · 요시다 모리오吉田司雄 편, 『요괴는 번식한다妖怪は繁殖する』

요괴 연구의 중심지는 교토. 그렇다고 해서 관동지방의 요괴 연구가 저조한가 하면 결코 그렇지 않다. 예를 들면 2001년 국립역사민속박물관에서는 기획전 〈이계 만화경異界萬華鏡〉을 개최했다. 한편, 도쿄를 중심으로 하는 활동으로는 이치야나기 히로타카 · 요시다 모리오를 중심으로 한 '나이트메어총서ナイトメア叢書'가 있다. 이 총서는 잡지 『환상문학幻想文學』의 계승을 목표로 하여 문화현상으로서의 '어둠闇'에 대한 학술적 접근의 장을 마련하고 있으며, 동 총서 제3권 『요괴는 번식한다』에서는 '공포'나 '혼령靈'에 필적하는 일본문화의 어둠의 하나로서, '요괴'를 특집으로 다루고 있다.

동 총서는 권두에 긴 인터뷰 기사를 싣고 칼럼이나 북가이드도 충실하게 하여, 잡지 『환상문학』을 의식하고 읽도록 제작되어 있다. 게재된 논문들도 만화나 영화, 쓰치노코ツチノコ나 게사랑 파사랑ケサランパサラン[1]을 문제삼고 있으며, 요괴 현상 자체가

---

1 에도시대 이후 민간에 전해지는 미확인 물체이다. 외관은 민들레의 솜털이나 토끼 꼬리와 같은 흰색의 털뭉치라고 전해지고 있다.

아니라 요괴가 어떻게 받아들여지고 소비되는가를 묻는 문화연구나 미디어연구의 색채가 강하게 나타나고 있다.

　동 총서 5권은 『혼령은 어디 있는가靈はどこにいるのか』라는 제목으로 유령·영능靈能을 문제삼고 있다. 또한 이 총서의 편저자들이 중심이 되어, 『학교괴담은 속삭인다學校の怪談はささやく』, 『오컬트 제국オカルトの帝國』, 『오컬트 혹성オカルトの惑星』도 간행하였다. 특히 '요괴를 좋아하는 일본인'을 이해하는 계기로서 꼭 읽어보기 바란다.

　●이치야나기 히로타카·요시다 모리오, 『요괴는 번식한다』, 세큐샤青弓社 [나이트메어총서ナイトメア叢書], 2006.

우리들의 요괴가 만들어지기까지 - 교고쿠 나쓰히코京極夏彦와 미즈키 시게루水木しげる

교고쿠 나쓰히코, 『요괴의 리, 요괴의 함妖怪の理 妖怪の檻』

최근 요괴 붐의 주역 중 한 사람은 분명 교고쿠 나쓰히코이다. 작가이기도 한 그는 '요괴(백귀야행) 시리즈'로 요괴에 대한 열기를 불러일으키고, 미즈키 시게루를 스승으로 받드는 간토미즈키회關東水木會에서는 작품 제작에도 관여했다. 또한 세계요괴협회 평의원으로서 저널 『괴怪』(가도카와쇼텐角川書店)의 출간에 관여하고, '괴담지괴怪談之怪'의 발기인으로서 잡지 『유幽』에도 협력하고 있다. 앞서 언급된 『일본요괴학대전』과 『괴이학의 기법』에는 그의 연구논문이, 『요괴는 번식한다』에는 그의 인터뷰 기사가 실려 있다. 실로 요괴계에서는 다방면의 창조인이라고 할 수 있을 것이다. 이러한 교고쿠의 본격적인 요괴론이 『요괴의 리, 요괴의 함』이다.

　잡지 『괴』에 연재한 것을 모아놓은 이 책은 통속적인 요괴 개념, 곧 현재 우리들이 생각하는 '요괴' 이미지의 성립을, '존재화하는 현상モノ化するコト'을 키워드로 해서 찾고 있다. 본래 현상(고토)인 요괴가 '명명됨'으로써 캐릭터(모노)화하여 개체로서 행보를 시작한다는 점, 그것이 현재의 요괴이며 그 개체적 행보에 큰 힘이 된 것이 미즈키 시게루의 요괴만화였다는 점을 저자는 지적한다. 현상과 명명 사이에서 요괴가 탄생한

다는 사실과 함께 요괴 이미지의 확정과 확산에 미친 근현대 미디어의 영향을 부각한 이 책은 요괴 연구에서 귀중한 초석을 마련한 것으로 평가될 수 있을 것이다. 요괴연구사에 관한 기술도 상세하여 참고가 된다.

본서에 앞서 간행된 저자의 대담집 『요괴대담의妖怪大談義』도 요괴 연구의 현재를 전망한 가이드북으로서 꼭 가까이 두고 싶은 수작이다.

●교고쿠 나쓰히코, 『요괴의 리, 요괴의 함』, 가도카와쇼텐角川書店, 2007.

III. 발전편 : 요괴 연구 각론

깜깜한 어둠 속을 모노노케가 나다니다 - 중세 도시의 요괴들
다나카 다카코田中貴子, 『백귀야행이 나타나는 도시百鬼夜行の見える都市』

백귀야행이란 매우 편리한 말이다. 세상에 드문 기이한 재능을 가진 사람을 예찬하는 말로도, 산전수전 다 겪은 정치가나 관료, 기업가들에 대한 야유로도, 나아가서는 취객 무리의 난폭한 행태를 두고도 사용된다.

오늘날 우리들은 백귀야행을 '요괴들의 심야 행진'이자 '쓰쿠모신付喪神의 무리'로 보고 있다. 그러나 중세의 교토인들은 백귀야행을 어떻게 보았을까. 이 물음이 이 책의 출발점이다.

저자는 설화집이나 귀족의 일기, 에마키 등을 바탕으로 백귀야행에 대한 중세인의 시각을 복원한다. 놀랄 만한 결론을 미리 말하면 '백귀야행은 요괴가 아니었다'는 것이다.

헤안 말기의 백귀야행은 '눈에 보이지 않는 무서운 존재'이지 요괴는 아니었다. 그것은 헤안쿄平安京라는 도시공간의 뒤틀림에서 생겨난 무의식적 영역에 주어진 '명명' 가운데 하나였다. 저자는 중세에 전혀 다른 회로에서 탄생한 쓰쿠모신이 에마키물을 매개로 백귀야행과 습합한다고 지적하고, 근세 이후에 나타나는 백귀야행의 요괴화를 시사한다. 시대에 따른 도시인들의 심성 변화가 괴이현상에 대한 의미 부여나 에마키에 대한 해석을 바꾸어온 것임을 이 책은 잘 설명해주고 있다. 문고판에 수록된 교고쿠 나쓰히코의 해설이 독해를 도와줄 것이다.

- 다나카 다카코, 『백귀야행이 나타나는 도시』 지쿠마쇼보筑摩書房[지쿠마 학예문고], 2002 (초판 1994).

갓파도 역사가 있다 - 사료에서 찾아보는 요괴
나카무라 데리中村禎理, 『갓파의 일본사河童の日本史』

우리는 은연중에 옛날의 것들은 변하지 않는다고 생각하는 경향이 있다. 특히 요괴와 같이 전근대를 대표하는 것이라면 더욱 그러하다. 그러나 그들에게도 역사가 있다. 그리고 요괴들의 역사는 그 내력이 오래된 것 같지만 의외로 그렇지 않다.

본서 『갓파의 일본사』는 갓파에 대한 기록을 다수의 고문서에서 찾아내어 그 '진화의 역사'를 추적해간다. 갓파가 '머리에는 접시를 이고, 거북이등딱지를 하고, 오이를 좋아하고, 인간의 시리코다마를 노리는' 요괴가 된 것은 에도시대의 일. 이 책에서는 그때까지 여기저기 흩어져 있던 갓파의 이미지나 생태가 박물학을 공부한 지식인들에 의해 통일되어가는 상황이 훌륭하게 묘사되고 있다. 그도 그럴 것이 저자는 생물학을 탐구하고 과학사를 전공한 석학이며, 이른바 에도 본초학本草學의 정통 후계자이다. 저자는 '여우'의 변천을 추적한 『여우의 일본사狐の日本史』도 저술한 바 있다. 『갓파의 일본사』를 통해 요괴도 시대별로 모습이나 생태를 크게 바꾸고 있다는 것을 알 수 있을 것이다.

- 나카무라 데리, 『갓파의 일본사』, 일본에디타스쿨출판부, 1996.

에도인은 요상한 것을 좋아한다 - 문예와 창도唱導[2]의 괴이
쓰쓰미 구니히코堤邦彦, 『에도의 괴이담江戸の怪異譚』

에도인은 괴이한 이야기를 좋아한다. 그래서 『기이잡담집奇異雜談集』이나 『백물어평판百物語評判』 등과 같은 많은 괴담집이 출판되었고, 『이야기주머니耳袋』나 『이야기바다譚海』 등에서 보듯이 시정의 서민들에 의해서도 기사이문奇事異聞이 기록되었다. 이러한 에도인의 괴이를 추적한 것이 『에도의 괴이담』이다. 저자는 에도의 괴이소설이 중세 이래의 창도문예나 민간전승, 또는 중국 지괴소설志怪小說의 영향으로 발전했다고 하는 정설을 학제적인 문학연구를 통해 실증한다. 사찰과 신사가 세력을 확대하기 위해 재구성한 괴이담이 인과나 상도덕을 설파하는 설화로서 또는 오락으로서 읽히게 된다. 동시에, 그것은 물증(살생석 또는 유령의 소매자락)과 함께 화예話藝의 세계와 접맥되고, 다시 민간설화로 환류해서 마침내 기록으로 남게 되었다는 것이다.

이런 현상에 대한 반론으로 '벤와쿠모노辯惑物'라고 불리는 책이 출판되는가 하면, 그것을 힌트로 다시 소설이 …… 등등. 거물의 눈처럼 돌고 도는 에도 괴이담을, 저자는 '지하수맥'이라는 말로 적확하게 표현하고 있다.

이 책은 에도 괴이담 연구에서 필수적인 논고이다. 중후한 논문집이지만 꼭 도전해 보기 바란다. 좀더 가볍게 읽을 수 있는 저자의 다른 저서로, 『여인사체 편애의 에도 괴담사女人蛇体偏愛の江戸怪談史』(가도카와총서, 2006)도 있다. 이 책부터 읽어도 좋을 것이다.

● 쓰쓰미 구니히코, 『에도의 괴이담』, 페리칸샤ぺりかん社, 2004.

에도인은 바케모노로 웃는다 - 구사조시 속의 골계적 요괴들
아담 가밧토アダム・カバット, 『에도, 골계적 바케모노 천지江戸滑稽化物尽くし』

앞절에서 소개된 『에도의 괴이담』에는 '유령'이나, '금방 잘린 사람의 목' 등과 같이

---

2 신사나 사찰의 창건 유래나 신불의 유래에 관한 이야기이다.

무서운 괴이·요괴들만 다루어졌다. 그러나 에도의 바케모노들은 공포스럽기도 하지만 골계적인 면도 있었다.

이 책에서는 구사조시의 일종인 '황표지'에 등장하는 바케모노의 이상함·시시함·비열함 등을 진면목대로 다루고 있다. 패러디 정신의 화신인 황표지 작가와 만나면 아무리 무서운 바케모노라도 잠시도 버티지 못한다. 아이를 위협한 '모몬가ももんがあ'는 미인 유령을 농락하는 난봉꾼이 되고, 미코시뉴도는 게샤에게 멋 내는 것을 배워 잘난체하는 촌놈으로 기술된다. 황표지에는 바케모노들의 진기한 일들이 실로 생생하게 묘사되고 있다.

황표지 속의 요괴는 민간전승에 나타난 요괴를 정통으로 다루는 민속학의 고찰 대상에서는 제외되어 왔다고 저자는 지적한다. 그러나 이러한 '골계적인 요괴'야말로 에도의 도시인들이 지니고 있었던 요괴 이미지이다. 앞으로의 요괴 연구는 창작과 전승이라는 양 측면을 고려하지 않으면 안 된다.

● 아담 가밧토, 『에도, 골계적 바케모노 천지』, 고단샤講談社[고단샤선서 메치에講談社選書 メチエ], 2003.

에도인은 요괴와 즐긴다 - 바케몬에서 포케몬으로
가가와 마사노부香川雅信, 『에도의 요괴혁명江戸の妖怪革命』

전술한 바와 같이 에도시대 황표지의 세계에서는 바케모노가 웃음의 대상이 된다. 그것은 요괴에 대한 사람들의 공포가 엷어지고 있는 증거이기도 했다. 이 책『에도의 요괴혁명』에서는 에도시대에 요괴가 쌍육·가루타·장난감그림 등의 완구나 가라쿠리 과녁·마술 등의 오락에서 캐릭터로서 활용된다고 하는 '요괴의 상품화'가 이루어진 것을 주목하고, 그것을 '에도의 요괴혁명'이라고 일컫고 있다.

저자는 『화도백귀야행畫圖百鬼夜行』 등의 요괴도감이, 박물학적 시각에서 요괴를 그 배후에 있는 민속세계의 문맥으로부터 분리하여 정보화하고, 나아가서는 자유자재로 의미를 재구성하는 '의미의 유희'(해석)를 통해 캐릭터화를 이루어낸 것이라고 설명한다. 각지의 관광용 마스코트 갓파나 게임 〈포켓몬스터〉와 같은 '귀여운 요괴'·'유쾌한 괴수'의 존재는 '에도의 요괴혁명'의 계보가 현재도 이어지고 있음을 보여주는 사례들이다.

● 가가와 마사노부, 『에도의 요괴혁명』, 가와데쇼보신사河出書房新社, 2005.

요괴들이 있는 곳 – 에도와 메지의 미확인생물(UMA) 뉴스
유모토 고이치湯本豪一, 『메지 요괴신문明治妖怪新聞』

시간은 흘러 메지유신. 문명개화와 더불어 요괴들이 모습을 감추었다고 생각하기 쉽다. 그러나 메지시대는 오히려 요괴에 대한 풍문이 자자하던 시기였다. 이 책 『메지 요괴신문』은 그 당시 신문에 보도된 요괴관련 기사를 모은 것이다. 요괴 기사의 풍부함은 이런 기사이문奇事異聞을 독자들이 얼마나 바라고 있었는가를 보여주는 것이다. 또한 '박물관에 보내졌다', '박람회에서 공개된다' 등으로 기사의 진실성을 포장하는 장치가 이루어진 점에서 미디어의 여명기였던 메지의 숨결이 엿보인다. 메지가 되어서도, 또는 지금까지도 사람들은 요괴의 출현을 고대하고 있는 것이다. 또한 저자의 다른 저서로는, 지방신문의 요괴관련 기사를 집성한 속편 『지방발 메지 요괴뉴스 地方發明治妖怪ニュース』, 에도에서 메지에 걸친 '환상동물(환수幻獸)'의 출현 보도기사를 정리한 『일본의 환수도설日本幻獸圖說』, 그러한 요괴 기사의 원문을 그대로 수록한 『메지기 괴이·요괴 신문기사집성明治期怪異妖怪新聞記事集成』이 있다. 함께 읽어보기 바란다.

● 유모토 고이치, 『메지 요괴신문』, 가시와쇼보柏書房, 1999.

어둠은 우리들 마음 속에 – 현대의 요괴와 도시전설

쓰네미쓰 도루常光徹, 『학교괴담學校怪談』

사람 얼굴을 한 개人面犬, 데케테케テケテケ, 화장실의 하나코상…. 1990년대 애니메이션이나 영화로 일세를 풍미한 '학교괴담'. 그 출발점이 된 것이 이 책『학교괴담』이다. 초판 당시의 부제가 '구승문예의 전개와 제양상'이었던 것처럼, 저자는 이 책에서 구승문예의 연구방법으로써 학교공동체에서 이야기되는 학교괴담을 수집·분석하고, 학군까지 포함한 폭넓은 학교공간의 요괴론을 전개하고 있다.

구승문예 연구는 오랜 기간 농산어촌의 고령자들에게서 옛날이야기를 듣는 것으로 인식되어왔다. 그런만큼 저자가 발견한, 중학교라는 공간에서 학생들이 이야기하는 괴이·요괴의 '세간화'는 신선하게 받아들여졌다.

요괴 연구를 현재학으로 되살리고, 또한 소문이나 도시전설 연구와 접속하는 가교 역할을 해준 의미 깊은 책이다. '학교괴담'의 사례에 대해서는 저자가 소속된 일본민화회의 아동용 저작물 시리즈, 특히 『학교괴담대사전學校怪談大事典』이 참고가 된다.

● 쓰네미쓰 도루, 『학교괴담』, 가도카와쇼텐角川書店[가도카와소피아문고角川ソフィァ文庫], 2002(초판 1994).

참고
문헌

(＊는 2011년 3월 현재 입수 가능)

＊青木隆浩,「近代の『風俗』論再考─學說史的檢討─」,『國立歷史民俗博物館研究報告』 第108集, 國立歷史民俗博物館, 2003.

淺川欽一編, 一志茂樹・向山雅重監修,『信州の傳說』, 第一法規出版, 1970.

朝倉無聲,『見世物研究』, 筑摩書房[ちくま學藝文庫], 2002.

＊阿部主計,『妖怪學入門 新裝版』, 雄山閣, 2004.

阿部眞司,『蛇神傳承論序說』, 傳統と現代社, 1981.

阿部正路,『日本の妖怪たち』, 東京書籍, 1981.

＊有薗正一郎他編,『歷史地理調査ハンドブック』, 古今書院, 2001.

＊飯倉義之,「毛玉たちの沈默, あるいはケサランパサランの獨白」, 一柳廣孝・吉田司雄編,『妖怪は繁殖する』青弓社[ナイトメア叢書], 2006.

＊池上洵一,『今昔物語集の世界 新版』, 以文社[以文叢書], 1999.

池田彌三郎,「わたしの中のフォークロア」,『池田彌三郎著作集 第五卷 身邊の民俗と文學』, 角川書店, 1979.

＊池田彌三郎,『日本の幽靈』, 中央公論新社[中央公論文庫BIBLIO], 2004.

＊石井明,「怪談噺の誕生」, 小松和彦,『日本妖怪學大全』, 小學館, 2003.

石川純一郎,『河童の世界』, 時事通信社, 1974.

＊石田英一郎,『河童駒引考』, 巖波書店[巖波文庫], 1994.

＊一柳廣孝・吉田司雄編,『妖怪は繁殖する』, 青弓社[ナイトメア叢書], 2006.

＊一柳廣孝・吉田司雄編,『靈はどこにいるのか』, 青弓社[ナイトメア叢書], 2006.

＊一柳廣孝編著,『「學校の怪談」はささやく』, 青弓社, 2005.

＊一柳廣孝編著,『オカルトの帝國』, 青弓社, 2006.

＊伊藤愼吾「異本,『土蜘蛛』繪卷について」,『室町戰國期の文藝とその展開』, 三彌井書店, 2010.

＊伊藤龍平,『ツチノコの民俗學』, 青弓社, 2008.

＊伊藤龍平,『江戸幻獸博物誌』, 青弓社, 2010.

＊井上円了著・東洋大學井上円了記念學術センター編,『妖怪學全集』 全六卷, 柏書房, 1999~2001.

＊巖城紀子,「化物と遊ぶ─『なんけんけれどもばけ物雙六』─」,『東京都江戸東京博物館研究報告』 第五

　　　号, 東京都江戸東京博物館, 2000.

＊巖本憲兒, 『幻燈の世紀—映畵前夜の視覺文化史—』, 森話社, 2002.

＊內田武志他編, 『菅江眞澄全集』 5(地誌Ⅰ), 未來社, 1975.

江馬務, 「妖怪の史的研究」, 『風俗研究』 第20号, 風俗研究會, 1919.

＊江馬務, 『日本妖怪變化史』, 中央公論新社[中央文庫BIBLIO], 2004.

大田區敎育委員會, 『大田區の文化財 第22集 口承文藝』, 大田區敎育委員會, 1986.

＊大森亮尙, 『日本の怨靈』, 平凡社, 2007.

加賀市史編纂委員會編, 『加賀市史 通史』 上卷, 加賀市役所, 1978.

貝原益軒著, 板坂耀子校注, 「東路記」, 佐竹昭廣他編, 『新日本古典文學大系』 98, 巖波書店, 1991.

＊香川雅信, 『江戸の妖怪革命』, 河出書房新社, 2005.

＊カバット, アダム校注・編, 『江戸化物草紙』, 小學館, 1999.

＊カバット, アダム校注・編, 『大江戸化物細見』, 小學館, 2000.

＊カバット, アダム, 『妖怪草紙くずし字入門』, 柏書房, 2001.

カバット, アダム, 『江戸滑稽化物盡くし』, 講談社[講談社選書メチエ], 2003.

＊カバット, アダム, 『ももんがあ對見越入道』, 講談社, 2006.

神田玄紀編, 『日東本草圖纂』, 1780.

＊木場貴俊, 「林羅山と怪異」, 東アジア怪異學會編, 『怪異學の技法』, 臨川書店, 2003.

＊木場貴俊, 「近世の怪異と知識人—近世前期の儒者を中心にして—」, 一柳廣孝・吉田司雄編著, 『妖怪は
　　　繁殖する』, 靑弓社[ナイトメア叢書], 2006.

＊京極夏彦, 「モノ化するコト—怪異と妖怪を巡る妄想—」, 東アジア怪異學會編, 『怪異學の技法』, 臨川書
　　　院, 2003.

＊京極夏彦, 『妖怪の理 妖怪の檻』, 角川書店, 2007.

＊京極夏彦, 『妖怪大談義』, 角川書店, 2005.

金田章裕, 『條理と村落の歷史地理學硏究』, 大明堂, 1985.

桑原公德, 『地籍圖』, 學生社, 1976.

古賀秀和, 「國立國會圖書館藏, 『百鬼夜行繪卷』(詞書付)について」, 『文獻探究』 44, 2006.

國立科學博物館編, 『化け物の文化誌—化け物に注がれた科學の目—』, 國立科學博物館, 2006.

國立歷史民俗博物館編, 『異界萬華鏡』, 國立歷史民俗博物館, 2001.

＊國立歷史民俗博物館編, 『異界談義』, 光文社[知惠の森文庫], 2008.

＊小松和彦, 『異界と日本人』, 角川書店[角川選書], 2003.

＊小松和彦, 『異人論』, 筑摩書房[ちくま學藝文庫], 1995.

＊小松和彦編, 『怪異の民俗學』, 全八卷, 河出書房新社, 2000～2001.

＊小松和彦, 『京都魔界案內』, 光文社[知恵の森文庫], 2002.

＊小松和彦, 『酒呑童子の首』, せりか書房, 1997.

＊小松和彦, 『日本妖怪異聞錄』, 講談社[講談社學術文庫], 2007.

＊小松和彦, 『百鬼夜行繪卷の謎』, 集英社[集英社新書], 2008.

＊小松和彦, 『妖怪學新考』, 洋泉社[洋泉社新書], 2007.

＊小松和彦, 『妖怪文化入門』, せりか書房, 2006.

＊小松和彦，『憑靈信仰論』，講談社[講談社學術文庫]，1994.

＊小松和彦・德田和夫，「[對談]室町の妖怪─付喪神，鬼，天狗，狐と狸─」，『國文學 解釋と教材の研究』5
　　　０・10，學燈社，2005.

＊小松和彦監修，『妖怪繪卷』(別册太陽)，平凡社，2010.

＊小松和彦編，『圖解雜學 日本の妖怪』，ナツメ社，2009.

＊小松和彦編，『日本妖怪學大全』，小學館，2003.

＊小松和彦編著，『妖怪文化研究の最前線』，せりか書房[妖怪文化叢書]，2009.

＊小松和彦編著，『妖怪文化の傳說と創造─繪卷・草紙からマンガ・ラノベまで─』，せりか書房[妖怪文化叢
　　　書]，20010.

小峯和明，『說話の森』，大修館書店，1991.

小峯和明「妖怪の博物學」，『國文學 解釋と教材の研究』41・4，學燈社，1996.

小峯和明，『說話の聲』，新曜社，2000.

＊子安宣邦，『鬼神論 新版』，白澤社，2002.

＊コロバン，アラン，『風景と人間』，藤原書店，2002.

＊今野圓輔，『日本怪談集 妖怪篇』，中央公論新社[中央文庫BIBLIO]，2004.

橘崑崙茂世，『北越奇談』，野島出版，1978.

＊齋藤眞麻理，「橫行八足─巖嶽丸のこと─」，『國文學研究資料館紀要 文學研究篇』36，人間文化研究機
　　　構國文學研究資料館，2010.3.

＊佐々木喜善，『遠野のザシキワラシとオシラサマ』，中央公論新社[中央文庫BIBLIO]，2007.

＊佐々木高弘，「記憶する〈場所〉─吉野川流域の「首切れ馬」傳說をめぐって─」，小松和彦編，『記憶する民
　　　俗社會』，人文書院，2000.

＊佐々木高弘，「上方落語の怪異空間─近世大坂・京都・江戶の都市空間認識─」，小松和彦編著，『妖怪文
　　　化の傳統と創造』，せりか書房，2010.

＊佐々木高弘，『怪異の風景學─妖怪文化の民俗地理─』，古今書院，2009.

＊佐々木高弘，『民話の地理學』，古今書院，2003.

佐竹昭廣，『酒呑童子異聞』，平凡社，1977.

＊杉本好伸編，『稻生物怪錄繪卷集成』，國書刊行會，2004.

＊鈴木牧之，『北越雪譜』，巖波書店[巖波文庫]，改版，1978.

關敬吾編，『日本昔話大成』 全12卷，角川書店，1978～80.

＊關山守彌，『日本の海の幽靈・妖怪』，中央公論新社[中央文庫BIBLIO]，2005.

瀨戶賢一，『レトリックの宇宙』，海鳴社，1986.

＊高田衛・校訂，『近世奇談集成(1)』，[叢書江戶文庫]國書刊行會，1992.

＊高田衛監修，稻田篤信・田中直日編，『鳥山石燕畫圖百鬼夜行』，國書刊行會，1992.

＊高橋宣勝，「小鳥前世譚と自發變身」，『昔話傳說研究』 第16号，1991.

＊多田克己編，『繪本百物語 桃山人夜話』，國書刊行會，1997.

＊太刀川淸・校訂，『續百物語怪談集成』[叢書江戶文庫]27，國書刊行會，1993.

田中聰，『ハラノムシ，笑う─衛生思想の圖像學─』，筑摩書房[ちくま文庫]，2003.

＊田中貴子「前說，『百鬼夜行繪卷』はなおも語る」，『圖說百鬼夜行繪卷をよむ』，河出書房新社，1999.

田中貴子,『百鬼夜行の見える都市』, 筑摩書房[ちくま學藝文庫], 2002.

田中允,「『檜垣』の亂拍子と亂拍子稀曲,『横笛』」,『觀世』52卷5號, 1985.

谷川健一,『青銅の神の足跡』, 小學館, 1995.

＊谷川健一,『鍛冶屋の母』, 河出書房新社, 2005.

＊谷川健一,『魔の系譜』, 講談社[講談社學術文庫], 1984.

谷川健一監修,『日本の妖怪』, (別册太陽)平凡社, 1987.

谷川健一編,『稻生物怪錄繪卷—江戶妖怪圖錄—』, 小學館, 1994.

知切光歳,『鬼の研究』, 大陸書房, 1978.

＊知切光歳,『天狗の研究』, 原書房, 2004.

千葉幹夫,『全國妖怪辭典』, 小學館[小學館ライブラリー], 1995.

＊堤邦彦,『江戸の怪異譚』, ぺりかん社, 2004.

＊堤邦彦,『女人蛇体—偏愛の江戸怪談史』, 角川書店[角川叢書], 2006.

＊堤邦彦・杉本好伸,『近世民間怪談異聞集成』, 國書刊行會[江戸怪異奇想文藝大系], 2003.

＊常光徹,『學校の怪談』, 角川學藝出版[角川ソフィア文庫], 2002.

常光徹,『傳說と俗信の世界』, 角川學藝出版[角川ソフィア文庫], 2002.

＊トゥアン, イー・フー,『空間の經驗』, 筑摩書房, 1988.

德田和夫,「『毘沙門の本地』の源流」,『國語國文論集』18, 學習院女子短期大學國語國文學會, 1989.

＊德田和夫,「『長谷雄草紙』繪卷と昔話『鼻高扇』」,『昔話—研究と資料—19號』, 日本昔話學會(發行三彌井
　　書店), 1991.

德田和夫編,「狸の腹鼓が聞こえる—踊り舞う妖怪たちの中世—」,『月刊アート』11・9, 日經BP社, 1998.9.

德田和夫,「〈一盛長者の鳥の由來〉』祭文をめぐって—小鳥前世譚,『雀孝行』の物語草子付・翻刻」,『國語國
　　文論集』27, 學習院女子短期大學國語國文學會, 1998.

德田和夫,「中世の民間說話と『蛙の草紙繪卷』」,『學習院女子大學紀要』3, 2002.3.

＊德田和夫編,『お伽草子事典』東京堂出版, 2002初版, 2003增補・補訂.

德田和夫,「傳承文藝と圖像—中世說話, お伽草子, 近世繪畫—」,『傳承文化の展望—日本の民俗, 古典, 藝
　　能—』, 三彌井書店, 2003.

德田和夫,「いつの世とても狐の話—近世における中世—」,『國文學 解釋と教材の研究』49・5, 2004.4.

＊德田和夫,「鳥獸草木譚の中世—〈もの言う動物〉說話とお伽草子『横座房物語』—」,『講座日本の傳承文學
　　10 口頭傳承〈ヨミ・カタリ・ハナシ〉の世界』, 三彌井書店, 2004.

＊德田和夫,「南會津の『熊野の本地』繪卷附・翻刻」,『傳承文學研究』54, 傳承文學研究會(發行三彌井書
　　店), 2004.12.

德田和夫,「伸太妻の周緣」, 國立劇場第152回文樂公演プログラム, 2005.9.

德田和夫,「翻刻・釋文『變化あらそひ』繪卷」,『學習院女子大學紀要』7, 2005.3.

德田和夫,「お伽草子の後繼—傳季吟筆・異類合戰物『合戰卷』について(付・翻刻と釋文)—」,『學習院女子
　　大學紀要』8, 2006.3.

＊德田和夫,「『鳥獸人物戲畫』甲卷の物語學」,「百花繚亂の物語草子—お伽草子學の可能性—」, 德田和夫
　　編,『お伽草子 百花繚亂』, 笠間書院, 2008.

＊德田和夫編,『お伽草子 百花繚亂』, 笠間書院, 2008.

德田和夫, 「[特集] 百鬼夜行の世界 『妖怪の行進』」, 『人間文化』 10, 人間文化研究機構, 2009.

＊德田和夫, 「わざわひ(禍, 災い)の襲來」, 小松和彦編, 『妖怪文化研究の最前線』, せりか書房[妖怪文化叢書], 2009.

＊德田和夫, 「群馬の伸太妻」第7回群馬學連續シンポジウム「群馬の傳承と藝能」, 群馬縣立女子大學編, 『群馬學の確立に向けて』 3, 上毛新聞社出版メディア局, 2009.1.

＊德田和夫, 「妖怪行列, 狐火」, 人間文化研究機構監修, 『百鬼夜行の世界』, 角川學藝出版, 2009.

＊德田和夫, 「『婚怪草紙繪卷』, その綾なす妖かし―狐の嫁入り物語―」, 小松和彦編, 『妖怪文化の傳統と創造』, せりか書房[妖怪文化叢書], 2010.

德田和夫, 「『道成寺緣起』の在地傳承系の繪卷槪觀―付・翻刻二種―」, 『學習院女子大學紀要』 12, 2010.3.

＊德田和夫, 「『道成寺緣起繪卷』の再生―寺社緣起の在地化―」, 堤邦彦・德田和夫編, 『遊樂と信仰の文化學』, 森話社, 2010.

＊德田和夫, 「異界訪問繪卷」, 小松和彦編, 『妖怪繪卷』(別冊太陽), 平凡社, 2010.

＊德田和夫, 「風流の室町―文藝としての作り物・假裝など―」, シンポジウム藝能と中世文學, 『中世文學』 55, 中世文學會, 2010.

＊德田和夫, 「靈威と怪異中世の『七不思議』と巷說」, 『國文學 解釋と觀賞』 75・12, ぎょうせい, 2010.12.

中野三敏・肥田晧三編, 『近世こどもの繪本集上方篇』, 巖波書店, 1985.

中村禎里, 『河童の日本史』, 日本エディータスクール出版部, 1996.

中村禎里, 『狐の日本史 古代・中世篇』, 日本エディータスクール出版部, 2001.

中村禎里, 『狸とその世界』, 朝日新聞社[朝日選書], 1990.

中村幸彦編 『日本古典文學大系』 56(『上田秋成集』), 巖波書店, 1959.

日本放送協會編, 柳田國男監修, 『日本傳說名彙』, 日本放送出版協會, 1950.

＊日本民話の會學校の怪談編集委員會, 『學校の怪談大事典』, ポプラ社, 1996.

＊人間文化研究機構監修, 『百鬼夜行の世界』, 角川學藝出版, 2009.

延廣眞治, 『落語はいかにして形成されたか』, 平凡社, 1986.

橋爪紳也, 『化物屋敷―遊戲化される恐怖―』, 中央公論社[中公新書], 1994.

服部幸雄, 『さかさまの幽靈』, 平凡社[イメージ・リーディング叢書], 1989.

服部昌之, 『律令國家の歷史地理學的研究』, 大明堂, 1983.

＊埴岡眞弓, 『播磨の妖怪たち「西播怪談實記」の世界』, 神戶新聞出版センター, 2001.

＊馬場あき子, 『鬼の研究』, 筑摩書房, 1988.

原田伴彦・竹內利美・平山敏治郎編, 『日本庶民生活史料集成8卷見聞記』, 三一書房, 1969.

半澤敏郎, 『童遊文化史 第二卷』, 東京書籍, 1980.

日置謙・校訂, 『聖城怪談錄』, 太田敬太郎編, 『大成寺藩史談』, 石川縣圖書館協會, 1937.

東雅夫, 『妖怪傳說奇聞』, 學習研究社, 2005.

＊東アジア怪異學會編, 『怪異學の可能性』, 角川書店, 2009.

＊東アジア怪異學會編, 『怪異學の技法』, 臨川書店, 2003.

＊東アジア怪異學會編, 『龜卜』, 臨川書店, 2006.

＊ビナード, アーサ, 『きゅーはくの繪本④針聞書』, フルーベル館, 2006.

＊兵庫縣立歷史博物館・京都國際マンガミュージアム編, 『圖說 妖怪畫の系譜』, 河出書房新社, 2009.

兵庫縣立歴史博物館編, 『おばけ・妖怪・幽靈…』, 兵庫縣立歴史博物館, 1987.

平野滿・解說, 『魚鑑』, 八坂書房, 1978.

＊廣川英一郎, 「世間話と目擊體驗—蛇が蛸に變わる話—」, 『世間話研究』 第18号, 2008.

福田晃編, 『日本傳說大系』 12, みずうみ書房, 1982.

藤岡謙二郎他編, 『日本歴史地理用語辞典』, 柏書房, 1981.

藤澤衛彦, 『妖怪畵談全集・日本篇 上下』, 中央美術社, 1929・30.

松浪久子, 「道成寺說話の傳承と周邊—中邊路眞砂の傳承を中心に—」, 『大坂青山短期大學研究紀要』10, 1982.11.

三田村鳶魚, 「江戶末の幽靈好み」, 『三田村鳶魚全集 第十卷』, 中央公論社, 1975.

＊美濃部重克・美濃部智子, 『酒呑童子繪を讀む』, 三彌井書店, 2009.

＊宮田登, 『都市空間の怪異』, 角川書店[角川選書], 2001.

＊宮田登, 『妖怪の民俗學』, 筑摩書房[ちくま學藝文庫], 2002.

＊宮田登, 『宮田登日本を語る一三 妖怪と傳說』, 吉川弘文館, 2007.

森銑三監修, 巖本活東子編 『新燕石十種』 5, 中央公論社, 1981.

森田誠吾, 「京の夢・江戶の夢—いろはかるた考疑一」, 『いろはかるた』(別册太陽), 平凡社, 1974.

＊柳田國男, 『妖怪談義』, 講談社[講談社學術文庫], 1977.

柳田國男, 『柳田國男全集』 4, 筑摩書房[ちくま文庫], 1989.

柳田國男, 『柳田國男全集』 6, 筑摩書房[ちくま文庫], 1989.

柳田國男, 『柳田國男全集』 20, 筑摩書房[ちくま文庫], 1999.

＊柳田國男著, 東雅夫編, 『文豪怪談傑作選 柳田國男集 幽冥談』, 筑摩書房[ちくま文庫], 2007.

＊山田嚴子, 「目の想像力／耳の想像力—語彙研究の可能性—」, 『口承文芸研究』28号, 日本口承文藝學會, 2005.

＊山田現阿, 『繪卷 酒呑童子—越後から大江山へ—』, 考古堂書店, 1994.

山田孝雄他編, 『日本古典文學大系』 26(『今昔物語集』 5), 巖波書店, 1959.

＊山田雄司, 『跋扈する怨靈 祟りと鎭魂の日本史』, 吉川弘文館, 2007.

山本慶一, 『江戶の影繪遊び—光と影の文化史—』, 草思社, 1988.

＊湯本豪一, 『明治妖怪新聞』, 柏書房, 1999.

＊湯本豪一, 『地方發明治妖怪ニュース』, 柏書房, 2001.

＊湯本豪一, 『江戶の妖怪繪卷』, 光文社, 2003.

＊湯本豪一, 『日本幻獸圖說』, 河出書房新社, 2005.

＊湯本豪一編, 『明治期怪異妖怪新聞記事集成』, 國書刊行會, 2009.

横山泰子, 『江戶東京の怪談文化の成立と變遷』, 風間書房, 1997.

吉川觀方編, 『繪畵に見えたる妖怪』, 美術圖書出版部, 1925.

吉川觀方, 『續繪畵に見えたる妖怪』, 美術圖書出版部, 1926.

＊吉田司雄編著, 『オカルトの惑星』, 青弓社, 2008.

요괴의 원인과 그 해석, 요괴문화의 3가지 영역(25쪽): 고마쓰 가즈히코小松和彦.

하치만 구도쿤(87쪽): 『하치만 구도키八幡愚童記』, 하치만궁八幡宮(우레시노시嬉野市) 소장.

히샤쿠牌積, 규칸牛癇(102쪽): 『침문서針聞書』, 규슈九州국립박물관 소장, 오카 기쿠오岡紀久夫 촬영.

오토기조시의 요괴·바케모노 일람(122~123쪽), 오토기조시의 이류물, 이류의 인간 헨게變化+혼인형(124쪽).

『이와타케巖竹』의 게 요괴(127쪽): 『이와타케巖竹』, 이와세분코巖瀨文庫 소장.

『바케모노노명 경합變化名の見立角力』(132쪽): 도쿠다 가즈오德田和夫 소장.

『바케모노 이야기에마키化物草子繪卷』(141~144쪽): 『일본 에마키물전집日本繪卷物全集別卷 별권2』, 가도카와쇼
    텐角川書店, 1981, 보스톤미술관 소장.

『백기야행 에마키百器夜行繪卷』에 묘사된 절굿공이 요괴(148쪽): 효고兵庫현립역사박물관 소장.

『다이쇼지정 그림지도면大聖寺町繪圖面』무가저택(149쪽): 가가加賀시청 소장.

현재의 가가시加賀市 도시계획도(1만분의 1)(149쪽).

『성성괴담록聖城怪談錄』괴이 장소 일람의 일부(150~151쪽).

구 이시이촌石井村「목 잘린 말首切れ馬」전설 일람(152쪽).

후다노쓰지札の辻:(153쪽) 사사키 다카히로佐々木高弘 촬영.

구 이시이촌石井村「목 잘린 말首切れ馬」의 전승자와 출현장소 분포도(153쪽).

구 이시이촌 지추촌字中村 지적도와 후다노쓰지 위치: 이시이촌 사무소 소장(155쪽).

구 이시이촌의 메지 초기 지적도에 의한 경관 복원도(156쪽): 사사키 다카히로 작성.

가미가타上方 라쿠고에 묘사된 오사카大坂의 괴이 장소(158쪽): 에도 중기 오사카도大坂圖에 사사키 가필.

교토의 괴이공간(162쪽): 아시카가 겐고足利健豪 편, 『교토역사아틀라스京都歷史アトラス』, 주오코론샤中央公論
    社, 1994, 38쪽에 사사키 다카히로 가필.

에도 라쿠고의 괴이 장소(163쪽): 「분간 에도 대지도分間江戶大地圖(1862)」에 사사키 다카히로 가필.

가미가타 라쿠고의 괴이 장소(오사카 시내·특정)(160~161쪽).

직립한 인간의 신체와 공간·시간(164쪽): 투안, 『공간의 경험空間の經驗』, 지쿠마쇼보筑摩書房, 1988.

요괴가 출현하는 장소와 인식의 삼각형(166쪽).

『시기산 연기 에마키信貴山緣起繪卷』(172쪽): 시기산信貴山 조호손자사朝護孫子寺 소장

『지옥 이야기地獄草紙』(172쪽), 『하세오 이야기長谷雄草紙』(174쪽), 『땅거미 이야기土蜘蛛草紙』(176쪽), 『도성사 연기
    에마키道成寺緣起繪卷』(176쪽), 『백귀도百鬼ノ圖』(179쪽), 『요괴 에마키妖怪繪卷』(180쪽), 『교사이 백귀야담曉
    齋百鬼畫談』(183쪽), 『바케모노 혼례 에마키化物婚礼繪卷』(185쪽), 메지기의 수출용 동화책『Momotaro桃太
    郎』의 오니들(239쪽): 국제일본문화연구센터 소장.

마케슈라摩醯首羅왕 세 눈의 마술(189쪽), 히라세 스케요平瀨輔世 저, 『방하전放下筌』, 호레키寶曆 14년(1764)간:
    국립극장 연예자료관 소장·오가타 기술문고緒方術文庫.

우쓰시에寫し繪의 종관(192쪽), 바케모노 가루타化物カルタ, 만엔萬延 원년(1860)(203쪽), 바케모노 즈쿠시化物
    づくし(204쪽):효고兵庫현립역사박물관 소장·이리에入江 컬렉션.

우쓰시에寫し繪의 광고지(194쪽), 바케모노 쌍육化物雙六, 「백종 괴담 바케모노 쌍육百種怪談妖物雙六」, 안세安政
    5년(1858), 우타가와 요시카즈歌川芳員화(202쪽): 국립역사민속박물관 소장.

이즈미 메키치泉目吉의 가게 모습(196쪽): 다메나가 슌스이爲永春水 작·게사이 에센溪齋榮泉 화, 『춘색혜지화春色惠之花』, 덴포天保7년(1836)간, 『일본명저전집日本名著全集 에도문예부문江戶文藝之部 제15권 인정본人情本집』, 일본명저전집간행회, 1928.

쌍두의 인어 미이라(198쪽): 하치노헤시八戶市박물관 소장.

『이세참궁명소도회伊勢參宮名所圖繪』(200쪽): 시토미 간게쓰蔀關月 편화, 아키사토 리토秋里湘夕 찬, 간세寬政9년(1797)간, 하야시 히데오林英夫 편, 『일본명소풍속도회日本名所風俗圖繪6 도카이편東海の卷』, 가도카와쇼텐角川書店, 1984.

『바케모노의 개업化物見世開』(205쪽): 간세寬政12년(1800)간, 짓펜샤 잇쿠十返社一九 작화, 아담 가밧토 『요괴이야기 홀림체 입문妖怪草紙くずし字入門』, 가시와쇼보柏書房, 2001.

『두부동자豆腐小僧』(207쪽), 『바케모노 차쿠토초天怪着到牒』, 덴메天明8년(1788)간, 기타오 마사요시北尾政美 화, 아담 가밧토 교주편, 『오에도 바케모노 사이켄大江戶化物細見』, 쇼가쿠칸小學館, 2000.

덴구쓰부테天狗飛礫(210쪽), 신기루(220쪽), 아야카시あやかし(222쪽), 미노비蓑火(225쪽): 『금석백귀습유수昔百鬼拾遺』, 가와사키시川崎市 시민뮤지엄 소장.

유키온나雪女(213쪽), 『화도백귀야행畫圖百鬼夜行』에 묘사된 갓파(216쪽), 미코시見越(226쪽), 가마이타치窮奇(227쪽): 『화도백귀야행畫圖百鬼夜行』가와사키시川崎市 시민뮤지엄 소장.

덴조나메天井嘗(232쪽): 『백기도연대百器徒然袋』, 가와사키시川崎市 시민뮤지엄 소장.

수태평기獸太平記(101쪽), 이상한 짐승異獸 『호쿠에쓰 설보北越雪譜』(211쪽), 『도네강 도지 利根川圖志』에 묘사된 갓파(217쪽), 배유령船幽靈 『도산진야화桃山人夜話』(219쪽): 국립국회도서관 소장.

연못의 할미요괴瀧中媼婦(214쪽), 시타야뉴도下谷入道(231쪽), 아카네부리垢舐(232쪽): 『일동본초도찬日東本草圖纂』, 국립공문서관 소장.

이와테현巖手縣 모리오카시盛岡市 미쓰이시三ッ石 신사의 3개의 거석(243쪽), 니가타현新潟縣 히가시칸바라군東蒲原郡 아가정阿賀町의 데라사카 고개(246쪽): 이쿠라 요시유키飯倉義之 촬영.

가

■ 지은이

고마쓰 가즈히코 小松和彦 [편집책임 및 1·7장 분담]

1947년 도쿄 출생, 도쿄東京도립대학 대학원 박사과정 수료. 국제일본문화연구센터 명예교수. 문화인류학·민속학 전공. 저서로, 『요괴학신고妖怪學新考』(고단샤講談社 학술문고), 『요괴문화입문妖怪文化入門』·『이계와 일본인異界と日本人』(가도카와角川 소피아문고), 『백귀야행 에마키의 수수께끼百鬼夜行繪卷の謎』(슈에샤 신서集英社新書) 등이 있다.

가가와 마사노부 香川雅信 [2·8장 분담]

1969년 가가와현香川縣 출생. 오사카大阪대학 대학원 문학연구과 박사후기과정 단위취득퇴학. 효고兵庫현립역사박물관 학예과장. 일본민속학 전공. 저서로, 『에도의 요괴혁명江戸の妖怪革命』(가도카와角川문고), 『도설 요괴화의 계보圖說妖怪畵の系譜』(가와데쇼보신샤河出書房新社, 공저) 등이 있다.

오모리 아키히사 大森亮尚 [3장 분담]

1947년 고베시神戸市 출생. 조치上智대학 대학원 박사과정수료. 고대민속연구소 대표. 상대문학.민속학 전공. 저서로, 『일본의 원령日本の怨靈』(헤본샤平凡社), 『슬픔의 민속悲のフォークロア』(도호東판東方出版), 『본조36하천(本朝三十六河川)』(세카이시소샤世界思想社) 등이 있다.

이토 신고 伊藤愼吾 [4장 분담]

1972년 사이타마현埼玉縣 출생. 고쿠가쿠인國學院대학 대학원 박사과정 수료. 고쿠가쿠인대학 도치기단기대학 준교수. 중세일본문학 전공. 저서로, 『무로마치 전국시기의 문예와 그 전개室町戰國期の文藝とその展開』(미야이쇼텐三彌井書店), 『가나 이야기 집성假名草子集成』 제24.42권(도쿄도東판東京堂出版, 공저) 등이 있다.

도쿠다 가즈오 德田和夫 [5장 분담]

1948년 군마현群馬縣 출생. 가쿠슈인學習院여자대학 명예교수. 중세일본문학(특히 오토기조시, 에마키), 이야기학物語學, 민속학, 비교문화론 전공. 저서로 『오토기조시 연구お伽草子研究』(미야이쇼텐三彌井書店), 『그림이야기와 이야기繪語りと物語り』(헤본샤平凡社) 등이 있고, 편저로 『오토기조시 사전お伽草子事典』(도쿄도東판東京堂出版), 『오토기조시 백화요란お伽草子百花繚亂』(가사마쇼인笠間書院), 『사사연기의 문화학寺社緣起の文化學』, 『유락과 신앙의 문화학遊樂と信仰の文化學』(이상 공히, 신와샤森話社) 등이 있다.

사사키 다카히로 佐々木高弘 [6장 분담]

1959년 효고현兵庫縣 출생. 오사카大阪대학 대학원 문학연구과 박사과정 중퇴. 교토첨단과학대학京都尖端科學大學 명예교수. 역사.문화지리학 전공. 저서로, 『괴이의 풍경학 - 요괴문화의 민속지리(怪異の風景學一妖怪文化の民俗地理)』, 『민화의 지리학民話の地理學』(이상 공히, 고콘쇼인古今書院) 등이 있다.

이토 료헤 伊藤龍平 [9장 분담]

1972년 홋카이도北海道 출생. 고쿠가쿠인國學院대학 대학원 문학연구과 수료, 문학박사. 고쿠가쿠인대학 문학부 준교수. 전승문학 전공. 저서에 『에도의 하이카이 설화江戶の俳諧說話』(간린쇼보翰林書房), 『쓰치노코의 민속학ツチノコの民俗學』, 『에도 환수박물지江戶幻獸博物誌』(이상 공히, 세큐샤靑弓社) 등이 있다.

이쿠라 요시유키 飯倉義之 [10 · 11장 분담]

1975년 지바현千葉縣출생. 고쿠가쿠인國學院대학 대학원 박사과정 수료, 문학박사. 국제일본문화연구센터 기관연구원을 거쳐 고쿠가쿠인대학 문학부 준교수. 구승문예학, 민속학 전공. 공편저로, 『일본괴이요괴대사전』(도쿄도슛판東京堂出版)『괴이를 유혹하다』(세큐샤靑弓社) 등이 있다.

■ 옮긴이
천혜숙 千惠淑 CHUN, Hyesook

안동대학교 민속학과 명예교수. 계명대학교 문학박사. 문화재청 · 대구시 무형문화재위원.
프랑스 사회과학고등연구원대학(EHESS)(1993), 일본불교대학(2000)에서 객원연구를 한 바 있으며, 주요논저로, 『한국구비문학의 이해』(월인출판, 공저), 『동해안 마을의 신당과 제의』(민속원), 『전설의 민속학』(민속원), 「한국의 이야기꾼과 일본의 가타리테」, 「이야기판의 전통과 문화론」, 「여성 민속지식의 전승양상과 그 소외 또는 순치의 국면」 등이 있다.

이정희 李貞姬 LEE, Jeonghee

안동대학교 어학원 일본어 강사. 경북대학교 문학박사.
주요논저로, 『일본어 연체수식표현의 구조日本語連體修飾表現の仕組み』(중문출판사), 「연체절에 있어서 '(si)souda', 'youda', 'rasii'의 용인도連體節における'(シ)ソウダ', 'ヨウダ', 'ラシイ'の容認度」, 「언어경관으로 되살아난 요괴이야기-사카이미나토시의 미즈키 시게루 로드를 사례로言語景觀でよみがえった妖怪物語―境港市の水木しげるロードを事例に―」 등이 있다.

요괴학의 기초지식

妖怪學の基礎知識

초판1쇄 발행 2021년 11월 5일

편저자 고마쓰 가즈히코
지은이 가가와 마사노부·오모리 아키히사·이토 신고
　　　도쿠다 가즈오·사사키 다카히로·이토 료헤·이쿠라 요시유키
옮긴이 천혜숙·이정희
펴낸이 홍종화

편집·디자인 오경희·조정화·오성현·신나래
　　　　　박선주·이효진·최지혜·정성희
관리 박정대·임재필

펴낸곳 민속원
창업 홍기원
출판등록 제1990-000045호
주소 서울 마포구 토정로 25길 41(대흥동 337-25)
전화 02) 804-3320, 805-3320, 806-3320(代)
팩스 02) 802-3346
이메일 minsok1@chollian.net, minsokwon@naver.com
홈페이지 www.minsokwon.com

ISBN　978-89-285-1653-7　94380
S E T　978-89-285-0359-9